国家社科基金
后期资助项目
GUOJIA SHEKE JIJIN HOUQI ZIZHU XIANGMU

中国教育财政
政策研究

杨会良　著

社会科学文献出版社
SOCIAL SCIENCES ACADEMIC PRESS (CHINA)

图书在版编目（CIP）数据

中国教育财政政策研究 / 杨会良著. -- 北京：社
会科学文献出版社，2024.11
国家社科基金后期资助项目
ISBN 978-7-5228-3168-8

Ⅰ.①中⋯　Ⅱ.①杨⋯　Ⅲ.①教育财政-财政政策-
研究-中国　Ⅳ.①G526.7

中国国家版本馆 CIP 数据核字（2024）第 024388 号

国家社科基金后期资助项目
中国教育财政政策研究

著　　者 / 杨会良

出 版 人 / 冀祥德
责任编辑 / 陈凤玲
文稿编辑 / 陈丽丽
责任印制 / 王京美

出　　版 / 社会科学文献出版社·经济与管理分社（010）59367226
　　　　　地址：北京市北三环中路甲 29 号院华龙大厦　邮编：100029
　　　　　网址：www.ssap.com.cn
发　　行 / 社会科学文献出版社（010）59367028
印　　装 / 三河市龙林印务有限公司

规　　格 / 开　本：787mm×1092mm　1/16
　　　　　印　张：19.25　字　数：302 千字
版　　次 / 2024 年 11 月第 1 版　2024 年 11 月第 1 次印刷
书　　号 / ISBN 978-7-5228-3168-8
定　　价 / 128.00 元

读者服务电话：4008918866

国家社科基金后期资助项目
出版说明

后期资助项目是国家社科基金设立的一类重要项目，旨在鼓励广大社科研究者潜心治学，支持基础研究多出优秀成果。它是经过严格评审，从接近完成的科研成果中遴选立项的。为扩大后期资助项目的影响，更好地推动学术发展，促进成果转化，全国哲学社会科学工作办公室按照"统一设计、统一标识、统一版式、形成系列"的总体要求，组织出版国家社科基金后期资助项目成果。

全国哲学社会科学工作办公室

序

　　教育是国之大计、党之大计，是民族振兴、社会进步的重要基石。党的二十大报告首次将教育、科技、人才作为一个整体进行论述，强调"教育、科技、人才是全面建设社会主义现代化国家的基础性、战略性支撑"，并明确提出："加快建设高质量教育体系。"这充分体现了党对教育、科技和人才的高度重视。在推进中国式现代化进程中，教育的重要性日益凸显，它不仅关乎个人成长与福祉，更是国家竞争力提升的核心要素。在此背景下，新时代的教育要有新的质量观，高水平的教育财政投入是教育高质量发展的重要物质保障。教育财政政策作为支撑教育事业发展的重要支柱，其科学性、合理性与有效性，直接关系到教育资源的优化配置、教育公平的实现以及教育质量的提升。因此，深入研究中国教育财政政策，探索其内在逻辑、发展趋势及优化路径，对于推动教育现代化、建设教育强国、办好人民满意的教育具有深远的意义。

　　近日，有幸拜读杨会良教授的专著《中国教育财政政策研究》，颇受启迪。在这部专著中，作者认真梳理和回顾总结了我国教育财政政策发展与改革的脉络，深刻把握新时代教育改革与发展的新理念、新思路、新策略，通过对新时代我国教育财政政策的评价与改革进行深入研究，系统探讨我国教育财政政策的历史变迁、时代主题及价值取向等问题，以公平、效率、充足与选择等四个维度作为衡量教育财政政策的标准，同时借鉴国际经验，对我国教育财政政策进行剖析与评价，提出未来教育财政政策改革与发展的因应之策。这不仅是对我国教育财政领域的一次深刻洞察，更是对未来教育发展方向的一次前瞻探索；不仅是对现有研究成果的系统梳理与总结，更是对教育财政政策理论与实践创新的深度挖掘与拓展。在书中，作者不仅从理论层面探讨了教育财政政策的理论基础、政策目标、价值取向、制定原则等核心问题，还从实践层面多维度分析了教育财政投入、资源配置、绩效评价等关键环节的现状与挑战。更难能可贵的是，杨教授在书中提出了一系列具有创新性和可操作性的政策建议，旨在推动我国教育财政政策的优化升级，促进教育事业的公平、高效、可持续发展。它聚焦新时代教育财政政策的时代主题与价值取向，以深邃的洞察力、严谨的逻辑架构、前瞻性的国际视野，为教育财政政策的未来走向、路径选择提出切实的对策建议，旨在加速构建高质量教育体系，办好人民满意的教育，书写新时代教育财政发展的新篇章。

全书从历史视角和国际视野切入，从公共财政和公共政策的视角，从公平、效率、充足、选择四个维度来解读高质量教育财政政策的题中之义。本书主要呈现以下特点：

第一，历史与现实交融，跨学科视角宽广。教育财政政策研究有着极为宽阔的学术边界，是一个管理学、经济学、教育学、历史学等领域共同关注的跨学科话题。作者是国内较早系统研究当代中国教育财政发展史的学者。本书运用多学科、多领域知识的相互融合，对我国教育财政政策问题进行了动态化的历史分析和现实考察，多维度展现教育财政政策的历史脉络与发展趋势。运用翔实的数据、资料，采取定性与定量相结合的分析方法，以"透过教育看财政"和"透过财政看教育"的多元视角，梳理和把握我国教育财政政策的历史进程、基本脉络和发展趋势。

第二，体系完善，逻辑清晰。中外学者从不同视角对教育财政政策相关问题进行了深入探究，涵盖了教育公平、教育财政和教育财政政策等领域，呈现出对概念解读到政策分析不同角度的认识。为了回应教育财政政策研究领域丰富的内涵和纵深，本书按照财政政策的公共行政研究框架，以公平、效率、充足和选择作为衡量教育财政政策的"四梁八柱"，分别进行定量分析指明我国现状并比较借鉴国外经验，系统地对我国教育财政政策进行评价分析，并分别给出政策选择，最终提出我国教育财政政策保障和支持高质量教育体系的系统实现路径，为政府和教育行政部门制定教育财政政策提供重要决策参考。

第三，多维度视角，定量化测度评价。本书不仅详细阐述了教育财政政策、教育财政公平、效率、充足等核心内容，给出了可行性的对策建议，而且针对教育财政公平、效率、充足分别给出了学术界主要的相关测度方法，为阅读者提供了全方位的支持，可以为从事相关研究的同仁提供宝贵的参考，也体现了作者长期教学研究的深厚积累。

本书的作者杨会良教授，是一位教育经济学与财政学领域的学者，是国内最早研究我国教育财政发展史的学者之一，长期致力于中国教育财政政策的研究与实践，以其扎实的学术功底、敏锐的洞察力和不懈的探索精神，为我国教育财政理论体系的构建与完善做出了应有的贡献。在这部专著中，杨教授以其独特的视角和严谨的态度，为我们呈现了一幅清晰而全面的教育财政政策变迁与实践探索的生动图景。这部专著的出版，无疑为我国教育财政领域的研究者、决策者及广大教育工作者提供了一部宝贵的参考书。它不仅能够帮助我们更好地理解中国教育财政政策的内在逻辑和发展规律，还能够激发我们对于教育财政政策创新的思考与探索。更重要的是，它为我们指明了未来教育财政政策改革的方向和路径，为构建更加公平、高效、可持续的教育财政体系提供了有力的理论支撑和实践指导。

最后，在大作付梓之际，我要向杨会良教授表示最诚挚的祝贺，也感谢他用辛勤的汗水为我们奉献了一部具有现实意义和学术价值的佳作。同时，我也期待这部专著能够引起更多人的关注和讨论，共同推动我国教育财政政策的不断完善和发展，为推进中国式现代化、加速建设高质量教育体系，为中华民族伟大复兴贡献我们的智慧和力量。

是为序。

杜育红

北京师范大学教授、博士生导师
中国教育学会教育经济学分会理事长
2024 年 9 月

目　录

第一章 导论

教育是事关国家发展和民族未来的千秋基业。党的二十大报告把教育、科技、人才单列成一个新板块，这是全面落实教育是国之大计、党之大计，教育具有基础性、先导性、全局性地位和作用的认识定位。①党的十九大报告指出："中国特色社会主义进入新时代，我国社会主要矛盾已经转化为人民日益增长的美好生活需要和不平衡不充分的发展之间的矛盾。"这一基本判断在揭示制约中国当代社会发展关键问题的同时，也为新时代教育发展指明了新方向，习近平总书记将这一方向概括为"努力让每个孩子都能享有公平而有质量的教育"。②习近平总书记2021年3月6日下午在看望参加政协会议的医药卫生界、教育界委员时强调，要全面贯彻党的教育方针，坚持社会主义办学方向，坚持教育公益性原则，着力构建优质均衡的基本公共教育服务体系，建设高质量教育体系，办好人民满意的教育。③这是对化解教育领域主要矛盾的有力回应。那么，什么是更好、更公平、更有质量的教育？如何构建具有中国特色的高质量教育体系？面对新时代供给侧结构性改革，教育该何去何从？如何促进教育高质量发展，回应人民对公平而有质量乃至高质量教育的需求，是未来我国教育发展的时代命题。

国外著名教育学者查尔斯·本森（Charles Benson）认为，衡量教育体制的好坏一般有三个标准：教育经费供给是否充足、教育资源配置是否有效率、教育资源分配是否公平。教育财政作为政府公共财政的重要组成部分，教育公共性与财政公共性的统一是公共教育财政的基本特征。本书在本森提出的三个标准基础上，从公平、效率、充足以及选择性四

---

① 吴岩. 中国式现代化与高等教育改革创新发展 [J]. 中国高教研究，2022 (11)：21 - 29.

② 习近平. 决胜全面建成小康社会 夺取新时代中国特色社会主义伟大胜利 [N]. 人民日报，2017 - 10 - 28.

③ 龚仕建等. 奋力开创卫生教育事业新局面 [N]. 人民日报，2021 - 03 - 08.

个维度分析教育财政问题的基本理念与思路，揭示教育发展的财政需求与政府的教育财政供给关系，探析和评价新时代我国教育财政政策。公平、效率、充足、选择性作为衡量教育财政政策的"四把标尺"，这四者必然有着内在联系，但又有着各自独立的内涵和意义，对四者的关注应是我国教育财政政策制定的合理性支柱和现实基础。其中，公平与效率兼顾是教育财政政策选择的理想组合，充足是保障教育财政投入数量供给的基础，政府应努力实现教育财政公平、充足、效率的平衡，并且保障公民教育财政的自由选择。

首先，以公平为价值取向，提升教育供给精确性。我国教育财政政策的最终目标就是维护和促进教育公平，保障公民平等地接受教育和平等的入学机会。将教育公平作为教育财政政策的价值取向可以更好地推进当下的教育供给侧结构性改革，进而更好地服务经济社会的供给侧结构性改革。教育财政政策应是维护和促进教育公平的政策，把公平作为教育供给侧结构性改革下教育财政政策的价值取向，就要将缩小教育差距、促进教育公平作为教育财政政策的目标，并在教育政策的安排上保障弱势阶层和弱势群体的受教育机会。

其次，以效率为价值取向，优化教育资源配置效率。教育财政政策在一定程度上要兼顾效率，实现教育资源的有效配置，促进教育均衡、公平发展。教育财政政策可发挥政策导向作用，在发挥其作用、满足基本的教育需求时还可以引导民间资本投资教育领域，为教育供给侧结构性改革注入新的活力，以满足人民日益个性化的教育需求，只有这样才能在公平的基础上兼顾效率。目前，我国教育财政的使用效率不高，浪费现象严重，政府部门不能合理地使用财政资源，对教育财政运行的监管不充分，不注重财政支出的运行效率，其结果只能是教育财政效率低下和教育经费浪费，而不能促进教育的发展。因此，如何清楚地认识我国教育财政效率现状、更加科学地使用教育经费、合理配置我国有限的教育资源、均衡发展我国的教育、实现教育财政效率最大化成为亟待解决的问题。

再次，以充足为价值取向，扩大教育有效供给。教育财政政策一定要以充足为价值取向，这样才能保障教育公平与效率的实现，切实扩大对教育的有效供给。在教育供给侧结构性改革推进过程中，实现教育公平与效率，需要以供给充足为物质保障。我国财政性教育经费支出水平与发达国家相比仍有很大差距，因此"优先发展教育事业"需要以充足作为价值取向，这样才能有效提高财政性教育经费支出水平。以充足为价值取向，扩大教育有效供给的三维立体价值取向选择（主要包括价值选择、合法性、有效性三个维度），以转变原先教育财政政策的价值理念。

最后，以选择为价值取向，提供优质多元的选择。教育财政选择是政府为满足公众的教育选择权而进行的教育财政配置方式的选择，政府将部分教育财政资金由政府的直接支出转变为由学生及其家长自主支出，扩大学生及其家长对教育财政资金的支配权。教育财政配置只有有了家庭的参与，才能更好地反映家庭对教育财政的利益诉求。同时，教育财政选择使学校失去了对政府财政资金的直接依赖，学校只能靠自身教学质量以及家长对学校的满意程度来获得政府的财政支持，打破了政府独享教育财政配置决策权的格局。教育财政选择改变了教育财政资金的配置方式，将更多地反映社会公众的利益诉求，政府的各项决策也将更多地反映公众的意愿，减少教育财政资金支出过程中资金外流现象的发生，提高教育财政资金支出的效率。

进入新发展阶段，新时代的教育要有新的质量观，高水平的教育财政投入是发展高质量教育的重要物质保障。教育财政政策作为我们党和政府教育路线方针的具体体现，对教育事业的改革与发展发挥着重要的保障作用。本书旨在基于新时代视域，在实施扩大内需战略同深化供给侧结构性改革有机结合的政策背景下，回顾与总结改革开放40多年来特别是党的十八大以来我国教育财政政策发展与改革的演进历程与经验，探析新时代我国教育财政政策的时代主题与价值取向，从公平、效率、充足和选择性四个维度，深入剖析和评价我国教育财政政策实施成效与不足，并通过国际比较提供有益借鉴。本书在把握新时代教育改革与发展的新理念、新思路和新策略的基础上，对未来的教育财政政策改革提出因应之策，为加速建设高质量教育体系、办好人民满意的教育书写教育财政政策新篇章。

第一节　选题背景

党的二十大报告是我们党开启新时代新征程、实现第二个百年奋斗目标的政治宣言和行动纲领。该报告聚焦"中国式现代化"目标，明确提出"高质量发展是全面建设社会主义现代化国家的首要任务"，在中国式现代化建设中，高质量发展被赋予极高的战略地位。早在党的十九大报告中，我们党就做出了"我国经济已由高速增长阶段转向高质量发展阶段"的重大论断，经济发展正处在转变发展方式、优化经济结构、转换增长动力的攻关期，建设现代化经济体系是跨越关口的迫切要求和我国发展的战略目标，并明确提出经济高质量发展要实现"质量变革、效率变革、动力变革"的目标要求①。党的十九届五中全会不仅将高质量发展确定为"十四五"时期我国经济社会发展的主题，更是强调经济、社会、文化、生态等各领域都要体现高质量发展的要求。党的二十大报告明确提出，坚持以推动高质量发展为主题，"把实施扩大内需战略同深化供给侧结构性改革有机结合起来"。扩大内需是构建新发展格局的战略基点，供给侧结构性改革是我国经济工作的主线。高质量发展的重要特征之一就是供给侧与需求侧的相互匹配和相互适应，实现二者的有机结合和动态平衡是高质量发展的总思路。这已成为中国特色社会主义进入新时代背景下经济高质量稳健发展的改革方略，将继续为中国经济在新阶段新征程持续健康发展指明方向。实现高质量发展，促进经济社会发展，提高综合国力和国际竞争力，归根结底要靠人才。人才乃强国之基，教育乃立国之本。培养堪当大任的新时代人才，是推动民族复兴和社会进步的重要基石，是新时代教育的使命所在。强国首先要强教，中国式现代化需要教育现代化的支撑。

教育是国之大计、党之大计。党的二十大报告首次把教育、科技、人才三位一体统一部署，明确提出三者是全面建设社会主义现代化国家的基础性、战略性支撑，坚持教育优先发展；强调教育不仅是民生，还是国计，教育事关全局、影响全局，并在一定程度上决定全局。这充分体现了党对教育事业的高度重视和教育在中国式现代化中的重要地位与作用。党的二十大报告强调，坚持以人民为中心发展教育，加快建设高质量教育体系，促进教育公平；深入实施科教兴国战略、人才强国战略、

---

① 习近平. 决胜全面建成小康社会 夺取新时代中国特色社会主义伟大胜利［N］.人民日报，2017－10－28.

创新驱动发展战略，加快建设教育强国。

通过对新时代党和政府的工作报告和文件中教育相关内容进行梳理可以发现，"公平"与"质量"之间是相互建构、互为尺度的关系。党的十九大明确提出"公平而有质量的教育"，党的二十大在此基础上进一步聚焦"高质量教育体系"的目标，二者一脉相承，后者是前者的聚焦和全面升华。将公平和质量贯穿教育发展的始终，依然是新时代理想的教育图景，是办好人民满意教育进程中的最强音。同时，进入中国特色社会主义新时代，教育是社会大系统中的一个子系统，对经济社会的发展具有基础性、先导性和全局性的作用。教育市场的主体与经济市场的主体一样，均由"供给侧"和"需求侧"构成：一方面，教育投资与消费作为拉动经济增长"三驾马车"的重要内容，处于经济的"需求侧"；另一方面，教育作为提供劳动力、人力资本的前提基础和核心动力，处于经济的"供给侧"。[1] 教育供给侧由三根链条构成：一是政府的政策链，二是社会的支持链，三是学校的服务链。[2] 其中，政府作为教育供给侧的主体，扮演的是政策供给、资金调控和方向引领的角色。面向当前供给侧结构性改革，教育供给侧结构性改革要对当前教育领域存在的问题进行深入思考，以推动教育的高质量发展，从而推动经济社会持续健康发展。

教育政策作为公共政策中的一种，实质上是对有关教育权益的分配规定。教育政策在教育财政领域的作用也是如此，政府作为教育的主要投资者，国家教育经费大部分来自政府的公共财政。通过教育财政政策来实现公共资源的再分配，保证公民的受教育需求和均衡发展，切实保障公民的受教育权利，为每个适龄儿童接受教育创造平等的机会。因此，将教育财政与政策结合起来进行分析研究，可以紧贴政策并且丰富政策研究的内容，探寻教育财政研究新的视角，促进教育科学发展。

20 世纪 90 年代，我国的财政体制开始向公共财政转轨，教育财政

---

① 程耀忠. 供给侧改革视角下教育产品提供方式变革思考 [J]. 经济问题，2017 (4)：86 - 90.

② 武毅英，童顺平. 高等教育供给侧改革的动因、链条与思路 [J]. 江苏高教，2017 (4)：1 - 6.

政策经历了一系列重大的改革，为我国教育发展带来了新的契机。进入新时代，教育优先发展得到有力保障，教育财政投入发生极大增长，国家财政性教育经费投入占 GDP 比例自 2012 年起连续 10 年不低于 4%。与此同时，在我国教育财政政策改革的进程中，政策制定与执行方面也产生了一系列问题，对教育公平发展和质量提升产生了扰动。因此，教育政策决策的科学化与民主化对我国发展高质量教育有着决定性的意义。具有科学意识、民主精神的教育政策决策参与者与教育政策研究者是教育政策决策科学化和民主化的重要推动力量。[①] 教育财政政策作为我国公共教育发展的财力保障措施，随着我国市场经济改革的不断深入，几经变迁，起伏跌宕。教育财政政策的每一次改革都牵扯到人民的切身利益，因此，对我国教育财政政策的研究无疑是一项富有挑战性的工作。

第二节　研究意义

　　教育财政政策是政府干预和调控教育的重要手段，作为教育政策体系中的重要组成部分，教育财政政策是实现教育发展目标的激励工具。本书主要运用新公共管理理论，立足我国教育财政改革与发展的实践，从历史视角和国际视野切入，对公平、效率、充足和选择性等核心教育财政政策目标进行系统的实证分析，深入剖析我国教育经费筹措、分配和使用等环节的体制安排和政策选择以及执行效果的历史与现状，探析其中存在的理论与实践问题，并对未来的教育财政政策改革提出政策建议。因此，本书具有一定的理论意义和现实意义。

一　理论意义

　　第一，对于构建兼顾公平与效率的教育财政体制具有一定的指导意义。在公共政策研究框架内，从公平、效率、充足和选择性角度对教育财政政策的发展现状进行理论与实证分析。许多学者对我国教育财政的发展状况进行了总结分析，但少有学者从公共政策角度来分析教育财政

---

① 吴遵民. 教育政策学入门［M］. 上海：上海教育出版社，2010.

发展面临的问题。本书尝试在公共政策研究框架内，基于公平、效率、充足和选择性视角，研究教育财政政策的演进与发展现状，深入探析教育财政发展在政策层面存在的问题与不足。

第二，进一步丰富教育财政以及教育政策分析研究。本书无论是在教育财政外延还是内涵上都对传统的财政政策理念进行了拓展和丰富，教育财政政策分析可以拓宽公共政策研究的领域，从公共行政角度丰富公共经济学传统内容，无论是对教育学理论的发展和充实，还是对财政学、经济学理论的丰富都大有裨益。

第三，通过设计具体的教育财政政策优化路径推进教育领域供给侧结构性改革实践。政策是一个宏观的概念，如果缺乏具体的政策设计，政策在执行中将难以操作，这会直接导致政策的结果偏离政策实施的初衷。本书从公平、效率、充足和选择性等方面设计教育财政政策改革的具体路径，将是新时代落实教育领域供给侧结构性改革的出发点。

二　现实意义

第一，在公共政策框架下研究教育财政政策，为破解我国经济社会发展的现实问题提供思路。教育财政问题是事关"大国办大教育"的大问题，教育财政政策不仅仅关系到教育投入结构的合理化、教育资源配置的科学化、教育经费支出的高效化，更关系到每一个受教育者都能得到合适的教育。因此，无论是对国家、地区、学校还是对个人而言，教育财政政策都是一个既是国计也是民生的重大课题。教育财政政策的制定涉及人民群众最关心、最现实的切身利益，它既关涉国计，也与民生相系。当前，我国教育发展面临种种问题，包括教育发展不均衡、教育经费短缺以及教育财政效率低下等，这些都是我国经济社会发展亟须解决的现实问题。本书在公共政策框架下研究教育财政政策，为破解社会现实难题提供了思路。

第二，提出教育财政政策的发展路径，为政府制定政策提供参考。本书从四个维度较为系统地实证分析和评价了教育财政政策，细化了政策路径，为我国当前教育财政投入标准的调整提供了提高教育供给端质量和效率的一般方法，也为政府制定政策提供了参考依据。

第三节   文献综述

教育财政政策问题是当前学术界研究的热点。中外学者特别是西方学者从不同的学科视角对教育财政政策相关问题进行了深入的探究，涵盖了教育公平、教育财政和教育财政政策等重点领域。本节选取与本书比较有相关性的研究文献进行简要论述。

一   国外研究现状

西方学者对教育财政政策以及教育公平有不同的价值判断与政策主张。对于教育财政与公平的理论探讨层出不穷，研究视角或宏观或微观，或两者兼备。其中，关于教育公平研究的理论重点始终体现在教育是否会促进社会公平这一主题上。

（一）关于教育财政政策的相关研究

教育财政理论最早形成于西方，萌芽于 20 世纪 20 年代，产生于 50 年代，形成于 60 年代，是教育经济学和财政学的一个重要领域。

国外学者注重对教育财政投入与产出关系的系统研究，其主要目的是在分析教育财政的基础上对教育进行探索，财政投资的最佳方案是使教育投资的效率最大化。美国诺贝尔经济学奖获得者西奥多·舒尔茨（Theodore Schultz）提出了人力资本理论，认为人力资本是社会进步的决定性因素，包括人类知识和人类技能，其形成是投资的结果。[①] 在西奥多·舒尔茨提出人力资本理论后，Harbison 和 Myers 测度了教育水平和经济发展水平，发现劳动力与中等教育程度的相关性最强。[②] 20 世纪 60 年代，各国开始重视增加教育经费投入和普及教育。70 年代，经济的滞胀导致财政规模的收缩，而人口的膨胀则导致个人教育需求的增加。这些问题使得教育财政越来越受到研究人员和政府部门决策者的重视。但此时，教育财政还只是作为教育经济学中的一个一般性问题来研究，如 E.

---

① 杜安国. 中国高等职业教育财政研究 [D]. 博士学位论文，财政部财政科学研究所，2010.

② Frederick Harbison, Charles A. Myers. Education, Manpower, and Economic Growth [M]. New York：McGraw-Hill, 1964.

科恩（Elchanan Cohn）的《教育经济学》和 M. 布劳格（Mark Blaug）的《教育经济学导论》把教育财政独立成章①。

本森在教育财政领域做出了许多开创性工作，他概述了国家教育财政运行绩效的三个指标，即教育经费的供给是否充足、教育经费分配的效益如何，以及教育资源分配是否公平，这三个指标被许多学者引用。② 此后，有一些经济学家和教育学家运用公共财政理论论证不同层次教育财政责任在多级政府间的分配等，这些观点对之后深入探讨如何在公共财政框架下构建规范的教育财政体制与政策极具启发性。

教育政策学是当前国际上将教育科学研究和政策分析学科相结合的一门综合学科，也是一门边缘性交叉学科。③ 追溯公共政策的历史我们发现，公共政策的产生是以公共利益的存在为前提条件的。随着公共利益的概念被公众重视，社会契约思想萌芽。④ 由于公共利益的需要，人们会放弃部分权利，将之托付给一个共同的组织，该组织的行为必须体现公共意志，维护公共利益。⑤ 卡尔·弗雷德里奇（Carl J. Friedrich）提出，公共政策是"在某一特定环境下，个人、团体或政府有计划的活动过程"。⑥ 托斯顿·胡森（Torsten Husen）在斯德哥尔摩大学举行首次国际性的教育决策者与教育政策研究学者共同参与的教育政策分析会议，十多个国家的教育部部长和几十位学者就"教育研究与教育政策是什么关系"这个话题从不同的角度进行了研讨，此次会议或为国际教育政策研究史上的重要事件。教育政策研究逐渐引起了广泛的关注，并取得了长足的进步。⑦ 此后的研究逐渐拓展，其中关于教育财政政策的研究主要有以下几个方面。

第一，对教育财政政策公平的研究。财政公平性问题是 20 世纪以来

---

① 杜安国. 中国高等职业教育财政研究［D］.博士学位论文，财政部财政科学研究所，2010.

② 李祥云. 我国财政体制变迁中的义务教育财政制度改革［M］.北京：北京大学出版社，2008.

③ 王宁. 教育政策：主体性价值分析理论与应用［M］.北京：中国社会科学出版社，2015.

④ 王春福. 有限理性利益人与公共政策［M］.北京：中国社会科学出版社，2008.

⑤ 辛斐斐. 全覆盖战略下职业教育财政政策研究［M］.北京：人民出版社，2015.

⑥ 刘春青. 论标准对公共政策的支撑作用［J］.科技与法律，2011（2）：6－10.

⑦ 黄忠敬. 教育政策导论［M］.北京：北京大学出版社，2011.

教育财政政策中的焦点问题，E. P. 库伯利（Ellwood Patterson Cubberley）早在1905年就指出了财政与教育公平之间的关系。① 斯蒂芬·海纳曼（Stephen P. Heynenman）等提出教育公平的实质可归纳为享有公平使用教育资源的机会，不会因教育机会不均等而减少教育投资。② 部分学者认为教育公平是指利益分配的公正，或教育资源分配的合理。

第二，教育财政拨款政策。奥登（Allan Odden）和匹克斯（Lawrence Picus）在其论著《学校理财——政策透视》中认为，教育拨款方式随着诉讼案的裁决而改变。美国有五种教育财政拨款方式，分别为等额补助方式、基数补助方式、保证税基补助方式、基数补助与保证税基补助结合方式和州全额负担方式。③ 尚塔尔·克林（Chantal Collin）、丹尼尔·汤姆普森（Daniel Thompson）等人从社会转移支付、学生资助和学费、收入及贷款的偿还、加拿大千年奖学金基金、补贴等几个方面介绍了加拿大联邦政府的高等教育财政政策。④

（二）关于教育财政公平的相关研究

西方学者从不同的学科视角对教育公平问题进行了深入的研究，国外在这方面的研究相对较早，主要有罗尔斯的正义二原则、科尔曼的教育机会均等研究、胡森总结的教育公平理论结构、帕森斯论证教育公平是社会公平的核心等。1984年，伯恩奠定了教育财政公平的分析框架，指出教育财政公平的核心问题是对谁公平、公平的内容是什么、如何定义公平与如何计量公平。⑤ 麦克马洪提出三类型学说：水平公平、垂直公平与代际公平。⑥ 胡森提出教育机会均等在三个不同时期的不同含义，包括起点均等论、过程均等论和结果均等论。

① Ellwood P. Cubberley. School Funds and Their Apportionment［D］. Columbia University, 1905.
② Heynenman S P, Loxley W A. The Effect of Primary-School Quality on Academic Achievement across Twenty-Nine High And Low-Income Countries［J］. 1983, 88（6）：1162 – 1194.
③ Allan Odden, Lawrence Picus. School Finance：A Policy Perspective［M］. New York：McGraw-Hill, 2004.
④ Chantal Collin, Daniel Thompson. Federal Investments in Post-Secondary Education and Training［M］. Ottawa-Ontario：Library of Parliament, 2010.
⑤ 夏雪. 教育财政公平度量框架评价及改进［J］. 教育学报, 2020, 6（5）：70 – 76.
⑥ 翁文艳. 教育公平的多元分析［J］. 教育发展研究, 2001（3）：62 – 64.

此外，关于教育公平研究的一个重要方面就是马克思主义的教育理论。第一，教育是每个公民应该享有的基本权利；第二，平等体现在每个人的智力和能力的平等发展，即"人的自由发展和全面发展"上。①同时，公平和效率作为教育追求的两个基本目标，两者又有其各自独立的价值。如何正确认识两者的关系，在平衡中最大化两者价值，也是学者们关于教育公平讨论的核心问题。

（三）关于教育财政效率的相关研究

20 世纪 60 年代西方国家遭遇教育经费紧缺时，西方学者开始关注教育财政效率理论，绩效评价率先在美国成为一个重要的研究领域。关于绩效评价的方法，德国学者韦唐在《公共政策和项目评估》一书中将效果模式概括为目标达成评估、附带效果模式、无目标评估、综合评估、顾客导向评估和利益相关者模式。早期实证评估方法表现为一系列实证分析技术的结合，如成本效益分析、多元回归分析、民意调查研究、投入产出分析、数学模型和系统分析等。西方政策学理论于 20 世纪 70 年代末期开始传入我国，目前基本属于围绕绩效评价理论的一般性研讨，或围绕具体工作的一些初步探索，系统性地提出系统、细化的评价内容和指标体系的还很少。受 20 世纪 80 年代新公共管理思潮的影响，西方政府部门开始重视公共支出绩效。但学术界对教育财政内部效率的计量尚未找到很好的方法。目前国外学者在评价教育财政效率时，产出指标主要是生源人数、学业成绩、毕业率和就业率，多采用 DEA、SFA 等前沿效率分析方法。

（四）研究述评

国外学者对教育财政理论的研究较为成熟，他们从多个方面对教育财政政策的研究进行了丰富。但由于在不同的社会背景下不同国家的政治体制不同，教育财政政策有着不同的具体内容。同样，对教育公平的研究，不同国家的学者从不同角度谈及教育公平问题的文献很多，在教育公平问题研究过程中出现不同认识，因此出现多个概念交替使用的现象，缺乏明确的概念界定。例如，在 20 世纪六七十年代，虽然美国学者

---

① 王广飞. 在高校学生资助政策中体现教育公平［J］.盐城师范学院学报（人文社会科学版），2011，31（5）：114－119.

曾就教育机会均等的概念发生过一些论争，但是最终并未对之形成一个较为公认的明确认识。① 虽然国外学者的各种观点之间难免有矛盾的地方，但教育财政政策与教育公平的研究是涉及多学科、多层面、多因素的复杂性研究，通过分析总结国外学者在不同的学科视角下不同的研究方法，可以综合各个学科的优势，使各种研究互补，对教育财政政策的研究大有裨益。

二　国内研究现状

我国对教育的研究自古有之，但这种探讨缺乏系统性。在公共教育财政研究领域，我国起步较晚。20 世纪 80 年代初，我国公共教育财政政策的理论与实践研究也成为众多学者关注的焦点。

（一）关于教育财政政策的相关研究

20 世纪 80 年代初，我国学者开始对中国教育财政进行系统介绍和专门研究。厉以宁、陈良焜等人在 20 世纪 80 年代中期通过回归分析，运用不同时期、不同国家数据得出公共教育支出占 GDP 的比例达到 4%。② 80 年代以来，我国教育财政体系发生了重大的变化，教育财政和教育经费投入问题引起了教育界的热烈讨论。近年来，国内学者对我国公共教育财政发展的研究成果有王善迈和袁连生主编的《2001 年中国教育发展报告——90 年代后半期的教育财政与教育财政体制》、陈国良的《中国基础教育财政政策的历史考察》与商丽浩的《中国教育财政史论》，他们对教育财政进行了详尽的研究。曲绍卫等针对义务教育财政资助所面临的问题和挑战，并结合"乡村振兴战略"和"打好精准脱贫攻坚战"的衔接需要，提出后扶贫时代义务教育学生资助的政策性建议。③ 此外，

---

① 庞国斌. 我国公共高等教育资源配置的公平性研究 [D]. 博士学位论文，辽宁师范大学，2008.
② 厉以宁. 教育管理中的几个经济理论问题 [J]. 高等教育研究，1983（1）：43－49；陈良焜，贾志永，章铮. 教育经费在国民生产总值中的比例的国际比较 [J]. 高等教育学报，1986（1）：30－36；岳昌君. 经济发展水平的地区差异对教育资源配置的影响 [J]. 教育与经济，2003（1）：35－41；闵维方，丁小浩. 中国高等院校规模效益：类型、质量的实证分析 [J]. 教育与经济，1993（1）：16－22.
③ 曲绍卫，周哲宇，李朝晖. 义务教育财政资助经费的波动特征及政策导向 [J]. 教育与经济，2022，38（5）：74－80.

很多博士学位论文也把视角投向了中国教育财政发展领域，如杨会良、周丹、刘颖和李盈萱从不同角度和层面进行了有益的探索。①

伴随公共管理理论研究在不同学科领域的扩展，政策研究逐渐成为中国政治学、经济学、社会学以及教育学领域关注的热点问题，特别是在市场经济的发展对传统政治、经济以及社会结构大规模解构的背景下，公共政策也逐渐成为社会领域关注的热点问题。教育系统作为现代社会规模庞大、影响深远以及政策活动周期较长的公共系统或准公共系统之一，该领域涉及的公共财政政策问题逐渐成为学者关注的焦点，国内学者开始了多角度、多学科研究。

相关教育财政政策的研究强调政府的责任，针对目前的教育财政政策，学者们从不同角度提出政策建议。政府财政对教育的投资是教育经费最主要的来源，政府对教育投资的财政政策选择是关系到我国教育发展的重要问题。刘可可论述了依法保证财政性教育经费增长、实现教育经费预算单列、规范教育财政转移支付制度、鼓励社会力量办学和社会捐赠教育的财政制度设计以及优化财政教育投资结构等五个方面，并且提出了教育投资的财政政策选择。② 栗玉香在研究教育财政政策时，认为教育财政支出的决策权只是政府单一决策主体的主导决策权。这种决策权强化了政府对教育财政支出的干预，但并不能完全满足公共教育的需要。同时，政府的决策权阻碍了不同利益主体参与决策，从动态的角度来看，这将带来巨大的社会成本。③ 李岚清在《李岚清教育访谈录》中强调发展教育主要是政府的责任，要建立公共财政体制，保证教育投入，政府不能以"教育产业化"思想来指导教育发展，各级政府要建立教育经费的保障和监督机制。④ 同时，国内学者分析国外财政政策对教

① 杨会良. 改革开放以来中国教育财政发展史论纲［D］.博士学位论文，河北大学，2005；周丹. 义务教育城乡一体化的财政体制研究［D］.博士学位论文，武汉大学，2014；刘颖. 充足、公平和效率视角下的学前教育财政政策研究［D］.博士学位论文，南京师范大学，2017；李盈萱. 教育投入机制及影响因素研究［D］.博士学位论文，吉林大学，2021.

② 刘可可. 论教育投资的财政政策选择［J］.教育科学研究，2001（10）：5－7.

③ 栗玉香. 公共教育财政支出决策权配置格局的理性思考［J］.清华大学教育研究，2005（3）：67－72＋93.

④ 李岚清. 李岚清教育访谈录［M］.北京：人民教育出版社，2004.

育保障的先进经验，以期得到有益启示。美国各州由于政策环境的差异，教育财政资助方式也各有不同，杨晓波分析了美国公立高等教育财政资助的三种基本途径：州政府财政税收拨款资助公立高校；州政府或州高等教育管理机构制定公立高校学费标准，高校向学生收取学费；联邦政府及州政府学生资助项目或计划资助就读学生。① 郑春光分析了美国学校财政在不同时期的五类政策导向以及对学校教育质量的影响，并讨论了这些财政政策导向对中国学校教育质量提高的启示。② 赵雨萌分析了美国联邦政府通过财政投入的方式支持各州学前教育发展，从加强宏观政策引领的角度出发，出台了一系列学前教育财政投入政策，厘清美国联邦政府学前教育财政投入政策的发展历程，总结发展特点并分析其中的问题，这对我国学前教育财政投入政策的完善具有重要的启示作用。③

综上所述，对教育财政政策和供给侧结构之间的关系进行深入挖掘的研究较少，本书试图关注我国近年来教育财政政策演变和价值取向，基于文献研究、比较研究，探讨新时代供给侧结构性改革下的教育财政政策改革。

（二）关于教育财政公平的相关研究

教育公平作为教育现代化、民主化的重要标志，一直以来都是社会的热点，也越来越为更多学者所关注。从现有文献来看，从 20 世纪 90 年代初我国教育公平问题便开始引起学界的注意，以谈松华 1994 年在《教育研究》上发表《论我国现阶段的教育公平问题》为契机，掀起了对我国教育公平问题的研究热潮。④ 之后，郭元祥、杨东平、张良才和李润洲从不同角度探讨了教育公平的内涵、特点，提出坚持教育公平是

---

① 杨晓波. 试析美国公立高等教育的政府财政政策 [J]. 外国教育研究，2006（11）：40 - 44.
② 郑春光. 试析美国学校财政政策与教育质量提高 [J]. 教育发展研究，2006（20）：80 - 85.
③ 赵雨萌. 美国联邦政府学前教育财政投入政策演进研究（1965 - 2020）[D]. 硕士学位论文，东北师范大学，2022.
④ 王世斌. 二十世纪九十年代以来我国教育公平研究综述 [J]. 福建论坛（社科教育版），2008（8）：116 - 119.

我国教育的必由之路。[①]

　　近年来，教育公平发展已成为国家基本教育政策，教育公平问题也成为社会关注的焦点和教育领域研究的热点。随着教育不均衡问题的加剧，学者们开始对各类教育财政公平问题进行理论与实证研究，从多学科的角度对教育财政如何公平发展进行反思。

　　一是对教育公平的理论阐述。陈国维指出，教育公平是社会公平价值在教育领域的延伸和体现，并从法学角度阐述了教育公平的本质。[②] 二是对我国教育不公平问题的阐述。受国情与教育模式影响，我国区域之间、城乡之间和阶层之间的教育资源配置差异很大，众多学者对我国教育不公平现状进行分析，努力找寻教育公平的真正实现路径。姚凤民围绕教育均衡的思路和政策，描述了我国教育不均衡的基本表现，并对地区间和城乡间的非均衡提出了一些财政政策的思考。[③] 陶红和杨东平分析了我国传统义务教育财政政策的公平性缺失，并分析了新的义务教育财政政策在促进教育公平方面的努力。[④] 张荣馨针对财政分权体制导致的区域间义务教育经费投入不公平的问题，发现中央政府颁布了一系列政策以推进义务教育财政公平，政策的表述和转移支付的流向体现了中央政策引导的关键点是提升西部落后地区的义务教育财政投入。[⑤] 三是对教育公平对策的探析。从教育财政政策来看，保障教育公平是政府的职责。通过教育财政政策制定与调整，发挥好政府力量，加强对教育资源分配公平的监督，教育公平这一永恒的话题才有可能得到深入解读。

---

① 郭元祥．对教育公平问题的理论思考 [J]．教育研究，2000 (3)：21 - 24 + 47；杨东平．对建国以来我国教育公平问题的回顾和反思 [J]．北京理工大学学报（社会科学版），2000 (4)：68 - 71；张良才，李润洲．关于教育公平问题的理论思考 [J]．教育研究，2002 (12)：35 - 38.

② 陈国维．从法学的视角看教育公平 [J]．河南司法警官职业学院学报，2004 (1)：118 - 120.

③ 姚凤民．论我国教育均衡发展——对财政政策的思考 [J]．科教文汇（上半月），2006 (9)：138 - 139.

④ 陶红，杨东平．我国农村义务教育财政政策公平性研究 [J]．教育发展研究，2007 (5)：74 - 77.

⑤ 张荣馨．中央政府推进义务教育财政公平的政策影响研究 [J]．清华大学教育研究，2020，41 (1)：44 - 54.

（三）关于教育财政效率的相关研究

国内学者对教育财政效率进行了不懈的探讨，林文达提出教育财政效率可以分为三种。一是同时增加教育支出和产出，追求总投入与总产出的经济效率。若想要实现这种效率，需要增加个人关于教育支出的选择，并坚持帕累托效率，在不损害任何相关者利益的情况下，不断扩大支出，增加产出。二是在教育支出一定的情况下，通过引进新的管理技术，优化组合，以获得教育产出的提高。三是通过约束教育的支出，保持一定的投入效率。① 探讨如何构建教育财政效率的评价指标以及如何提高教育财政效率的研究还很少，也没有统一公认的评价模式。然而，国内一些学者对效率评价指标体系的构建思路进行了尝试性的研究。袁振国、栗玉香、冯国有、吕炜和王伟同等学者制定了微观系数，包括教学比例、师生比例、统考通过率、学生综合发展系数、学校综合管理系数等；也选取了宏观监控因素，包括学校规模、人均支出、人均固定资产等。②

（四）研究述评

根据上述文献对我国教育财政政策与教育公平研究进行反思，关于教育财政政策的研究，学者们从不同角度和层面进行了有益的探索，并从各自的角度提出了自己的观点。综观这些研究，我们发现教育财政政策研究还存在一些问题。一是对教育政策研究的系统性不够。现有研究大多是针对某一项教育财政政策内容的分析，没有过多涉及政策过程分析与政策评价，导致研究范围较为具体，缺乏对宏观环境的考量，提出的相应政策建议难免不够全面。二是现有研究主要是对具体财政政策的公平性进行分析，对政府保障教育财政政策公平而有质量发展的职责的研究较少涉及，对改进现有教育财政政策的公平无法有效提出更深层的建议。因此，针对当前我国对教育财政政策研究存在的不足，本书更为

---

① 林文达. 教育财政学 ［M］. 台湾：台湾三民书局，1986.
② 袁振国. 缩小差距——中国教育政策的重大命题 ［J］. 北京师范大学学报 （社会科学版），2005 （3）：5－15；栗玉香. 教育财政效率的内涵、测度指标及影响因素 ［J］. 教育研究，2010，31 （3）：15－22；栗玉香，冯国有. 我国教育财政效率的问题影响因素对策选择 ［J］. 国家教育行政学院学报，2009 （11）：44－48；吕炜，王伟同. 中国公共教育支出绩效：指标体系构建与经验研究 ［J］. 世界经济，2007 （12）：54－63.

深入地对教育财政政策与教育公平进行探讨与分析，以增进我们对教育财政政策的理解。

第四节　研究思路与内容

本书按照财政政策的公共行政研究框架，以公平、效率、充足和选择性作为衡量教育财政政策的重要标准，对我国教育财政政策进行分析。本书内容分为四大部分：第一部分是教育财政政策理论，阐述了教育财政政策的背景、概念、理论基础，分析了教育财政政策所处的新时代背景和我国教育改革与发展的新时代主题；第二部分剖析了我国教育财政政策的历史进程、成效得失与历史经验，阐述了我国教育财政政策价值取向的演进与新时代抉择；第三部分从公平、效率、充足与选择性等角度分析教育财政政策，并对我国教育财政政策进行评价，在借鉴国外教育财政的主要政策和措施基础上，基于我国教育财政政策现状提出新时代教育财政政策如何推动教育公平而有质量的发展；第四部分进一步思考教育财政政策的决策机制与政府责任，探讨新时代我国教育财政政策改革的最优路径。

一　研究思路

本书在归纳国内外有关研究文献的基础上，对权威政策文本进行总结分析，结合我国的国情，从公共财政和公共政策的视角，从教育财政公平政策、教育财政效率政策、教育财政充足政策与教育财政选择政策入手，探索我国教育财政政策新机制，针对教育财政政策存在的问题，试图通过价值标准的力量，充分发挥教育财政政策的指导作用，完善我国公共教育财政领域的制度建设，发展公平而有质量的教育。具体研究思路如图 1-1 所示。

二　研究内容

本书对新时代教育财政政策的评价与改革进行研究，阐述了教育财政政策的含义、内容等基本理论，论证了教育财政政策的时代主题、历史变迁以及价值取向等问题。以公平、效率、充足和选择性作为衡量教

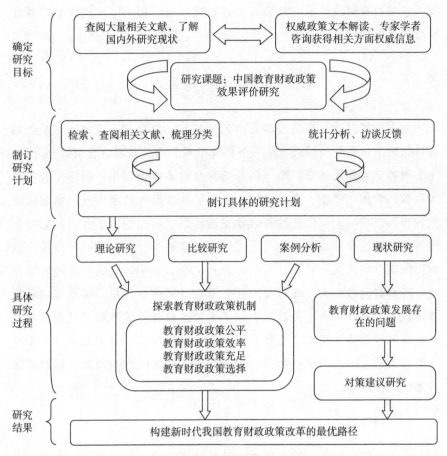

确定
研究
目标

> 查阅大量相关文献，了解
> 国内外研究现状

> 权威政策文本解读、专家学者
> 咨询获得相关方面权威信息

> 研究课题：中国教育财政政策
> 效果评价研究

制订
研究
计划

> 检索、查阅相关文献，梳理分类

> 统计分析、访谈反馈

> 制订具体的研究计划

具体
研究
过程

> 理论研究

> 比较研究

> 案例分析

> 现状研究

> 探索教育财政政策机制
>> 教育财政政策公平
>> 教育财政政策效率
>> 教育财政政策充足
>> 教育财政政策选择

> 教育财政政策发展存
> 在的问题

> 对策建议研究

研究
结果

> 构建新时代我国教育财政政策改革的最优路径

图 1 – 1　研究思路

育财政政策的重要标准，对我国教育财政政策进行评价分析。在借鉴部分外国政府解决教育财政政策问题的主要措施的基础上，分析我国的教育财政政策现状，进而提出我国政府促进教育财政政策公平而有质量发展的一系列对策措施。具体内容如下。

第一章"导论"。阐述了教育财政政策选题的背景、理论意义和现实意义，介绍了教育财政政策研究的先期成果，在认真梳理前人研究的基础上介绍了本书的基本内容、思路和方法。

第二章"教育财政政策概念界定与理论基础"。任何一项研究，都需要厚重的理论作为它的根基。本章通过具体阐述公共行政理论下的教育财政政策定义、特点与基本理论，详细分析了教育财政、公共政策与教育财政政策等核心概念，分析了教育财政政策的相关理论。

第三章"建设高质量教育体系：我国教育改革与发展的新时代主题"。国家治理观念的变化、教育研究对教育财政政策的影响以及教育与政治之间越来越紧密的联系都促进了教育财政政策研究的迅猛发展。进入教育改革与发展的新时代，建设高质量教育体系成为我国教育改革与发展的新时代主题。在此大背景下，促进教育公平是我国教育领域不懈追求的目标，教育质量提升成为发展新方向，教育优先发展成为永恒主题，依法治教成为改革新动力。发展公平而有质量的教育是党的十九大报告做出的庄严承诺，引领新时代我国教育改革与发展的方向。党的二十大报告明确提出，坚持以人民为中心发展教育，加快建设高质量教育体系，发展素质教育，促进教育公平，"高质量"和"公平"成为教育改革与发展的核心要义和鲜明主题。

第四章"教育公平与效率间的配体徘徊：我国教育财政政策的变迁理路"。教育财政思想对教育财政政策的确立具有决定性影响。在结合具体的历史环境前提下，将新中国成立后教育财政政策的历史变迁分为五个时期，通过回顾教育财政的发展历史，分析我国教育财政政策变迁中的成效和不足，以期得到完善我国教育财政政策的经验启示。

第五章"'公平优先，兼顾效率'：我国教育财政政策的价值取向"。不同的价值取向对公共教育财政政策、教育公平与质量关系的不同解读，形成了教育财政发展的不同路径和格局。本章主要阐述了价值、教育财政政策的价值以及教育财政政策的价值标准，着重阐述了"公平与效率"在教育领域观念与理论的演进，通过对教育财政政策内外尺度的分析和阐述，确立了"公平优先，兼顾效率"的价值取向，从而能够积极引导教育财政政策的有效实行。

第六章"提升教育供给精确性：教育财政公平政策"。阐述了教育财政公平及其测度，涉及教育财政公平的含义和原则以及教育财政公平的测量方法，主要通过相关的差异指标来测度教育财政的横向公平、纵向公平和财政中立状况，判断教育财政公平程度和现状。从我国现有的教育财政公平政策及其取得的进展与存在的问题三个方面来阐述我国教育财政公平政策的执行情况。通过借鉴美国与英国的教育财政政策实践，结合我国国情，提出新时代必须进一步深化改革，通过优化教育供给，促进新时代教育公平。

第七章"激活教育资源配置潜力：教育财政效率政策"。首先，解释什么是教育财政效率；然后，进一步提出教育财政效率的分析框架，从教育财政配置效率、教育财政运行效率、教育财政技术效率三个环节来分析教育财政的配置与运行；最后，通过分析我国教育财政效率政策状况，研究美国和英国在教育财政效率方面的财政体制改革，对比我国教育财政体制现状，寻找对我国教育财政体制改革的有益经验，找到新时代我国教育财政效率的优化路径。

第八章"扩大教育有效供给：教育财政充足政策"。主要阐述了教育财政充足问题的发展历史、基本概念以及对教育财政充足的测度，指出我国在教育财政充足上已取得一定的成就，但与国外相比，有国情、体制和发展因素等条件的制约，政策上仍然存在很多问题。为了促进教育均衡发展、实现高水平的教育公平，保障教育投入的充足性是深化教育财政改革的方向。

第九章"提供优质多元的选择：教育财政选择政策"。从理论上对教育选择以及教育财政选择进行阐述，分析我国对教育财政选择政策进行的一系列探索，以教育券和公立学校转制作为典型进行讨论。以教育券为例，通过对国际教育券政策实践的比较研究，为我国实现多元的教育财政选择提供宝贵的思路，提出保证学校的多样性与教育质量的均衡性、提高公众对教育财政配置决策的自主程度、完善弱势群体教育财政选择政策的救助体系等措施。

第十章"办好人民满意的教育：我国教育财政政策路径选择"。首先，分析我国教育财政政策制定过程，结合我国教育财政政策的现状提出与政府职能相匹配的教育财政政策；然后，从观念重塑、权责划分、机制创新、政策改进与法制建设五个方面，分析促进教育公平而有质量的发展的实现路径。

综上，本书具体内容如图1-2所示。

三　研究方法

本书研究内容涉及广泛，多学科领域交叉，拟从多视角、多维度、历史和现实的观照以及国际比较视野对教育财政政策加以思考、分析。

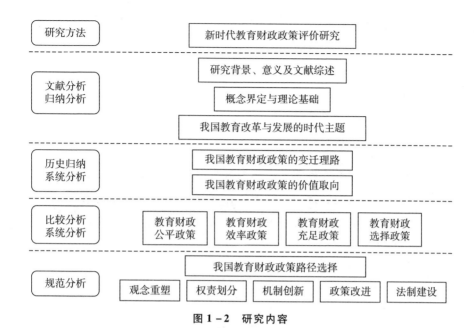

图 1-2 研究内容

（一）文献分析法

文献资料的收集和整理是数据分析的基础。通过文献检索和阅读对国内外相关文献、典型教育政策、有关经费统计公告等进行检索、梳理和分析，归纳总结教育财政政策的研究现状及理论依据，对我国教育财政政策等相关成果进行思考和学习，进而构建本书的理论框架，得出本书的基本观点。

（二）历史归纳法

本书较为完整地回顾了我国教育财政政策制定与发展模式，并对教育财政政策的演进进行评述，也可以充分地考察教育财政政策为实现公平而有质量的教育所采取的措施，同时也可观测转型与社会变迁对教育财政政策的影响。

（三）定量分析法

在考察我国教育财政政策的公平、效率与充足状况时，主要采用定量分析的方法，通过收集相关资料或信息，并对具体数据进行量化处理、检验和分析，从而对我国教育公平、效率与充足进行测度。

（四） 比较研究法

本书对国外的教育财政发展模式及教育财政政策进行了总结，比较了不同国家的教育财政政策对教育改革与发展的影响，并通过比较中外教育财政政策安排的历史和现状，总结出中国教育财政制度设计的有益经验。

（五） 规范分析法

本书拟采用规范分析的方法，探讨我国教育财政政策的变迁以及未来教育财政政策的发展方向，并把教育财政政策的制定与实施当作一个系统过程，从公平、效率与充足等角度提出新时代教育财政政策改革与发展的实现机制。

小　结

在教育发展过程中，国家和市场对教育资源供给方面的调节是治理的重心所在，更是教育改革与发展的重点。教育财政政策是否科学，将直接影响一个国家或一个地区教育事业的发展。本书从公共政策的视角对我国教育的改革与发展进行研究，通过供给侧结构性改革，调整教育结构，拓宽经费来源渠道，以此来增强教育的竞争力，提升教育质量和效率，优化供需的平衡，发展新时代高质量教育。本书还通过科学制定教育财政政策，为教育事业的发展提供良好的财政政策环境和条件，确保我国公共财政制度以质量为目的实现公平与效率的协同发展。

第二章　教育财政政策概念界定与理论基础

作为对公共政策领域的教育财政政策研究，教育财政、教育财政政策等是其核心概念。本书运用公共行政理论，对教育财政政策面临的诸多理论和现实问题进行综合研究，首先，对相关核心概念进行厘清和界定；其次，作为本书的理论基础，需要对包括新公共管理理论、公共产品理论和公共财政理论等在内的相关理论进行深入阐释。本章通过对概念范畴进行必要统一的界定和理论依据的认同，对新时代我国教育财政政策的研究范围、基本内容和主要特征以及理论支撑等方面进一步明晰和聚焦。

第一节　教育财政政策概念界定

教育财政政策的内涵需要在特定的历史时期和社会环境下来诠释，本节通过对教育财政政策研究涉及的四个基本概念进行内涵与外延的界定，为之后研究的深入开展奠定基础。出于研究的需要，本节分别对教育财政、教育财政政策、新时代教育与新时代教育财政政策的概念进行界定。

一　教育财政

公共财政是以弥补市场失灵、满足社会公共需要为边界界定财政职能，并基于此构建政府财政收支体系。在市场经济中，政府不会涉足市场可以发挥有效作用的领域，但是，对于市场无法实现有效控制的领域，政府就必须涉入其中。因此，公共财政在教育服务领域的职能是，弥补教育资源配置中的市场失灵，满足教育领域的公共需要。[①] 教育财政是国家对教育经费和其他相关教育资源的管理，目的是提高教育资源的配

---

① 王善迈等.公共财政框架下公共教育财政制度研究 [M].北京：经济科学出版社，2012.

置效率，增加教育投资的使用效率。①

教育财政是应用经济学的研究范畴，也被称为"政府教育投入"或"公共教育投入"②，主要由教育预算制度、决算制度、审计制度、税收制度构成。其中，教育的预算制度实质是指制定教育预算所必须遵循的原则、规范与准则；教育的决算制度实质是编制教育决算的准则与规范，包括原则、规章、程序和必要的要求等；教育的审计制度是我国国家审计制度的重要组成部分，其目的在于保障教育活动顺利进行；教育的税收制度是关于征收教育税费的相关准则与规范。

以国家为主体的教育财政，通过参与社会剩余产品的再分配过程，以实现国家扶持和发展教育的职能。教育财政收入反映了国家对一部分社会产品的占有，教育财政支出反映了国家对已占有的这部分社会产品的支配和使用。教育财政分配在形式上表现为筹措和运用资金的运动及由此引起的物资运动，但教育财政的本质是国家与各方面在分配过程中结成的特殊分配关系。③

二 教育财政政策

教育是国家特别是现代国家的一种职能，教育部门是社会诸多部门中的一个，在参与对一部分社会产品的分配过程中，它必然与国家这一权力主体、国家其他各部门发生各种关系。这种关系的核心是利益关系。教育在国家利益分配中处于何种地位，在与其他部门发生利益矛盾时应根据怎样的原则进行处理，所有这些问题都依靠科学完善的教育财政政策来解决。不仅如此，在教育系统内部同样存在一个物质利益分配问题。教育系统内部的公用经费、人员经费和基本建设经费之间，高等教育、普通教育、职业教育和成人教育之间，各级各类教育机构之间，都存在分配问题。它们在利益分配中各自处于什么地位，怎样处理分配过程中的各种行为矛盾和冲突等，都需要教育财政政策来加以规定。④ 因此，

---

① 刘赟，何晓芳.教育财政政策的发展和价值取向 ［J］.中国外资，2011（22）：51.

② 廖楚晖.教育财政学 ［M］.北京：北京大学出版社，2006.

③ 陈丰.我国义务教育发展的财政分析与政策选择 ［D］.硕士学位论文，山东大学，2010.

④ 宁本涛.教育财政政策 ［M］.上海：上海教育出版社，2010.

教育财政政策就是用于调节国家与教育部门、社会各部门与教育部门、教育部门之间参与财政分配过程中分配关系的工具。

教育财政政策涉及教育财政的各个领域，其对教育资源分配过程中产生的问题进行规定约束，规定了开展教育财政工作的重要准则，包括教育财政收入政策、教育财政支出政策、教育财政税收政策等。其中，教育财政税收政策是决定教育财政资金基本来源的政策，教师薪酬政策是促进教育发挥功能的政策。[1]

教育财政作为公共财政的下位概念，指的是国家为发展教育事业，划拨经费资源的一种国民收入再分配的方式。从这层意义上我们可以看出，作为以国家为主体并运用政治力量分配财力资源的形式，教育财政本质上已超越了经费本身的意义，形成了国家与其他领域在分配过程中的特殊关系，即在有限资源中满足无限需求的权衡过程。正因如此，国家必须依据一定时期的目标制定相应的行为准则，以保证教育资源的生产、分配和消费。作为教育经济政策的一个重要部分，教育财政政策就是指在财政资源约束的前提下，有效制定在教育领域合理分配资金和稀缺资源的规范和准则。与国家其他领域公共政策的表现形式一样，教育财政政策也是以权威性的法律法规、行政措施、决议以及行政命令等方式呈现，并在执行过程中依据相应的规则做出某些制度上的安排。因此，对教育财政政策的研究无疑是一项任重道远的课题。[2]

三　新时代教育

党的十九大报告确定了中国发展的新的历史方向，明确了中国特色社会主义进入新时代，提出了新时代战略，系统阐述了习近平新时代中国特色社会主义思想的基本内涵，正式确立了习近平新时代中国特色社会主义思想的指导地位。[3] 党的十九大以来，习近平新时代中国特色社会主义思想逐步形成。其大体包括基本思想理论、基本方针方略和具体理论政策三个层面的内容，以"八个明确"为核心内容，以"十四个坚持"为基本方略，以实现中华民族伟大复兴的中国梦、建设富强民主文

①　陈彬．教育财政学［M］．武汉：武汉工业大学出版社，1992.
②　魏真．我国公共教育财政政策评估研究［D］．博士学位论文，北京师范大学，2008.
③　韩民．新时代教育的新使命新挑战［J］．终身教育研究，2017，28（6）：6－8＋11.

明和谐美丽的社会主义现代化强国为根本目标，构成了系统完整的科学理论体系。①

从历史维度来看，教育新时代意味着从"有学上"向"上好学"迈进，这意味着群众对教育的需求转型升级了，教育的供求关系也发生了重大变化。教育需要主动适应形势变化，推进教育供给侧结构性改革，优化教育结构布局，努力为群众提供公平而有质量的教育。从发展维度来看，教育新时代意味着从"大起来"向"强起来"迈进，通过转变发展方式，坚定不移走内涵式发展道路，着力提升教育发展质量和效益。从全球视野来看，教育新时代意味着从"跟跑者""并跑者"向"领跑者"迈进，需要树立全球视野、全球思维，主动融入全球教育发展，用好、用活国际国内两种资源。②

四　新时代教育财政政策

教育财政政策是教育事业发展的有力保障，是教育高质量发展、办好人民满意教育的关键。其作为教育研究的重要组成部分，旨在为推进新时代教育改革发展提供坚强有力的政策支撑。教育财政政策必须站在党和国家事业全局的高度，深刻认识和准确把握新时代教育财政工作面临的新形势新挑战。③

在时间维度上，中国特色社会主义进入了新时代，新时代对教育财政政策发展提出了新挑战，教育财政政策研究应在促进教育公平、提升教育质量等方面为教育决策部门和学校提供行之有效的策略与方案。新时代教育财政政策开始从注重"需求侧拉动"转向更加注重"供给侧推动"④，教育供给侧结构性改革的出现同我国经济领域的供给侧结构性改革是协调一致的。它是站在理性务实的现实主义教育立场，以我国目前的教育发展状况为基础，符合教育发展的规律，具有重大的现实意义。与此同时，新时代教育财政政策要以经济领域供给侧结构性改革为导向，

---

① 陈石明. 论习近平新时代中国特色社会主义思想的宏观理路 [J]. 武汉科技大学学报（社会科学版），2018，20（1）：16-24.

② 彭佳景. 写好新时代教育的"奋进之笔" [J]. 湖南教育（A版），2018（3）：1.

③ 田慧生. 深入学习贯彻党的十九大精神 为推进新时代教育改革发展提供智力支持 [J]. 教育研究，2018，39（1）：11-17.

④ 刘云生. 供给侧结构性改革：教育怎么办？ [J]. 教育发展研究，2016，36（3）：1-7.

具体要以产业调整为依据优化教育供给结构，在此基础上建立起教育转型升级机制。

当前，世界教育发展历程可谓各有千秋，但是教育不可逆转的趋势就是个性化、民主化、均衡发展等，这些是教育未来发展的潮流。新时代教育财政政策应从制度层面出发，建立起以制度创新为导向的教育改革激活机制，让市场充分参与教育资源配置并提供多层次、多样化的教育服务，以满足当前人们个性化的教育需求。①

第二节 教育财政政策理论基础

本节论及新公共管理理论，透视其社会公平思想的整体特征及其在公共行政中的制度安排和实施。首先，阐述新公共管理理论，分析教育均衡的基本内涵，探讨政府促进公共教育资源配置均衡的必要性。其次，论及公共选择理论，运用经济学方法，探析政府、市场与各主体博弈行为以及政治决策机制如何运行。再次，通过公共产品理论分析教育的公共产品属性，阐述政府提供公共产品的必要性。最后，介绍公共财政理论的基本内容，分析各级政府在教育财政中职能边界划分的主要原则。通过本节的理论基础分析，构建一个切实可行的理论框架，为本书研究的顺利开展奠定理论基础。

一 新公共管理理论

新公共管理理论是一种试图取代传统公共行政学的管理理论，又指一种新的公共行政模式。自19世纪80年代以来，新公共管理理论一直是经济合作与发展组织及其他地区的公共行政改革工具。同时，新公共管理理论强调市场机制应用于影响中国教育的政府管理，要求政府权力下放，逐步实施自治。美国公共行政学家乔治·弗雷德里克森（H. George Frederickson）于1980年出版《新公共行政》一书后，多次发表关于公共行政理论与现实问题解决的诸多著作和论文。1968年，弗雷德里克森在米诺布鲁克会议上指出，传统的公共行政以提高行政效率为目

---

① 刘云生. 供给侧结构性改革：教育怎么办？[J].教育发展研究，2016，36（3）：1-7.

的，主张政治与行政的二分，提倡经济与效率的价值观念，导致了社会不公平，只实现少数人的利益，以牺牲大众的利益为代价。基于此，弗雷德里克森在公共行政中提出了"社会公平"的价值理念，将其与"经济""效率"视为公共行政的核心价值。他从美国公共行政的过程中探讨社会公平问题，旨在促进社会公平的实现，提高人民的生活福祉。①以弗雷德里克森为代表的新公共行政学派明确指出，要以社会性效率来取代经济性效率，提倡要扬弃政治与行政的二分。最核心的价值理念就是对社会公平价值观的提倡。2002 年，中国鼓励民办学校和社会各界加大对教育的投入，这不仅推动了中国社会力量办学，而且拉开了中国教育市场化的序幕。随着知识经济时代的到来，教育已经多样化，这为公众提供了更多的选择。教育不仅面临如何从文化、精神、物质、社会等方面开发教育产品的局面，还存在自身生存和发展的问题。通过分析新公共管理与公共关系管理的内部关系，本节提出运用新公共管理理论来改进内部公共关系管理，打破传统的管理模式，以新公共管理理论为指导解决教育财政问题。

二　公共选择理论

公共选择理论又称"新政治经济学"，它产生于 20 世纪 50 年代后期，美国著名经济学家詹姆斯·布坎南（James Buchanan）是其代表人物。公共选择理论所要阐述的是非市场的集体选择，以"经济人"的假设为分析武器，探讨在政治领域"经济人"行为如何决定并合理支配集体行为。通过经济学的方法，研究政府、市场与各主体博弈行为以及政治决策机制如何运行等问题。②

公共选择理论认为，公共物品的供给是公共选择的结果。通过公共选择、投票等行动对参与主体进行选择，确定公共物品的供给。在经济领域，人们通过货币选择自身最满意的商品。教育在公共选择理论中属于政治领域，就是政治决策行为。因此，教育公共投资可以视为一种公

---

① 孙卓华. 乔治·弗雷德里克森的公共行政思想研究——以社会公平思想为主线 [D]. 博士学位论文，山东大学，2013.

② 金珺. 从公共选择理论角度探讨我国教育经费的投资决策 [J]. 江西教育科研，2007 (8)：77 - 79.

共选择，教育作为一种投资可以对人的未来做出一定的贡献，促进人力资本的增加，并且人力资本的增加将比物质资本的增加换取更多的利润。

三　公共产品理论

公共产品理论在公共产品的分类及解决相应的政策问题方面取得了良好的成效。美国经济学家萨缪尔森（Paul A. Samuelson）提出：公共产品是指那种向全社会成员共同提供，且在消费上不具有排他性的产品。归纳起来，公共产品有两个重要特征。一是非竞争性消费（non-competive），指的是一个人的消费不会减少或阻止其他人的消费，在私人提供的情况下，会出现消费不足和供给不足。二是非排他性消费（non-exclusive），要将他人排除在消费外，通常很难或不可能做到。如果不是排他性的，消费者就没有支付的动力，就不可能利用价格体系实现资源的有效配置。如果由私营部门提供，供给将会不足。消费中没有竞争，排他又不可能的产品是纯粹的公共产品（pure public goods）。[①]

根据公共产品理论，公共产品是指一种不会因某个人的消费减少而导致其他人的消费数量有所减少，并且每个人都有权利享有的资源。因此，公共产品理论的提出为教育财政支出的事权和财权界定提供了有力的依据，也为教育财政政策与教育公平的研究奠定了理论基础。

四　公共财政理论

公共财政理论起源于西方，纵观西方经济发展史，多个重量级的经济学家、财政学家对公共财政理论进行了发展，如亚当·斯密的"看不见的手""政府守夜人"、凯恩斯的政府干预论、理查德·马斯格雷夫的公共财政理论等。经过不断的丰富和发展，美国著名的财政专家理查德·马斯格雷夫（Richard Musgrave）提出了公共财政的定义，公共财政（public finance）指的是市场失灵的状态下为弥补市场无法满足公共需求的不足而产生的财政模式。与此对应的公共财政自身的特点有公共性、规范性和法制性等。

我国公共财政始终是同中国经济转轨以来的财政困难联系在一起的。

---

① 魏真. 我国公共教育财政政策评估研究 [D]. 博士学位论文，北京师范大学，2008.

伴随经济转轨、经济体制的变化，财政运行机理自然随之调整。1998
年，财政部部长项怀诚在第九届全国人大常委会第十二次会议上提出，
要转变财政职能，逐步建立公共财政的基本框架。这是我国从建设财政
向公共财政转变的重要标志。2000 年，全国财政工作会议进一步提出，
要建立与市场相适应、与我国国情相适应的公共财政体系。[①] 可以看出，
对我国财政改革和发展目标的明确定位，寄托了我国走出财政困难的
热望。

小　结

本章从教育财政相关的基本概念入手，论述教育财政政策的主要概
念与理论基础。目前，我国教育财政投入实现了快速增长，但国家财政
性教育经费支出占 GDP 比例连续 10 年不低于 4% 的现实使教育财政投入
的体制格局并未发生实质性的转变，并且我国宏观财政体制改革对传统
体制下教育财政投入的持续增加形成挑战。因此，在前人理论的基础上
研究教育财政政策，为我国教育发展提出适应社会发展现状的政策要求
意义重大。

---

① 王红. 公共财政与教育财政制度的变革 [J]. 教育与经济，2002 (4)：23 - 28.

第三章　建设高质量教育体系：我国教育改革与发展的新时代主题

党的二十大报告指出："加快建设高质量教育体系，发展素质教育，促进教育公平。""办好人民满意的教育。……全面贯彻党的教育方针，落实立德树人根本任务，培养德智体美劳全面发展的社会主义建设者和接班人。"中国教育应当始终贯彻党中央提出的"立德树人"的核心宗旨，而如何在前一阶段大发展的基础上推动教育进入新时代，是广大教育工作者需要迫切认识和面对的问题。通过对教育财政政策的解读，形成了教育财政发展的不同路径和格局，确立了加快建设高质量教育体系、发展素质教育、促进教育公平的新时代主题。国家治理观念的变化、教育研究对教育财政政策的影响以及教育与政治之间越来越紧密的联系都促进了教育财政政策研究的迅猛发展。进入教育改革与发展的新时代，促进教育公平是我国教育领域不懈追求的目标，教育质量提升成为发展新方向，教育优先发展成为永恒主题，依法治教成为改革新动力。这是新时代我国教育财政政策改革与发展的时代背景和总体要求。

第一节　教育公平成为紧迫课题

习近平总书记在党的十九大报告中强调，努力让每个孩子都能享有公平而有质量的教育。将教育公平推向新高度，是新时代党给予人民的又一次庄严承诺。[1] 之后，党的二十大报告以"实施科教兴国战略，强化现代化建设人才支撑"为题，提出"坚持以人民为中心发展教育，加快建设高质量教育体系，发展素质教育，促进教育公平"，对办好人民满

---

[1]　吴跃东.习近平教育公平思想研究［J］.上海师范大学学报（哲学社会科学版），2018，47（1）：56－62.

意的教育进行了全面、系统、深刻的阐述。这是中国式教育现代化的核心要义，也是实现中国式教育现代化的"四梁八柱"。在党的文件和政府工作报告中，促进教育公平和提高教育质量始终是我国教育改革和教育政策遵循的主线，并且强调更高质量的公平发展。促进教育公平是我国教育领域不懈追求的目标，尤其是近年来党中央和人民政府提出多项论断并制定多项教育政策，以进一步推动中国教育公平的发展。随着教育改革的深入，尤其是自 1999 年高等教育大规模扩招和 2000 年基本普及义务教育以来，教育发展的规模不断扩大，教育机会的有效供给不断增加，教育质量也稳步提升。

一 教育公平的内涵

从历史上看，古希腊思想家柏拉图最早提出教育公平的思想和看法。孔子作为中国古代的伟大教育家，在 2000 多年前也提出"有教无类"的朴素教育民主思想。由此可见，作为一个历史范畴，教育公平在不同的国家和不同的历史时期有不同的含义，它既具有特定的历史意蕴，又是现实社会的反映。它不仅是对现实社会的反映，也是对社会现实的超越。

（一）教育公平的含义

研究教育公平，应先明确其内涵。我国学者从哲学、教育学、经济学、政治学、文化学等多个学科出发，多角度、多维度地对教育公平的内涵进行了不同的界定。有学者认为，教育公平的最大内涵是各级公共教育资源可以由社会全体成员自由选择，在选择和分享上没有差别。另一位学者认为，教育公平意味着社会成员不参与教育活动，不存在任何形式的歧视或限制，所有成员都可以在实现自身价值的过程中享有合法权利。教育公平的实现是终极理想的追求。目前，学界对教育公平含义的界定不尽相同，大致形成了四种学说，主要是教育公平社会说、教育机会均等说、阶层博弈论和教育公平差异说。[①]

（二）新时代供给侧结构性改革背景下的教育公平

党的二十大报告提出，坚持以推动高质量发展为主题，把实施扩大

---

① 赵航. 教育公平内涵综述 [J]. 当代教育实践与教学研究，2016（1）：202.

内需战略同深化供给侧结构性改革有机结合。"供给侧结构性改革"作为当下一个经济学流行词语，其影响并不仅停留于经济领域，已扩展到当今社会的各个领域，教育领域的"供给侧结构性改革"也因此从各个方面凸显出来。教育供给侧结构性改革要求教育从注重"需求侧拉动"转向更加注重"供给侧推动"，这就要求建立以遵循教育规律为导向的教育标准管理机制、以明晰权责为抓手的教育公平促进机制、以消除壁垒为重点的教育体系完善机制、以"众创众享"为手段的教育质量提高机制、以适合学生为根本的教育选择机制。① 那么，如何以教育供给侧结构性改革来推动教育公平而有质量的发展，已经成为学界以及教育行政部门最为关心的问题。综合学界多种论述，我们对教育公平的内涵有了一定的把握，其主要包含起点公平、过程公平和结果公平。那么，在供给侧结构性改革背景下我国的教育公平又有着怎样的新的时代意义呢？

第一，起点公平更有广度。起点公平是教育公平的基本，让所有人都有机会享有受教育的机会，不受外界某些因素的阻断。

第二，过程公平更有深度。过程公平是教育公平的保障，有质量的公平才是真正的公平。在供给侧结构性改革背景下，实现教育公平，必须着力推进教育教学改革，重视传承，鼓励创新，让均衡发展与优质先行共生共进。

第三，结果公平更具导向性。教育公平的终极目标和理想是实现教育结果公平，不是实现受教育者的整齐划一，而是发扬其个性，更好地实现个体的自身发展。在供给侧结构性改革背景下，实现教育公平，要更注重特色建设，同时，对教育结果的质量检测要从以往的"认知达标"向"素养提升"转变。

教育领域改革公平的目标一方面在于提高教育供给方的质量、效率和创新能力，使教育供给可以满足学生个体发展的需要，适应未来经济社会发展中的人才需求；另一方面是丰富教育供给结构，为学生提供丰富多样的教育资源，构建教育环境和教育服务模式的新的供给侧结构。

---

① 宣小红，史保杰，薛莉.教育学研究的热点与重点——对2016年度人大复印报刊资料《教育学》转载论文的分析与展望［J］.教育研究，2017，38（2）：26－39.

实现教育公平是一项漫长而艰巨的任务。为了达到预期的目标，必须进行持续的改革。随着时代的变迁，我们将继续向理想的境界发展。

二　新时代背景下教育公平问题的现实分析

目前，我国学者对教育公平现状给予了高度的重视和关注，关注的焦点在于教育的不公平性。它的表现是深层次、多方面的。教育资源配置是指教育资源在使用方向上的分配，包括不同层次、不同地区、不同教育机构的配置。教育资源配置中的公平主要是指教育权利的平等和教育机会的公平。[①] 在当前有关教育的现实问题中，仍存在教育权利的不平等、教育机会的不公平以及教育资源分布不均、教育资源利用不足和利用效率低下等问题。

（一）义务教育公平问题的现实分析

当前，我国正处在社会转型的关键时期，社会经济呈现快速增长的趋势，但是也应该看到在经济繁荣的发展时期，依然存在很多社会问题影响着社会经济发展的进程。由于中国教育资源稀缺的状况并未改变，城乡间、省际、校际以及群体间在义务教育资源的占有和分配等方面存在较大差距，义务教育存在严重的不均衡问题。[②]

1. 城乡间教育差异分析

第一，城乡教育经费的差异。近年来，我国城乡教育经费的差异在不断缩小。

第二，城乡办学条件的差异。根据当前义务教育的现状，农村的办学条件与城市有很大差距，很多农村的图书资源、教学仪器不足，体育馆等设施处于很落后的状态。另外，随着互联网时代的到来，城乡之间的差距拉大，如生均计算机数、学校拥有电子图书数及校园网等的差距显著。

就办学设备的配置而言，城乡差距依然较大。根据全国教育事业发展情况，义务教育阶段教学仪器设备配置水平进一步提升，城乡差距依

① 林梦莲. 新常态下教育资源配置的公平与效率研究［J］.理论观察，2015（9）：138 - 139.
② 梁文艳，杜育红. 省际间义务教育不均衡问题的实证研究——基于生均经费的分析指标［J］.教育科学，2008（4）：11 - 16.

然较大（见表 3 - 1）。2020 年，全国小学生均教学仪器设备值为 1809.0 元，比 2012 年增加 1224.5 元，增长 209.50%，其中农村小学为 1652.0 元，相当于城市小学的 80.4%，设备值与 2012 年相比增长 292.03%；全国初中生均教学仪器设备值为 2835.0 元，比 2012 年增加 1820.5 元，增长 179.45%，其中农村初中为 2541.0 元，相当于城市初中的 77.0%，设备值与 2012 年相比增长 204.09%。整体来看，农村办学设备的投入逐年上涨，并且在近几年有了较大的涨幅，但从整体体量来看，城乡差异依旧明显，农村的教学设备仍处于落后状态。

表 3 - 1 2012 年和 2020 年义务教育阶段城乡学校生均教学仪器设备值比较

单位：元，%

年份	小学				初中			
	全国	城市	农村	相差	全国	城市	农村	相差
2012	584.5	1012.9	421.4	591.5	1014.5	1426.8	835.6	591.2
2020	1809.0	2055.0	1652.0	403.0	2835.0	3300.0	2541.0	759.0
增量	1224.5	1042.1	1230.6	-188.5	1820.5	1873.2	1705.4	167.8
增幅	209.50	102.88	292.03	-31.87	179.45	131.29	204.09	28.38

资料来源：全国教育事业发展情况。

教育部全面深化新时代教师队伍建设的改革，教师队伍的数量和质量都有了明显的提升。根据历年《全国教育事业发展统计公报》，2012～2022 年，全国专任教师总数从 1462.9 万人增长到 1880.4 万人，农村义务教育具有本科以上学历教师达到 76.01%，225 所师范院校、565 所非师范院校共同培养教师，中小学教职工编制省市县三级达标。

第三，城乡师资的差异。教师的均衡发展是实现义务教育资源优化配置的关键。但是，城乡教师的数量和意愿存在很大差异，农村教师的数量远远少于城市。由于农村教学环境、工资待遇以及生活状况与城市差距明显，大量农村骨干教师流入城市。

从图 3 - 1 中可以得知，2013～2020 年，城乡师资差距逐步扩大，2013 年城乡专任教师之比为 0.91:1，2020 年城乡专任教师之比为 1.75:1。显然，城市与农村的专任教师数量差距越来越大，义务教育的从业教师将会在很大程度上优先选择城市区域，这在很大程度上影响了义务教育的公平性，并且由数据可推测出城乡专任教师数量的差距将会越来越大。随着人口逐步向城市流动，未来农村教师数量下降，农村的教学受到极大的影响。为了应对人口变动趋势，必须推动教师资源优化配置，解决农村地区义务教育教师短缺的问题，进而缓解义务教育的城乡不公平问题。

图 3 - 1　2013～2020 年义务教育城乡专任教师数量

资料来源：历年《中国教育统计年鉴》。

2. 省际教育差异分析

我国地区之间在经济社会发展水平、地理位置上存在较大差异，而且从中央政策层面来看，针对不同地区，中央对义务教育的转移支付政策也不尽相同。从表 3 - 2 不难看出，省际义务教育的差距是非常大的，东部与西部地区中小学生的生均公共财政预算教育事业费明显高于中部地区。通过分析生均经费指标后发现，我国省际义务教育不均衡问题相当严重。

表 3 - 2　2019 年和 2020 年各级教育生均公共财政预算教育事业费增长情况

单位：元，%

省（区、市）	普通小学			普通初中		
	2019 年	2020 年	增长率	2019 年	2020 年	增长率
全国	11197.33	11654.53	4.08	16009.43	16633.35	3.90
北京	33775.31	33546.46	- 0.68	61004.53	58686.11	- 3.80
天津	19479.87	18562.97	- 4.71	31321.20	29874.29	- 4.62

续表

省（区、市）	普通小学			普通初中		
	2019 年	2020 年	增长率	2019 年	2020 年	增长率
河北	8929.05	9327.11	4.46	12668.01	13048.58	3.00
山西	10486.90	10785.58	2.85	14504.64	15580.37	7.42
内蒙古	13633.92	13977.45	2.52	17039.48	17592.88	3.25
辽宁	10791.80	11581.00	7.31	15457.46	16481.23	6.62
吉林	13321.06	14703.03	10.37	17058.30	18488.92	8.39
黑龙江	14404.56	14923.30	3.60	16225.34	16716.47	3.03
上海	24539.11	25083.73	2.22	34788.61	35182.11	1.13
江苏	13119.23	14060.21	7.17	22144.14	23006.93	3.90
浙江	16515.73	17737.25	7.40	23925.89	25524.17	6.68
安徽	10481.29	10879.76	3.80	16064.27	16360.38	1.84
福建	10730.44	10900.04	1.58	17207.17	17712.28	2.94
江西	9976.48	10572.37	5.97	12958.28	13493.30	4.13
山东	9784.69	10251.61	4.77	15826.03	16612.75	4.97
河南	6950.98	7236.81	4.11	10484.86	10721.18	2.25
湖北	11017.75	11455.28	3.97	18109.22	18606.87	2.75
湖南	9115.38	9635.20	5.70	13380.89	14128.91	5.59
广东	13062.28	13464.75	3.08	19229.25	19851.18	3.23
广西	8355.20	8621.69	3.19	10735.21	11164.02	3.99
海南	12551.28	12616.58	0.52	16951.28	17755.75	4.75
重庆	12154.34	12544.47	3.21	16197.57	16434.93	1.47
四川	10479.32	10934.69	4.35	14125.21	14580.46	3.22
贵州	10764.09	10678.38	-0.80	13140.21	13733.72	4.52
云南	11214.73	11407.41	1.72	13870.39	14233.67	2.62
西藏	25412.24	26889.26	5.81	30953.41	31835.14	2.85
陕西	12027.74	12242.53	1.79	17289.39	17870.20	3.36
甘肃	11565.44	12112.62	4.73	14221.49	15001.41	5.48
青海	14009.44	14633.37	4.45	18209.99	18635.46	2.34
宁夏	10035.91	12085.48	20.42	13364.74	15665.52	17.22

续表

省（区、市）	普通小学			普通初中		
	2019 年	2020 年	增长率	2019 年	2020 年	增长率
新疆	12427.91	12542.67	0.92	19320.15	19497.83	0.92

资料来源：全国教育经费执行情况统计公告。

与此同时，随着我国改革开放的不断深入，我国县域经济的发展取得了长足的进步。但是，不同县经济水平的差距也明显增大，区域经济不平衡现象更加明显。[①] 目前，我国县级义务教育财政体制是"以县为主"，即义务教育经费投入多少与各县的经济发展水平密切相关。一般情况下，随着经济发展水平的提高，区域教育投入和供给能力将继续提升，地方政府对教育财政的支持力度将继续加大。这就说明经济发展水平较高的县对义务教育的经费投入较高，从而会拉大县级义务教育财政投入与经济发展水平较低的县之间的差距，也就导致了经济发展水平较高与经济发展水平较低的县之间的义务教育财政公平的恶化。

3. 校际教育差异分析

校际义务教育不公平问题主要是由于存在"重点学校"和"非重点学校"问题，进而造成择校问题。重点学校制度在很大程度上导致了寻租和设租。重点学校在义务教育阶段的存在是社会经济发展不平衡的一种表现，这会导致义务教育获得机会的不公平，尤其是教育过程中接受高质量教育的不公平。

4. 随迁子女教育公平问题

近年来，随迁子女教育的不公平问题日益突出，主要体现在教育机会不平等与教育权利不公平。农民工子女在接受教育的机会上存在"上学难、上学贵"现象。由于国务院在 2006 年出台的《关于解决农民工问题的若干意见》明确规定任何公办学校不得向前来就读的农民工子女收取就读费，所以很多学校巧立名目收取"借读费""赞助费"等，这对于多数经济拮据的农民工子女家庭来说难以支付，他们只能选择师资和硬件环境相对薄弱的学校。教育权利不公平主要体现在农民工

---

① 蔡怡，吴景松. 县级区域教育发展水平与经济差异间关系的实证研究 ［J］. 教育理论与实践，2009，29（34）：26 - 29.

子女由于现实原因，选择"民工学校"入读，这类学校国家投入的经费相对较少，以致教学设施陈旧，很多民工学校只有少数破旧的教室和桌椅，更不要说实验室和器材以及音、体、美等教学设施，学生学习的环境较差。同时在课程设置上，其开设的课程不完善，有些课程甚至因没有教师而取消。另外在师资配置上，一位教师身兼数门课程的现象比比皆是，教师的学历层次低，知识结构也较为单一，难以较好地向学生传授知识。因而，随迁农民工子女无法享受同等的教育质量和就学环境。

（二）高中阶段教育公平问题的现实分析

高中阶段教育资源分配不平衡是不争的事实。高中阶段教育的不公平主要体现在校际不公平、普通高中择校问题以及社会阶层不公平方面。

1. 校际不公平

高中阶段教育的校际不公平指高中阶段不同学校间教育资源配置不平衡的现象，包括财力资源、物力资源、人力资源等教育资源的不公平分配。现有问题既存在教育资源存量上的差异，也存在教育资源投入增量上的不均衡。北京师范大学首都教育经济研究院承担了教育部哲学社会科学重大项目"公共财政框架下公共教育财政制度研究"，并对湖南三所高中进行了校际差异调查。课题组发现，高中学校间资源分配不公的情况比地区之间严重得多。这种不公平并非一朝一夕形成的，主要是受到我国自成立以来"重点学校"教育政策的影响，辖区内高质量的教育资源被垄断，加剧了校际的不公平。

2. 普通高中择校问题

我国对普通高中入学采取统一考试的入学制度，虽然相关部门严令取消择校费，但仍存在的高中违规收取高额择校费现象破坏了这一入学公平的原则。公立普通高中择校，是指在初中毕业生未达到所志愿的公立高中的录取分数线，或者学生不在意愿的公立高中的划片招生区域内时，选择到该学校就读。目前，普通高中择校一般分为两种：一种是成就型择校，另一种是资源型择校。前者通过缴纳择校费实现，后者则是通过其他手段实现。因而，择校破坏入学公平，导致在相同的考试分数下，贫困阶层与富裕阶层难以享受同样的优质公共教育资源。

3. 社会阶层不公平

改革开放后，我国社会阶层分化趋势明显加剧，贫富差距逐步扩大。在市场经济中新的贫困因素的强大作用下，除城乡老年人、极端贫困人口、残疾人和受害者等传统弱势群体外，弱势群体还蔓延到离退休人员、失业人员和下岗职工以及农民工家庭等特殊群体。同时，国家应遵循将公共教育资源从富裕阶层流向贫困阶层的原则，将公共教育资源向弱势儿童倾斜，这是公平概念的现实表现。对高中阶段发生的辍学情况调查显示，家庭经济困难是一些学生辍学的主要原因之一。

（三）高等教育公平问题的现实分析

高等教育公平问题是目前世界各国面对的共同社会问题，同时也是我国教育事业发展过程中一直存在的问题。我国正处于经济社会发展的转型时期和高等教育从后大众化阶段向普及化阶段迅速迈进的进程中，目前中国高等教育公平问题受到社会各界的关注。

1. 高等教育起点不公平

高等教育起点公平是实现高等教育公平的基础与前提。一方面，其不公平突出表现在名校省际配额制度上，表现在高考招生标准不统一的制度上。例如，北大、清华在北京和外省的录取比例上存在显著差异。另一方面，教育公平也可以说是教育成绩的公平性。偏科的同学难以考取重点大学，但偏科的同学又同样是对某方面知识特别感兴趣的同学，由于考试制度的限制，他们放弃了对这些科目的兴趣。但这些偏科的学生对他们喜欢的科目有着不同寻常的热情，这种热情很可能使其成为未来主要发明的强者，而我国的教育在某种程度上使他们无法个性发展。

2. 高等教育过程不公平

教育过程公平主要体现在教育条件公平上，虽然我国教育投资绝对数量不断增加，但与其他国家相比，教育经费的比例仍然较低。同时，投入的教育经费在不同区域间存在差距。由于各省之间存在较大的经济差距以及不同层次的高等教育布局存在差距，不同区域资源配置差距很大，区域高等教育发展不平衡的现象日益凸显。[①] 由于各区域各省份高等教育规模不同，本节主要对普通高校生均一般公共预算教育事业费进

---

① 王卫东. 高等教育过程公平的社会学分析［D］. 博士学位论文，华中师范大学，2012.

行区域分析。

　　通过对比图3-2数据不难发现，东部地区普通高校生均一般公共预算教育事业费远远高于中西部地区，尽管中西部地区的生均经费有所增加，但仍比不上东部地区的生均经费。通过分析可以得出，我国东部地区拥有较多教育经费，而中西部地区教育经费投入严重不足。不同地区资源配置上形成的高梯度落差，必然导致区域间高等教育的不公平。

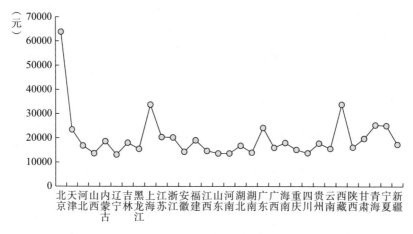

图3-2　2019年31个省（区、市）普通高校生均一般公共预算教育事业费
资料来源：《中国教育经费统计年鉴2020》。

　　3. 高等教育结果不公平

　　高等教育结果的公平是高等教育公平的最终目的和理想目标。也就是说，受过教育的人有获得学术成功的公平机会，实质上是说就业机会和就业权利是平等的。就业率是高等教育结果最直接的体现，就业质量的差异更能反映高等教育成果的公平与否。目前，高等教育最为突出的表现就是"985"、"211"与"双一流"高校的就业率比普通高校的就业率和就业质量要优越很多。因为目前从国内就业市场到大多数大学生及其父母都有一种"名校情结"，重点院校就业形势一片大好，人才招聘单位也十分看重毕业生的"出身"。就业优势限定在重点高校层次这一现象在一定程度上体现出高等教育结果的不公平。

　　（四）职业教育公平问题的现实分析

　　随着我国社会经济发展进入新时代，在我国经济同步迈向高质量发展阶段的同时，人民对美好生活的需要日益增长，对职业教育的重视程度前所未有，因此加快办好公平而有质量的职业教育是当前教育发展的重要问题之一。目前，我国职业教育体系初步建成，但具体的制度政策仍存在建设缺口，离现代化的要求尚有差距，这也制约了职业教育的高质量发展。近年来，财政部、教育部下发《关于减轻地方高校债务负担化解高校债务风险的意见》《关于进一步提高地方普通本科高校生均拨款水平的意见》等多部意见政策，用以解决高校债务问题，其中包括了对职业院校的相关规定。职业教育作为我国教育体系的重要组成部分，目前针对职业教育的投入严重不足，国家相关部门制定的有关财政政策难以满足职业教育规模化发展与内涵建设的需要。全国各省（区、市）已经全面落实本科生生均拨款水平达到 1.2 万元的标准，然而，针对职业院校学生的生均拨款标准至今仍未出台。

三　新时代教育公平价值追求及其实现路径

党的二十大报告强调"促进教育公平"，进一步彰显教育公平的国家基本政策导向。实现教育公平的先决条件是国家财政政策支持，其实质是合理配置公共教育资源，促进全国各级教育事业的发展，最终实现教育公平。在新时代背景下，中国的教育政策应着眼于更广泛的内涵和更充足的供给来促进教育公平，为不同层次、不同类型的教育提供不同水平的支持，以实现全方位、高质量的教育公平。

（一）义务教育公平目标及其实现路径

结合新时代对教育提出的新发展新要求，当前我国义务教育财政政策价值追求的方向可以主要从以下几个方面具体阐述。

一是义务教育财政投入力度迅速加大。作为各级教育主管部门，无论是中央主管部门还是地级主管部门，无论是教育行政部门还是财政部门，都应加大对义务教育领域的投入，确保教育经费到位。可明确规定义务教育经费的支出占国内生产总值（GDP）的比重在一定水平之上，以保证教育经费的可持续供给，从而保证义务教育公平。随迁子女处于低年级的人数较多，小学的压力远远大于中学，地方政府可在外来务工人员大量聚集的城区划分学区，并且可以在外来务工人员集中的城区兴建一定数量的小学。同时，我们还必须确保教育资源的平衡分配，即在偏远落后的西部地区，乡村普通义务教育学校必须增强政策倾向，实现均衡教育，进而改善我国义务教育的整体情况。

二是完善义务教育财政转移支付制度。制度具有促进资源流动、区域调整和均衡发展的功能，可以最大限度地兼顾公平与效率。义务教育财政转移支付制度也可以实现跨地区、跨行业、跨层次的资金和资源流动，实现资金和资源在不同地区、不同层次政府之间的转移，这将有效增加经济落后地区的财政投入，提高基层政府的融资能力。同时，该制度也可以平衡不同区域和各级财政资金的分配。因此，要扩大义务教育转移支付的规模，加快资源、要素和资金的平衡流动，提高教育支出在GDP中的比重，提高义务教育支出在整体教育支出中的比重。

三是完善义务教育经费管理制度。中国实行义务教育经费管理的办法是中央财政和地方财政相结合，即层层划拨和分级管理。但中国地域广阔，不同区域和城乡间的差距十分明显，进而各级政府的财政力量也是悬殊的，因此对于中国偏远省份和农村地区的义务教育经费，国家应给予一定的政策优惠和补贴。同时，财政拨款后要大力加强监督管理，确保资金的分发和充分利用。另外，不同省份教育资源的管理办法应该特殊情况特殊分析，做到区别对待、因地制宜。对于经济发展水平较高的地区，中央政府可以将分配任务委托给地方政府；对于经济发展水平较低的地区，中央政府应当支持教育资源的提供，协调实现合理分配。

（二）高中阶段教育公平目标及其实现路径

高中阶段教育是基础教育的高级阶段，是连接基础教育和高等教育的中间环节。为更好地追求高中阶段教育公平，教育政策制定应从如下几个方面加以考虑。

一是完善公共财政体制，健全财政资助制度。目前，政府教育经费投入短缺已成为我国高中阶段教育公平发展的瓶颈。为此，我们要大力改进公共财政体制，健全财政资助制度。这就需要根据不同省份教育的供需关系，不仅要重视西部贫困地区，还要重点关注目前均等度较低的"中间地带"，促进供需均衡。另外，还需要加大对弱势群体的财政支持力度，按照"经费合理分担、政策导向明确、多元混合资助、各方责任清晰"的基本原则，建立以政府为主导、动员社会力量积极参与的家庭经济困难学生资助政策体系，从制度层面基本解决普通高中家庭经济困难学生的就学资助问题，提高普通高中教育的"巩固率"。

　　二是优化教育资源配置，改善高中办学条件。优化资源配置是推进高中阶段教育公平的重中之重，对于推进教育的均衡发展起到了不可替代的作用。为此，政府应当完善学校的办学标准，加强学校的基础设施建设。可加强高中阶段校史馆、动物博物馆、信息活动中心、图书馆、大型报告厅等馆室的建设，创造良好的环境，让学生在馆室里面开展学生活动、社团活动。因此，我们应当着力弥补办学条件的短板，促进教育资源供需的均衡，促进教育的公平公正，进而缓解高中阶段的择校不公平问题。

　　三是鼓励学生进入高中，提高高中普及程度。一方面，目前我国大部分省份高中阶段的毛入学率仍低于90%，毛入学率低是许多省份推进教育公平的主要障碍。教育财政资助政策可以鼓励学生进入高中接受教育并增加高中阶段教育的总入学率。另一方面，每万名学生所拥有的学校数量省际差异巨大，这也在很大程度上限制了普通高中教育的普及性。政府在面对这些问题时，应当制定针对性较强且切实有效的激励政策并为学校或学生提供适当的补贴，这样就可以加快区域学校建设速度。

（三）高等教育公平目标及其实现路径

　　高等教育公平与政府确立政策的公共性取向息息相关。目前，针对高等教育不均衡问题，国家制订了中西部高等教育振兴计划来支持中西部地方普通高校的发展。通过整合相关的政策资源，重点加强优势学科和师资队伍建设，进而全面提升中西部地区高等教育质量和水平，不断缩小与东部地区高等教育的差距，为区域经济社会协调均衡发展服务。在新时代背景下，国家要求高等教育必须推动内涵式发展，朝均衡方向发展。为此，教育政策在促进高等教育公平方面必须做到以下几点。

　　一是必须坚持政府主导的原则，通过经济手段、法律手段和政策引导进行宏观调控，加大对欠发达地区高等教育发展的资金和政策支持力度，要把教育发展纳入经济社会发展总体规划。因此，高等教育发展的价值取向应从"城市中心"和"优先发展"转变为"公平优先，兼顾效率"，发展目标应从重点发展部分地区、部分高校、部分学科转向各地区均衡发展。[①] 面对历史形成的区域高校之间的巨大差异、中央和地方两

---

①　余祥蓉．我国高等教育财政公平问题研究［D]．硕士学位论文，东北师范大学，2013．

级高校之间的巨大差异以及城乡学生接受高等教育机会的差异，我们应该实施更为公平的高等教育财政政策，即适当分配资金和转移资金，不能再继续人为地扩大这一差距，而要尽可能地向弱势群体和弱势地区加大财政政策扶持力度，主动缩小现存的高等教育间的差距，提高高等教育整体素质，使高等教育公平有效地发展。

二是明确中央政府和地方政府在高校管理中的财政责任。中央或地方政府对高等教育财政责任的划分不应由高校的行政隶属关系决定，而应根据高等教育的具体特点来划分。中央政府应该负责全国性事务，地方政府的管辖权应该是地方性的。具体而言，高校的经常性经费由当地财政提供，中央政府主要负责确保高等教育公平以及缩小地区间高等教育发展的差异。地方政府需要根据实际财力有效配置相应的高等教育经费，并在扣除范围内扣除高等教育财政支出。如果某些地方政府财政能力有限或实际财政能力并不能达到维持高等教育发展的最低标准，中央政府可通过财政转移支付政策来给予大力的支持，缓解地方高校高等教育发展的财政压力。

三是改革高等教育财政拨款的单一模式。当前，高等教育财政拨款模式是传统的"基数加发展"与"综合定额加专项补助"的拨款方式，这种拨款方式已经失去了政府对高等教育发展实施宏观调控的能力，并不能反映高等教育的实际成本，也是造成资源利用率低下和效率低下的主要原因，导致各类高校之间所获得的财政拨款不公平现象严重。因此，高等教育财政拨款模式亟待改革，改革的最终目标应该是在区分不同层次、不同类型高校的前提下，科学核算各类学生培养成本，在保证高校基本经营的基础上加强学校绩效考核，提高财政资金的使用效率，最终要在高等教育财政拨款的公平性和效率之间取得平衡。为此，"基本支出预算＋项目支出预算"可以用作"基本支出预算＋项目支出预算＋绩效支出预算"模型，以促进不同区域、不同类型、不同层次高校的公平健康发展。

（四）职业教育公平目标及其实现路径

一是提高对职业教育的重视程度，加大在财政政策体制方面的支持力度，促进职业教育高质量发展。同时，不断促进职业院校与各类企事业单位深入交流与合作，打破对学校内部资源的依赖，通过整合社会资源，加快职业教育的多元快速发展，与企业资源进行对接，整合国外合作资源，突破单一环境发展的制约，保障高技能创新人才的培育环境。

二是明确人才培养定位，健全人才培育模式。随着新时代的到来，职业教育要顺应时代潮流，转变职业教育人才只能应用技术的学校与社会观念，从根本上培育有潜力的创新技术型人才，提高职业教育教学质量。全球化的不断加剧、现代信息技术的飞速发展与普及从根本上转变了职业教育人才只能应用技术而不能创新技术的学校与社会观念，为职业院校树立了培养有能力更有潜力人才的人才培养观，促进了人才培养模式的转变。

第二节　教育质量提升成为发展新方向

党的二十大报告提出，坚持以推动高质量发展为主题，办好人民满意的教育。"坚持以人民为中心发展教育，加快建设高质量教育体系，发展素质教育，促进教育公平。"新时代新阶段，教育的发展方向已经转变为以教育高质量发展为主线，以建设高质量教育体系为目标，以促进公平为重点，以深化改革为动力，以加强法治为保障，大力提高人民素质和人力资源开发水平，全面提高人才自主培养质量，着力造就拔尖创新人才。

一　教育质量的内涵及特征

《国家中长期教育改革和发展规划纲要（2010—2020 年）》提出，把提高质量作为教育改革发展的核心任务，明确提出要建立健全教育质量保障体系，促进公平和提高教育质量。因此，要深入理解和把握教育质量的科学内涵和特征。

（一）教育质量的内涵

1. 质量的含义

要理解什么是"教育质量"，我们必须深刻理解质量的本质。在哲学中，质量指的是事物的"质量"或"特征"；物理上，质量是指"物体中所含物质的量"，即代表物体惯性大小的物理量；经济学则是从投入产出的角度审视质量，并认为质量是"有益的"。根据不同学科的质量分析，我们可以看到质量在不同学科有其特定的含义。质量特征与主体需求之间的关系是一个不断产生的相对概念。作为质量从属观念的教育质量是衡量教育水平的一个指标。教育本质上是一种培养人的社会实践活动，教育质量是衡量人们社会实践能力的指标。

2. 教育质量的含义

到底何谓教育质量？当前教育理论界及教育实践者各执一词。目前大家比较认可的解释有两种。一是联合国教科文组织于 1998 年世界高等教育会议中指出，教育质量是一个多层面的概念，要避免用一个统一的尺度来衡量。二是顾明远教授主编的《教育大辞典》中的解释，"教育质量是对教育水平高低和效果优劣的评价"，"最终体现在培养对象的质量上"，"衡量标准是教育目的和各级各类学校的培养目标"。[①] 显然，二者的解释只是单纯地指出了教育质量的表现和标准问题，并没有界定教育质量的内涵。沈玉顺教授则给出了较为明确的内涵，他认为，教育质量是"为实现学校根据国家教育标准和教育政策制定的要求，为满足特定社会和学生发展的需要而设计、组织和实施的教育活动所产生的预期效果的衡量"。[②]

在衡量教育服务时，不同的出发点和维度有不同的测量方法和工具。为了衡量教育服务的效率，起点是接受教育的教育工作者的初始状态，测量的方法主要是成本效益分析法。教育服务有效性的测量从接受教育之后的教育者状态开始，测量的方法主要是价值函数分析法。

（二）教育质量的特征

教育活动本质上是培养人的社会活动。根据教育服务的育人本质和当前教育的功能定位，教育质量的本质特征主要体现在功能性、经济性和文明性三个方面。

1. 教育质量的功能性

教育质量的功能性体现在教育服务在满足人们需求和实现有效满意方面的功能作用上。教育质量主要取决于教育服务满足人们需求的程度，即是否能满足人们的需求，可以满足人们的哪些需求，使他们的需求达

---

① 王军红. 职业教育质量生成及其机制研究［D］. 博士学位论文，天津大学，2013.

② 沈玉顺，卢建萍. 制定教育评价标准的若干方法分析［J］. 高等师范教育研究，2000（2）：21－26.

到什么样的满意程度。这将会决定教育质量的高低。教育质量的功能性包括教育的功能定位，即谁对教育有期望，期望教育可以做什么，教育能达到什么样的期望，什么样的期望不能实现，可以实现什么功能，以及在多大程度上可以实现其功能等。教育服务能否实现其功能及其功能在多大程度上反映了教育质量，进而实现功能所需的投入和消耗量，如何衡量用于实现其职能所花费的教育经费也涉及教育质量的经济性。

2. 教育质量的经济性

教育质量是指教育服务的投入产出效率，以最低的成本追求最高的回报。它主要涉及教育投入产出的计量，具体涉及教育投入的形式、教育产出的形式以及教育投入产出效率的计算。教育投资问题涉及教育资本的构成。根据经济学家和社会学家对资本的研究，资本的概念不仅包括物质资本，还包括人力资本和社会资本。目前，在教育质量评估的整体过程中，缺乏对教育投入成本的详细分析，这主要是由于过度关注材料成本，忽视了机会成本和社会成本。同时，他们注重获得教育收入的物质利益，缺乏对精神价值的分析，因此他们的评价结论并不令人信服。为了更好地反映教育质量，充分把握教育的经济质量，需要明确教育投入和收入，在教育质量评价过程中准确计量投入和收入。这些问题的解决涉及教育的文明素质。

3. 教育质量的文明性

教育质量的文明性依赖于教育服务的本质，是教育质量本质的集中体现。教育的文明素质，是指教育能够满足人的精神需求，引导人的精神境界不断提高，进而促进社会文明的不断进步，真正实现人的全面、自由、可持续发展。因而，必须充分重视教育文明素质和教学质量，更全面深刻地认识教育质量的本质和内涵，关注教育对人类精神生活的重要性，从更高层次、更广泛的视角关注教育的精神价值。但教育质量的文明性并不要求将教育质量的评价重点仅放在确定教育系统的客观投入和收益上，仍然有必要避免对教育质量的单方面理解。

总之，清晰认识和准确把握教育质量的科学内涵和衡量标准是制定科学质量标准的前提，准确把握教育质量的功能性、经济性和文明性的本质特征是正确实施教育质量评估的基础，这从根本上影响了教育改革和发展。

二 新时代背景下教育质量问题的现实分析

教育质量是对教育水平高低和效果优劣的评价。毕业生升学率、学生的学业成绩、学生的身心健康水平、学校课程改革情况、学校特色发展情况、毕业生就业率、生师比和教师学历达标率等是教育质量的重要统计指标。受相关教育政策影响，人们难以准确获得毕业生升学率、学生身心健康水平等其他统计数据。为了使教育质量的数据能够客观可靠，根据我国现有的统计数据，本章选取生师比和专任教师学历达标率两个指标的统计数据进行描述，并对其他问题进行阐述。

（一）义务教育质量的基本问题

经过长期努力，我国义务教育事业取得了巨大的成就，但优质资源紧缺的问题依然突出。为了全面贯彻落实《中华人民共和国国民经济和社会发展第十四个五年规划和 2035 年远景目标纲要》、满足素质教育的需要、深化基础教育改革，应对人才评价和教育质量评价制度进行改革。评价标准要依据人才理念和培养目标来建立，标准要做到科学多样。但是我国由于人口众多、国情复杂，所以在义务教育质量方面仍存在些许问题。

1. 教师队伍素质有待提升

作为吸引人才、提高教师教育培训水平、提高教师素质的关键，义务教育教师队伍规模庞大，且承担着国家重大战略使命。但由于发展历程的缘故，从生师比与专任教师学历达标率来看，教师教学水平参差不齐，教学质量面临严重问题，有的教师缺乏责任意识。目前，义务教育教师队伍还不能够有效保证水平与质量，教学质量的标准设置还是在过去发展的基础上进行的，受传统教学方式和理念影响，教师队伍素质的提高受到制约，导致整体教育质量不高。

（1）教师数量有待增加

通过制定统一的城乡中小学教职工标准，促进城乡小学和初中教育资源均衡配置。按照中央推进城乡一体化发展和基本公共服务均等化的精神，在《国务院办公厅转发中央编办、教育部、财政部关于制定中小学教职工编制标准意见的通知》（国办发〔2001〕74 号）和《关于进一步落实〈国务院办公厅转发中央编办、教育部、财政部关于制定中小学教职工编制标准意见的通知〉有关问题的通知》（中央编办发〔2009〕6号）关于核定中小学教职工编制原则和有关工作要求的基础上，将县镇、农村中小学教职工编制标准统一到城市标准，即高中生师比为12.5∶1、初中生师比为13.5∶1、小学生师比为19∶1。省级组织部门会同同级教育财政部门根据上述要求，结合当地实际制定具体实施办法。

如图3-3、图3-4所示，近五年我国义务教育生师比较为稳定，其中2019年和2020年义务教育专任教师数量有所上升。如图3-3所示，

图3-3　2012~2020年义务教育生师比

资料来源：历年《全国教育事业发展统计公报》。

图3-4　2012~2020年义务教育专任教师数量

资料来源：历年《全国教育事业发展统计公报》。

2020 年，我国小学和初中生师比分别为 16.67：1 和 12.73：1，总体达到国家规定标准，但与 OECD 国家平均值相比仍存在一定差距。据统计，OECD 国家小学与初中生师比平均值分别为 15.8：1 和 13.7：1，与我国中小学的生师比相比具有一定优势。OECD 国家的生师比配置与小班额教学要求存在内在一致性，OECD 国家小学的班额为平均每班 21 人，初中阶段平均班额是 24 人。因此，只有合理的生师比才能使学校的人力资源得到优化配置和充分利用，才能有利于教育质量的稳步提升。

（2）教师专业水平有待提高

专任教师学历达标率 100% 表示学历符合教师岗位的要求。如图 3－5 所示，2020 年我国小学与初中专任教师学历达标率分别为 99.98% 与 99.89%，其中，初中专任教师学历达标率在 2012～2020 年的短短九年有了较大幅度的提升，有利于提升整体教师队伍的专业水平及学术能力。但是要满足学历符合教师岗位的要求，义务教育专任教师专业水平仍有待提高。

图 3－5　2012～2020 年义务教育专任教师学历达标率
资料来源：历年《全国教育事业发展统计公报》。

2. 课程标准脱离学生主体

课程标准规定了国家对未来公民的综合素质的各方面要求。因此，培养学生素养和能力的重点在于课程标准的主要内容。我国现行课程标准强调的文本内容主要是详细规定了学生的学习内容以及学多少，而对于应该学到什么程度并未进行明确界定。同时，课程标准无法满足学生的需求，教师的教学程度和学生的学习需求很难进行分级和量化。因此，在教学过程中存在现存的课程标准偏深或偏难的问题，现存的课程标准脱离了学生主体的实际需要，无法使学生的综合素质得到明显提高。

3. 学业质量标准缺失

教育学业质量标准能明确学生的学习质量，是对现行课程标准的完善，同时在教学和考试评价方面起着很好的指导作用。但在当前我国义务教育实践的过程中，学业质量标准缺失带来严重后果。现阶段义务教育的教育评价主要是考查学生的学术水平，这导致了从学生入学开始，成绩就成为学生、社会、学校、教师和家长评估的主要标准，他们会忽视对学生德育、美育、体育、实践能力和创新能力等方面的评价。同时，这种考试评价缺乏对学生情感和价值观念、学习过程和学习方法的考虑，这与教育的育人功能相违背。"唯分数论"只会让学生为了得分而学习，成为学习的机器，最终的后果是学生不能融入社会并成为合格的公民。更重要的是，考试是在小学入学初期进行的，考试内容是小学需要学习的内容。这种学业质量评估方法将导致学生需要在幼儿园阶段开始学习小学内容。因此，这样的评价操作也不符合接受义务教育的学生的身心发展规律。

（二）高中阶段教育质量的基本问题

从整个学制体系来看，普通高中教育是一个承上启下的过渡阶段。从教育实践和社会发展的角度来看，学生应具备基本的知识、技能、态度和价值观，无论他们是被雇用还是升入高等院校，这些知识、技能、态度和价值观都将起到重大的影响作用。另外，高中阶段是一个基本阶段，主要是发展学生的一般能力，如学习能力、创造力、分析力、想象力等，这种"综合能力"应该作为衡量普通高中教育质量的重要手段。近年来，我国高中教育事业得到了很好的发展，不过，受传统教育教学方式的影响，高中阶段教育质量仍存在显著的问题。

1. 教师队伍质量不高

高中作为初中向大学进阶的衔接阶段，除个别发达地区外，我国多数地区未将高中纳入义务教育阶段。这就造成了高中教育的发展相对落后于义务教育。从高中教育发展来看，教师队伍建设不足的问题严重，普通高中大班额比例高，教师队伍普遍存在学历结构偏低、教师留不住、教学能力差、缺乏职业认同等情况，严重影响了高中教育质量。

（1）教师队伍建设不足

根据《国务院办公厅转发中央编办、教育部、财政部关于制定中小学教职工编制标准意见的通知》和《关于进一步落实〈国务院办公厅转发中央编办、教育部、财政部关于制定中小学教职工编制标准意见的通知〉有关问题的通知》的要求，将县镇、农村中小学教职工编制标准统一到城市标准，高中生师比为 12.5∶1。

如图 3 - 6 所示，2012 ～ 2015 年普通高中教育生师比下降明显，2017年我国普通高中教育生师比为 13.39∶1，2020 年达到 12.90∶1，与国家规定的合格标准 12.5∶1 仍存在差距。由图 3 - 7 可知，虽然近年来普通高

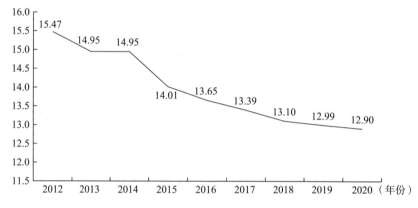

图 3 - 6　2012 ～ 2020 年普通高中教育生师比

资料来源：历年《全国教育事业发展统计公报》。

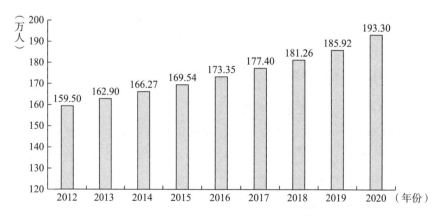

图 3 - 7　2012 ～ 2020 年普通高中教育专任教师数量

资料来源：历年《全国教育事业发展统计公报》。

中教育专任教师数量不断增长，高中阶段教育生师比不断改善，但教师数量仍短缺。

（2）教师专业水平存在差距

如图 3-8 所示，普通高中专任教师学历达标率由 2012 年的 96.44% 提升到 2020 年的 99.97%，虽不断提升，但还未达到专任教师学历达标率 100% 的目标。另外，普通高中教师政策缺位，导致教师供给和来源结构过于单一，虽然国家在相关政策上力图打破封闭的师范教育体系，鼓励综合性大学参与教师培养，实行开放的教师资格证书制度，促进教师来源的多元化，但由于缺乏具体的政策支持，普通高中教师仍然主要来源于师范类院校。2013 年，新一轮高考改革使普通高中教师面临学科结构大幅调整，在完善普通高中学业水平考试制度、建立高中学生综合素质评价制度的基础上，赋予学生更多的选择权，新高考的素质转向也对普通高中教师的知识能力提出了全新挑战与更高要求。①

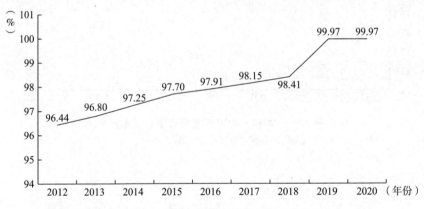

图 3-8　2012~2020 年普通高中专任教师学历达标率

资料来源：历年《全国教育事业发展统计公报》。

2. 理论教育占据主体，素质教育相对欠缺

目前的教学中，高中阶段教育存在理论教育占据主体、素质教育相对欠缺的问题。这主要是由于各学校对高考知识点的重视和高考成绩的过分追求使得高中教育培养素质人才的功能未充分发挥。一方面，学校教育忽视了学生个性差异的发展，设定了统一的教育目标；另一方面，

教育活动违背了学生成长的自然规律，过分强调精英教育模式。此外，随着高考学科的自主选择，普通高中的教育模式越来越趋同，课程、教材、教学方法越来越同质化。这些问题都阻碍了普通高中多元化发展的有效性。而且，通过单一的高考任务和简单的职业教育培训，不可能让现阶段的学生迅速成为社会需要的人。培养具有学习能力和工作能力的人的素质教育不足，教育质量堪忧。

3. 教育教学管理松散

教育教学管理是一项综合且复杂的工作，在学校的运营中，校长及教师队伍的综合素质能力是教育教学管理的重要影响因素。但由于地方政府对高中阶段教育的资金投入较少，教育教学管理中的学校经费短缺。高中阶段各个学校的资金主要来源于学费和贷款，因此学校并没有额外的资金来改进教育教学的管理方法与推动教育教学管理的改革，也并未对校长及教师队伍进行充足的管理培训，这就造成了高中阶段学校教学管理松散。

（三）高等教育质量的基本问题

2018 年，教育部发布了《普通高等学校本科专业类教学质量国家标准》等重要文件。有了标准才能有遵循，才能有衡量的依据，才能去监管，所以高校专业的教学标准非常重要。2018 年，时任教育部高教司司长吴岩指出，《普通高等学校本科专业类教学质量国家标准》规定了一些刚性要求，比如师资要有结构、数量、水平、背景、能力方面的要求，要有一定的实验、实训、实习、课堂教学的基本条件和图书资料等。如果没有达到所规定的刚性要求，高等学校本科教学人才培养质量就没有基本保障。然而，从高等教育的发展现状来看，其在教育质量方面仍然存在以下基本问题。

1. 教师队伍质量堪忧

我国已进入高等教育大众化后期，但是当前我国高校教师队伍建设存在一些严峻的现实挑战。首先，教师配比跟不上高校扩招速度，高层次人才的数量远远满足不了高校发展需要；其次，高校教师队伍中的顶尖人才还比较匮乏，且主要集中于"双一流"高校（"985"高校和部分"211"高校），相对于欧美发达国家，我国高校教师队伍中的高水平人才数量仍然偏少。

（1）教师配比跟不上高校扩招速度

根据《普通高等学校基本办学条件指标（试行）》规定，高校基本办学条件指标合格标准如表3-3所示。

表3-3　普通本科高校基本办学条件指标

学校类别	生师比	具有研究生学位教师占专任教师的比例（%）	生均教学行政用房（米²/生）	生均教学科研仪器设备值（元/生）	生均图书（册/生）
综合、师范、民族院校	18	30	14	5000	100
工科、农、林院校	18	30	16	5000	80
医学院校	16	30	16	5000	80
语文、财经、政法院校	18	30	9	3000	100
体育院校	11	30	22	4000	70
艺术院校	11	30	18	4000	80

资料来源：《普通高等学校基本办学条件指标（试行）》。

《2022年全国教育事业发展统计公报》数据显示，2022年，高等教育毛入学率为59.6%，比上年提高1.8个百分点。全国共有高等学校3013所。其中，普通本科学校1239所（含独立学院164所）；本科层次职业学校32所；高职（专科）学校1489所；成人高等学校253所。另有培养研究生的科研机构234所。各种形式的高等教育在学总规模为4655万人，比上年增加225万人，高于全球平均水平。但与此同时，全国普通高校生师比也持续攀升，总体达到《普通高等学校基本办学条件指标（试行）》的合格要求（见图3-9）。虽然生师比紧贴教育部《普通高等学校基本办学条件指标（试行）》不高于18∶1的要求，但亚太经合组织国家和欧盟国家的生师比平均水平分别为14∶1和16∶1，我国与其相比仍存在较大差距。高等教育在取得显著成绩的同时，由于增长速度较快，教师配比不能跟上高校扩招的速度，相关设备以及教师队伍没有跟上，导致生均教育经费下降、师资力量与基础设施短缺，这严重影响了教学效果，降低了教学质量，严重影响了高校的教育质量发展。

图 3 – 9 2012 ~ 2020 年普通高校生师比

资料来源：《中国统计年鉴2021》。

（2）教师学历水平与世界平均水平相比有待提高

《普通高等学校基本办学条件指标（试行）》规定，高校基本办学条件指标合格标准为：具有研究生学位教师占专任教师的比例达到30%以上。根据教育部高等教育教学评估中心发布的《全国普通高校本科教育教学质量报告（2020年度）》，教师数量持续增长，教师学历水平不断提高，研究生学历比例超过一半。全国普通本科高校专任教师中具有硕士、博士学位的专任教师人数有了显著增加。此外，教师队伍的年龄结构、学缘结构、职称结构等进一步优化。但是，我国师资队伍不完善仍然是本科教育质量提升的主要瓶颈，需要进行优化，师资队伍建设任务仍然十分艰巨。

2. 教育质量存在认知问题

教育质量涉及学生知识、性格、创造性发展和社会适应性等诸多问题。但从目前有关部门的情况来看，对教育质量没有明确的认识，导致教育目标错位。在高等院校方面，追求办学规模的意识明确，且教育质量标准完全按就业率来定义，直接导致对实用性教育内容的关注度高于综合素质教育。此外，教育质量认知问题也反映在学生和家长对高等教育质量高低的评判取决于能否获得更好的职业上，人文素质和知识基础尚未受到重视。研究生教育是创新人才培养工作的塔尖部分，肩负着为国家现代化建设培养高层次人才的重任。目前，研究生高等教育人才培养质量评价仍主要集中在注重学术培养质量，而忽略研究生作为高等教育人才即将走向社会、职场，亟须职业发展规划指导的现状。

3. 专业结构和课程设置脱离经济社会需要

专业结构和课程设置强调理论知识的完整性，这造成近些年我国高等教育理论教学较多、实践教学较少，必修课程较多、选修课程较少等问题。对于高等教育的专业设置，也普遍存在专业设置不灵活，缺乏创新性，不适应社会发展的问题。目前，我国高等教育质量现状是教师重视教学工作，忽视学生的自主学习；重视人才的培养，忽视课程的作用；重视知识的传授，忽视学生的发展；专业结构和课程设置不能适应市场和社会的需要。另外，在当前高校教育活动中，教学方法滞后、教学评估与监管体系缺失问题都较为突出，这在很大程度上制约了教学改革的进一步深化。[①]

（四）职业教育质量的基本问题

1. 社会层面对职业教育认同度不高

社会对职业教育一直存在认同度不高的问题，认为选择职业院校是无法考入本科院校学生的末路选择，进入职业院校的只有成绩不理想的学生。社会层面对职业教育的认同度不高，对职业教育产生抵触心理，认为进入职业教育的学生都是成绩不好的问题学生，导致报考职业院校成了考生的无奈之举。

2. 职业教育无法与产业发展有效衔接

作为我国教育体系的重要组成部分，职业教育在推动产业转型升级、技术创新、成果转化等方面发挥着重要助力。随着我国社会经济发展进入新时代，现代化产业体系初步形成，供给侧结构性改革推动产业结构优化、技术发生变革，但是职业教育无法与产业发展有效衔接，专业设置、课程体系、实习实训、技能考核、创新能力等与产业发展需求还未实现同频共振，还无法从区域产业定位、产业结构、产业特色等角度及时调整。

3. 职业教育与人才需求匹配度较低

目前，职业教育人才培育模式与当前社会发展需求匹配度较低，职业教育的人才培育对于当代企业来说不够完善。学生接受以理论学习为

---

① 黄蓉生. 关于高等教育质量基本问题的思考 [J]. 中国高教研究，2012（4）：5-9.

主、以车间实习实训为辅的职业教育学习体系，无法充分完成技能进步、技术革新、技术创新等。部分职业院校与企业签订校企合作协议，职业教育人才培养与社会发展需求匹配度低。

三 新时代教育质量发展目标及实现路径

《中华人民共和国国民经济和社会发展第十四个五年规划和 2035 年远景目标纲要》在"提升国民素质 促进人的全面发展"一篇中提出："全面贯彻党的教育方针，坚持优先发展教育事业，坚持立德树人，增强学生文明素养、社会责任意识、实践本领，培养德智体美劳全面发展的社会主义建设者和接班人。"但这些终究是外延性的，只是提高质量的必要条件。现在我们要把时间、精力和资源更多地用在内涵建设上，实实在在地把质量作为新时代我国教育工作的主题，实现我国教育更高质量、更有效率、更可持续的发展。

（一）义务教育发展目标及实现路径

进入新时代，义务教育的发展目标是关注每个儿童和青少年的发展，而不是只关注一些儿童和青少年的发展，更不是只关注少数儿童和青少年的发展。义务教育的目标要求义务教育在实施的过程中，每个儿童和青少年都能得到充分发展，并且使每个儿童和青少年的个性充分发展。总之，义务教育应充分满足儿童和青少年的共同发展，尽最大可能满足儿童和青少年的人格发展。

一是尽快制定义务教育质量最低标准。长期以来，受到高升学率就是高质量的义务教育这一观念的支配，人们错误地把升学考试成绩作为质量标准，忽视了义务教育的质量标准研究。这对我国高水平、高质量地普及九年制义务教育是一种误导。例如，取消小学入学考试后，小学教育发生了深刻的变化，从仅强调入学考试科目的教育转向符合儿童各种发展需要的教育，整个小学教育变得活跃起来。然而，由于目前仍没有确定大家都认同的义务教育质量标准，基于不同义务教育价值取向的教育质量标准往往截然不同。[①] 因此，义务教育质量标准的制定已成为

---

① 赵连根. 对义务教育价值取向与质量标准的再认识 ［J］. 教育发展研究，2003（Z1）：112－115.

有效实施素质教育的一个非常紧迫和重要的课题。现在国家和地方政府要根据社会经济发展的需要和对未来公民素质的基本要求，组织专家研究制定义务教育质量的最低标准。

二是在学业质量标准体系建设的价值取向上，坚持以学生为中心，实现本体价值和工具性价值的统一。学业质量标准构建的精神追求是以生为本，全面发展；具体目标是注重基础，减轻负担与提高质量；提倡异质发展、分层设计，可确保其社会效益。[①] 另外，学校质量标准建设的精神追求建立在以生为本、全面发展的基础上。马克思主义关于人的全面发展学说中提到的关于人的发展，实际上是指人在劳动能力全面发展的基础上包括人的社会关系、道德精神面貌、情感、个性及审美意识和能力的和谐统一发展。[②] 只有坚定地推动学业质量标准的构建，才能在很大程度上实现义务教育培养综合素质人才的目标。

（二）高中阶段教育发展目标及实现路径

高中阶段教育是为升学和就业做准备，发挥着向高等教育输送良好生源和为社会发展输送劳动力的双重作用。培养合格的公民也是普通高中教育的基本发展目标。

一是坚持高中阶段教育的课程设置和结构适应新时期教育发展的需要，同时积极建设与高等教育相适应的衔接课程。改进与完善基础学科科目，增加多学科领域的质量培训，鼓励学生参与阅读和去图书馆学习，提高学生的学习兴趣，鼓励他们在技术方面探索未知领域，并对全世界保持开放的认知。积极推进高中阶段的素质教育，促进高中学生学习能力和工作能力的培养，全方位打造适合时代需要与发展的合格高中生。

二是加强教师队伍建设，积极引导教师成为党和人民满意的优秀教师。加大对学术不端行为的处罚力度。大力弘扬优秀教师的先进典型，让尊师重教在全社会蔚然成风。普通高中应当有学术型和研究型的教学人员，以便培养学生严谨良好的学术作风。职业教育中学的教师应当注重岗位技能的提高，以便使学生真正成为"工匠人才"。此外，教师的教

---

① 李宁宁. 学业质量标准体系构建的价值导向 [J]. 教育测量与评价（理论版），2015（6）：14 – 17.

② 付华安. 基于核心素养的基础教育学业质量标准的比较研究 [D]. 硕士学位论文，广西师范学院，2017.

育教学管理能力也是教师必备的基本能力。在建设教师队伍的过程中，我们应注重培养此能力，提高教育教学质量。总之，要建设高素质的教师队伍，推进学生的内涵式发展，为高等教育的高质量发展打下基础。

三是高中要加强社会主义荣辱观教育，培养学生遵纪守法、诚实守信、团结互助、勤奋好学的优良品质。从这个意义上说，开展公民教育，培养合格的社会主义公民，应该是普通高中教育不可忽视的核心任务。①

（三）高等教育发展目标及实现路径

在党的二十大精神指引下，结合全国"双一流"高校建设的整体态势，高等教育推进内涵式发展需要采取如下举措。

一是注重科研转化能力。内涵式发展本质上是一种质量发展，要求在数量与规模增长的基础上突出质量意识，提高对重大基础研究、重大科研创新、重大科研创新团队的重视和投入。通过集聚高水平创新团队，突出重大科研项目申报，加快重大科研平台建设，以大团队、大项目、大平台带动产出大成果，推进科研成果的推广转化。

二是加强大学文化建设。内涵式发展要求提升大学的软实力。文化是一所大学的灵魂所在，是一流大学不可或缺的组成部分。国内外顶尖大学都有其独特的大学文化和精神内涵。高等学校应梳理办学传统和精神内核，提出从大学精神、立德树人、师德师风等十个方面全面深化内涵式发展的路径，力争提升大学文化的影响力。

三是探索建设标杆大学。在新时代中国特色社会主义历史方位下，努力构建中国特色的大学。《教育部2018年工作要点》提出要"探索建设一批新时代中国特色社会主义标杆大学，发挥排头兵、领头雁作用"，新时代"双一流"高校建设必须以更高的要求打造高校"领头羊"。

四是加强高校教师队伍建设。建立一支高素质的高校教师队伍是高校的首要任务，也是提高高等教育质量的关键。其一，以"网状"的人才队伍结构应对人才流失。建设"网状"的人才队伍结构，能在很大程度上避免被动的局面，减小人才流失的不利影响。其二，以"服务型行政"提升人才队伍的学术生产率。人才引进后，关键还在于如何激发他们的学术生产率。当前，我国在建设"双一流"高校的过程中，也应努

① 李静．现阶段我国普通高中教育功能研究［D］.博士学位论文，辽宁师范大学，2016.

力实现"服务型行政",使行政由"管理"走向"服务"。

(四) 职业教育发展目标及实现路径

在当前就业市场结构性矛盾突出、高技能人才短缺、招工和就业双重承压的背景下,创新推动现代职业教育高质量发展代表了人力资本需求的根本方向,是促进高质量充分就业、推动经济转型发展和国家现代化建设的重要支撑。

首先,针对学生基础文化普遍薄弱的现状,切实加强思想政治教育、职业道德和心理健康教育。坚持把立德树人作为根本任务和中心环节,做好课程思政建设的顶层设计和教师培训,构建"三全育人"机制,切实加强对教师德育意识和能力的培养,在课堂教学中真正做到"价值塑造与知识传授和技能培养"的有机统一,着力提高人才培养质量。

其次,校企合作、产教融合作为职业院校的办学模式和技能人才培养的基本途径,在高职院校办学中具有不可替代的地位和作用。校企双方应该统筹国家发展战略、地方支柱产业发展需求及实践技能人才培养现状,着力在建设高水平专业群和实训基地、改革并完善质量评价体系、推动学生高质量就业方面下功夫、创特色、提质增效。

最后,面向未来,职业教育数字化成为发展趋势和新方向。高职院校要抢抓数字化机遇,以数字化转型助推学院适应性发展。要大力提升教师的数字思维能力和素质,把数字化转型作为教育教学变革的内生力量,加快推动办学模式、教育形式、教学方式的数字化转型,着力培养具有数字化思维和能力的高素质数字人才,切实增强高职院校支撑服务数字经济的能力,更好地服务企业和区域经济社会发展。

第三节　教育优先发展成为永恒主题

党的二十大报告对教育工作进行了战略部署,提出了一系列新论断、新理念,是新时代教育工作的行动指南。习近平总书记所做的党的二十大报告强调,"坚持教育优先发展、科技自立自强、人才引领驱动,加快建设教育强国、科技强国、人才强国,坚持为党育人、为国育才"。这为不断推进中国式教育现代化发展指明了方向。

一　教育优先发展的内涵及其深化

（一）教育优先发展的提出

20 世纪中后期，德国和日本快速崛起，创造了"经济奇迹"，学者们在对其经济增长根源进行探究之后得到了一个"经济增长剩余"的结论，随后诞生的人力资本理论破解了这一谜题。另外一个社会背景是 20 世纪 50 年代苏联发射人类第一颗人造卫星，这一事件甚至"推动"了整个地球的运转，加快了各国发展空间技术的步伐。为了应对世界格局变革带来的挑战，以美国为代表的国家得出"教育投资是经济增长的先决条件，必须改革教育现状"的结论，对教育的投入空前增加。而在新中国成立初期，我国的教育有了历史性转折，人民受教育的权利得以行使，普及基础教育的决心不倒。但是"文化大革命"的发生导致我国的科学技术和教育落后于西方发达国家，导致各级各类人才的匮乏。此后，党和政府重新出发，在各大重要会议上将发展教育作为重点，党的历次代表大会均将教育优先发展的战略地位作为重要内容予以阐述。

（二）教育优先发展的深化

1. 法律地位的改变

党的十三大报告对教育事业的要求是"必须坚持把发展教育事业放在突出的战略位置"；而党的十四大报告则提出"必须把教育摆在优先发展的战略地位"。1995 年颁布的《中华人民共和国教育法》以法律形式确立了教育是立国之本，国家保障教育优先发展。教育事业在历史上的一步步战略转变，表明在法律上确立了教育优先发展的战略地位。进行立法规定之后，教育事业就发生了质的飞跃，教育的改革发展对落实教育优先发展的战略地位具有重要意义，我国教育事业逐步走上法制化的道路，这对教育现代化也有着重大的现实和历史意义。

2. 战略思想的转变

1995 年，为全面贯彻科学技术是第一生产力的思想，党中央、国务院首次提出"科教兴国"战略。科教兴国的思想被纳入教育优先发展的战略思想，教育改革和发展呈现欣欣向荣的景象。2002 年，《2002—2005 年全国人才队伍建设规划纲要》明确提出实施"人才强国"战略。将"人才强国"战略纳入教育优先发展的战略思想，突出了教育的基础性、引领性和全局性作用，对促进我国教育事业发展具有重要而深远的意义。①

3. 重点任务的转变

2002 年，党的十六大报告指出教育必须摆在优先发展的战略地位，同时强调"必须尊重劳动、尊重知识、尊重人才、尊重创造"，"四个尊重"的提出反映了时代精神。2007 年，党的十七大报告提出将民生理念纳入教育优先发展的战略思想，把"优先发展教育，建设人力资源强国"作为以改善民生为重点的社会建设的六大任务之首。2012 年，党的十八大报告强调，坚持教育优先发展，坚持教育为社会主义现代化建设服务、为人民服务，把立德树人作为教育的根本任务。2017 年，党的十九大报告围绕"优先发展教育事业"做出新的全面部署，明确提出"建设教育强国是中华民族伟大复兴的基础工程，必须把教育事业放在优先位置，深化教育改革，加快教育现代化，办好人民满意的教育"。2022 年，党的二十大报告明确提出，坚持教育优先发展，加快建设教育强国、科技强国、人才强国；深入实施科教兴国战略、人才强国战略、创新驱动发展战略。

总而言之，教育先行思想的提出与深化打破了"经济优先于教育"的传统观念。社会对教育的认识不断转变，使教育的重要地位得到全社会的普遍认可。其提出与深化恰恰反映了我国社会主义现代化进程中的深刻变革，以及知识经济时代的新特点和新趋势。目前，教育已成为社会进步和经济发展的增长极，教育的优先发展可以促进国家经济社会等各个方面的全面进步。

二　教育优先发展战略带动教育高质量公平发展

（一）教育优先发展战略实施是实现公平而有质量教育的前提和保证

教育要优先发展，即教育要先行，要超前发展，主要包含两个方面的含义。一是教育为未来经济社会发展的需要培养人才，目标应超前；二是教育投资要超前，其增长速度要超过经济增长速度。教育优先发展，充分体现了教育在现代社会所处的全局性、基础性地位。当

① 曹寄奴. 教育优先发展的战略抉择和推进轨迹［J］. 丽水学院学报，2011，33（3）：75 - 80.

今世界，发达国家把优先发展教育作为国家重振经济、解决民生问题的重要手段。实施教育优先发展战略，即优先安排政策、人力、物力和财力，采取超常规的举措，着力从增加教育经费投入、提高教育教学质量、改善办学条件、加强教师队伍建设等方面入手，切实推进教育优先、均衡发展，使教育公平与教学质量都取得全面、重大的突破。因此，教育优先发展战略是实现公平而有质量教育、教育高质量发展的前提和保证。

（二）公平而有质量的教育是教育优先发展战略的着重点和根本实现路径

习近平总书记在党的十九大报告中指出，坚持教育优先发展，"努力让每个孩子都能享有公平而有质量的教育"。这是从教育维度破解社会主要矛盾的重要途径，是党中央对教育事业提出的新要求，也是教育砥砺前行的新坐标。把教育优先发展战略放在经济社会发展的大势中寻找支撑点，从而实现公平而有质量的教育。

（三）教育优先发展战略对各级教育提出更高要求

党的二十大报告强调，要坚持教育优先发展，加快建设教育强国；坚持以人民为中心发展教育，加快建设高质量教育体系，促进教育公平。该报告还对各级各类教育，如学前教育、义务教育、特殊教育、高中阶段教育、职业教育、高等教育、继续教育以及民办教育等方面提出了明确而具体的目标要求。

1. 义务教育

当前，义务教育阶段的优先发展是要推进城乡义务教育一体化，最根本的是要解决"乡村弱、城镇挤"这一突出问题。除此之外，我们还要严格督促各地实施消除大班额计划，争取早日实现到 2018 年基本消除超大班额，到 2020 年基本消除大班额的教育目标。此外，要进一步补短板、强弱项，即应当统筹加强农村小规模学校和寄宿制学校的建设，重点处理招生与合理寄宿的关系；统筹规划布局、办学条件、教师队伍、资助保障、教育教学，实施底部攻坚工程，全面提升农村办学水平。①

---

① 张步力. 走内涵发展之路，推进义务教育均衡［J］. 教育，2018（9）：45.

2. 高中阶段教育

为更好地实现高中阶段教育公平而有质量的发展，中央政府应继续实施攻坚工程，地方政府则必须做好建设项目库、建立新学校、改扩建一批学校等工作，并逐步消除普通高中班级的大班额现象，加强保护，着力保护基础，弥补不足，促进公平。各地要制定普通高中学生的生均拨款或者生均公共经费标准，建立合理的高中阶段教育的成本分担机制；抓管理，坚持普通招生规模大致相同，努力规范招生行为，严格禁止公立型普通高中跨地区、超规划和未经批准擅自招生的不公平现象发生。

3. 高等教育

党的二十大报告强调，办好人民满意的教育，全面贯彻党的教育方针，落实立德树人根本任务，培养德智体美劳全面发展的社会主义建设者和接班人，加快建设高质量教育体系，发展素质教育，促进教育公平。要特别重视人才培养体制改革，只有培养一流人才的大学才能成为世界一流大学。要办好一所大学，建立世界一流大学，就必须牢牢把握"全面提高人才培养能力"的核心，用这一点来推动高校的其他工作。另外，高等教育的基础是优秀的师资队伍，要通过人才引进、评估考核、合理流动等各个环节，优化师资队伍。[①] 同时，要消除办学的弊端，克服无序开放的新问题，有意识地建立高校同社会有机、有序衔接的新机制和新秩序。[②]

4. 职业教育

《中华人民共和国职业教育法》第三条第二款规定"国家大力发展职业教育"，这既与21世纪以来《国务院关于大力推进职业教育改革与发展的决定》《国务院关于大力发展职业教育的决定》《国务院关于加快发展现代职业教育的决定》的发展导向是一以贯之的，更与21世纪以来《国家职业教育改革实施方案》《职业教育提质培优行动计划（2020—2023年）》《关于推动现代职业教育高质量发展的意见》的发展要求是一脉相承的。没有职业教育现代化就没有教育现代化。在国家法律制度创新和政策供给保障下，切实增强职业教育适应性，加快构建现代职业教

---

① 郭立宏. 推动高等教育优先发展 助力"五新"战略贯彻实施 [J]. 西北大学学报（哲学社会科学版），2017，47（6）：8 – 11.

② 赵婀娜，张烁，丁雅诵. 教育如何优先发展 [N]. 人民日报，2017 – 10 – 27.

育体系，建设技能型社会，为全面建设社会主义现代化国家提供充足人才和技能支撑。

总之，我们要明确坚持社会主义办学方向，坚持教育公益性原则，促进教育公平，实现教育更公平、更高质量的发展，为中国教育事业的优先发展提供重要的支撑。我国正处于教育改革不断摸索和发展中，实现公平和优质的教育是一个需要长期奋斗的历史过程，我们将践行教育优先发展战略，为实现教育公平而有质量的发展目标不断奋进。

第四节　依法治教成为改革新动力

教育不公平引发教育违法违规等诸多问题，而这些问题又在一定程度上加剧了教育现有的不公平。教育法规不完善、监督机制不健全、相关人员法律意识淡薄是诸多违规问题存在的法律原因。促进教育公平，还应从法律着手，通过完善教育法规、进行教育行政执法体制机制改革，推进依法治教。随着依法治国基本方略的实施，依法治教的理念和要求也越来越深入，教育实践中对教育立法的研究越来越重视。

一　依法治教的内涵及其必要性

"依法治教"一词在教育领域已经提出了很多年，我国教育法规体系主要由《教师法》《教育法》《学位条例》《职业教育法》《高等教育法》《民办教育促进法》，以及相关的配套法规组成，教育基本在法制化发展下运行。

（一）依法治教的含义

依法治教，从字面意思来看即依照国家法律对教育领域相关事项进行治理。"依法治教"是我国教育领域使用频率很高的一个词语，众多研究者对"依法治教"的定义不尽相同。史峰和李鹤飞提出，依法治教应理解为依法规范教育管理，把法作为规范教育管理的唯一标准和最高权威，必须依法而不是根据其他标准来实施教育管理行为。[①] 付俊贤和王炳社提出，依法治国与依法治教密切联系，依法治国涵盖依法治教，

---

① 史峰，李鹤飞. 对依法治教的几点思考［J］. 人民论坛，2012（11）：86－87.

依法治教是依法治国的重要组成部分。① 综上，依法治教是国家权力机关以及相关机构以法律及相关规定作为依据，对其职权范围内的有关教育活动进行治理和管理的活动。

在理解和研究"依法治教"时，一定要注意与"以法治教"和"以法治校"等定义区分开。治理并非一整套规则，也不是一种活动，而是一个过程；治理过程的基础不是控制，而是协调；治理既涉及公共部门，也包括私人部门；治理不是一种正式的制度，而是持续的互动。② 运用法律、依据法律对教育领域的相关事务进行协调，是一个持续的过程，在推进依法治教的过程中，要明白依法治教不只是运用法律手段取代以往的行政手段，而是综合各种手段来评价、指引、预测教育工作。

（二）依法治教的必要性

依法治教在我国推进依法治国进程中取得了诸多成绩，在教育改革发展过程中发挥了重要作用。依法治教的实施，使在处理教育改革发展的一些矛盾时有路可循、有法可依，在一定程度上发挥了引领、规范、支撑和保障作用。

第一，依法治教是实施依法治国方略的重要有机组成部分。《教育法》对依法治教的战略思想进行了明确，依法治国与依法治教的关系密不可分。依法治国是党的正确主张同人民群众共同意志的统一，依法治教是依法治国体系中的重要一环。教育事业作为关乎人民群众利益的大事，依照人民的要求努力，坚持人民群众在党的领导下通过各种形式参与管理教育，才会使教育改革顺利进行。

第二，依法治教是教育领域进一步加强党的领导的必然要求。坚持党的领导，是由我们国家的社会主义性质决定的。党和国家的教育方针、培养目标以党的政策性文件、党和国家领导人的论述为依据，对国家建设和社会发展具有指导意义。在教育问题上，同样要进一步加强党的领导，而这就需要推进教育法治化，通过教育立法和法规的贯彻实施，解决教育工作中的各项问题。

第三，依法治教是确保教育事业发展所需的客观条件。培养现代化

---

① 付俊贤，王炳社. 对依法治教的思考［J］. 渭南师范学院学报，2015，30（16）：14－18.
② 俞可平. 治理与善治［M］. 北京：社会科学文献出版社，2000.

的建设人才，需要将教育这一基础性工程扎稳、扎牢。发展教育事业除了需要具备足够的教育经费、足够的师资力量、必备的教学场地和设备这些与教育发展水平相适应的客观条件，还需要有相对稳定的外部环境。而依法治教则可以确保教育事业发展所需的这些条件，消除障碍。靠法制、按法规要求办事，则能使教育事业顺利地开展。

第四，依法治教是教育领域深化体制改革的有力保障。深化教育领域的体制改革，主要是针对教育方面中央和地方、教育行政机关和学校、校长和教职工、教育者和学生的关系进行一系列改革。协调好这些关系，才能够调动人们的积极性，办好学校。在充分调查、研究、总结后确定法律规范，对各方的权利和义务进行准确界定，并依靠国家强制力保障实施，这些都要依靠法律。深化教育领域体制改革，进一步调整学校内部各种关系，必须坚持依法行政，按照法律规则行事，才能提高行政管理水平，促进学校改革发展。

第五，依法治教是提高教育管理效能的必由之路。进行教育管理，开展行政性、执行性的管理活动，要求具备高效率，这就需要健全的法制做保障。拥有健全的法制，才能够落实教育创新和教育持续发展，才能规范学校管理，才能拉动学校建设校园法治文化，才能遵循教育规律，从而确保教育事业的发展。

二 依法治教保障教育公平而有质量的快速发展

进入新时代，人们对教育的发展有着更高质量的追求，这就需要法律对教育的大力支持。我们应当建立并完善教育法制体系，以保证教育有法可依。其中，对于目前我国规模庞大的民办教育，新修订的《民办教育促进法》对其规范与发展起到了重大作用，主要表现在确立了民办学校分类管理的发展路径、界定了营利性学校与非营利性学校的标准、加强了民办学校中党的建设、加强了对教职工权益的保护和强调了对民办学校的相关规制。① 同时，我们应依法明确各级政府的教育投入责任及制约措施，在法律上保证和形成财政性教育投入不断增加的有效机制。

---

① 余中根. 新《民办教育促进法》的意义、不足及完善建议 [J]. 河南农业，2017（36）：13－14.

另外，我们也应当在新时代背景下根据各级各类教育发展的需要，制定和完善其他相应的法律法规体系与制度。

（一）义务教育

政府应出台相关法律法规，明确义务教育的最低标准和相应的政策保障，确保义务教育均等化。为了实现最基本的义务教育服务均等化，政府应该出台一些特殊政策支持农村义务教育发展，不分城乡、不论发达地区或贫困地区，以公平分配公共财政支持的教育资源为原则，并制定合理的公共服务供给指标体系。在教育财政政策方面，表现为教育经费投入。应加大农村教育经费投入，"推动义务教育优质均衡发展和城乡一体化，缩小城乡教育差距"。加大教育财政投入，切实提高西部地区以及乡村地区义务教育教师的工作条件、工资收入，以更加优质的教育资源吸引更多的教师去西部和农村支教。总之，我们应加大力度完善义务教育的相关法律法规，保障义务教育公平而有质量的发展。

（二）高中阶段教育

目前，我国专门设有《义务教育法》《高等教育法》，却忽视了高中阶段的教育。为此，应设立高中阶段教育的专门法律来保障其公平和质量。在当前公共教育体制改革中，高中阶段教育中的教育经费及条件保障、入学与收费、文理分科与学业评价、教师的身份与聘任等都是亟待立法规范的重点问题。针对这些需要规范的关键问题，应设计以公平为导向的高中阶段教育招生制度、适应素质教育和人的全面发展要求的评价制度、教师聘任合同分类管理制度、政府资助学生助学金制度等法律制度。

（三）高等教育

为了实现高等教育公平而有质量的发展，需要建立健全法律法规，同时法律法规也是行政人员实施管理、惩治违反教育公平行为、提高教育质量的依据。无论是公平、制度合理、政策健全还是行政强的理念，都必须以法律为基础，受法律保护。但目前，我国在高等教育领域的法律法规还不完善。

（四）职业教育

作为一个桥梁，法律对职业教育发展具有重要意义并产生重大作用，其体现为一种与变革密切相连的制度规范与保障。2022 年 4 月 20 日，十三届全国人大常委会第三十四次会议表决通过新修订的《中华人民共和国职业教育法》，并于 2022 年 5 月 1 日起施行。[①] 新《职业教育法》锚定新时代人才培养目标，围绕职业教育体系、职业教育的实施、职业教育的保障等问题做出了一系列具体规定，以国家法律形式系统回答了职业教育"为谁培养人""培养什么样的人""如何培养人"的根本问题，为职业院校更好地落实立德树人根本任务、培养更多高素质技术技能人才提供了坚强的法治保障。

总之，我国要把弘扬法治精神、培育法治文化作为重要的教育内容，要确保所有工作都遵循有法可依、有章可循的原则。另外，我国也要培养师生良好的道德品质，构建适应经济社会发展和学校实践需要的良好道德体系，孕育追求崇高道德的社会环境，让每一位学生都能成长为法治中国建设的积极参与者和开拓者，从而引领全社会法治精神的跃进，促进整个民族法治素养的提升。

教育财政政策在变迁过程中，一直在不断追求建立为我国从人口大国向人力资源强国转变提供支持的公平的教育财政。教育财政政策的历次变革从增加教育财政投入、整合教育资源、推动教育整体均衡协调发展、促进法治等方面入手。进入教育改革与发展的新时代，从公平、效率、充足和选择性四个维度看，我国教育财政政策的价值取向与时代主题是以促进教育公平作为我国教育领域不懈追求的目标，教育质量提升成为发展新方向，教育优先发展成为永恒主题，依法治教成为改革新动力。

小　结

党的二十大报告指出，把教育事业放在优先位置。培养什么人、怎样培养人、为谁培养人是教育的根本问题；要全面深化教育领域综合改革，切实促进公平、提高质量，努力让每个孩子都能充分享受更加公平、更高质量的教育。这就需要学校建立适合个体的教育学习体系，打造类别丰富、更加多元的课程，改善"千校一面"的状况。新时期我国教育

---

① 维拉曼特.法律导引［M］.张智仁，周伟文译.上海：上海人民出版社，2003.

改革和发展的时代主题以教育高质量发展为主线，以建设高质量教育体系为目标，以促进公平为重点，以深化改革为动力，以加强法治为保障，实现教育的优先发展。注重教育公平，保证政府的公信力，实行各种措施，推进教育高质量发展，提高教育资源有效分配率，要优化资源配置，保证投入、扩大供给。教育的优先发展是目前乃至未来都必须摆在重要位置的战略要求，应当继续深入挖掘其内涵，为教育的优先发展不断提供条件，进而带动公平而有质量的教育发展。随着依法治国方略的不断推进和教育改革的深入，依法治教面临新的形势和任务，要厘清依法治教的必要性，发挥其保障性作用。

第四章 教育公平与效率间的配体徘徊*：
我国教育财政政策的变迁理路

教育是党和国家教育政策的具体体现，教育政策是教育事业改革发展的根本导向。在新时代背景下，教育财政政策在教育公平与效率之间寻求最佳平衡的过程，被形象地称为"配体徘徊"。本章将我国教育财政政策演变中在公平与效率之间寻找平衡点的过程比作配体分子寻找合适蛋白的徘徊过程，分析我国教育财政政策的变迁理路，将新中国成立后的教育财政政策的历史变迁分为五个时期，通过回顾教育财政发展演进的历史，分析我国教育财政政策变迁中的成效和缺失，以期总结我国教育财政政策的经验，吸取教训。

第一节 我国教育财政政策演变

自 1949 年新中国成立以来，我国教育财政政策由高度集权发展为两级分权，我国开始对教育财政政策的演变进行一系列的探索且政策逐渐完善。我国教育财政政策演变的历程可以大致分为以下五个时期。

一 改革开放前高度集权的教育财政政策（1949～1979 年）

在我国改革开放前的 30 年，我国实行的是高度集中的政治经济制度，教育财政政策根据国家计划经济体制的设计，具有高度集权的性质。

（一）"统收统支、三级管理"财政预算管理政策的建立

新中国成立初期，在教育部的指导下，各地区的文化教育行政管理

---

* 配体徘徊：配体是一个化学和生物学中的概念，它指的是能够与特定受体选择性结合的物质。在生物学领域，配体通常指的是与锚定蛋白结合的任何分子。配体在生物学中的作用涉及将信号传递至细胞内，通过选择性地与特定膜蛋白结合来实现。本章将我国教育财政政策演变中在公平与效率之间寻找最佳平衡的过程比作配体分子寻找合适蛋白的过程。

工作由各地政府及军管会下设的文教行政机关负责。教育财政政策也开始了从无到有的孕育形成过程，我国逐渐建立起高度集中、"统收统支、三级管理"的财政预算管理政策。毋庸置疑，上位的公共政策决定了处于下位的教育财政管理政策，高度集中的教育财政管理政策与高度集中的政治经济政策是相对应的。政务院第二十五次政务会议于 1950 年通过了《政务院关于统一管理 1950 年度财政收支的决定》，指出要统一国家收支，实行中央、行政区、省（直辖市）三级管理政策，将教育经费统一列入国家预算，由中央财政统一列支，实行统一领导、各级政府分级管理的财政政策。

（二）"条块结合"教育经费政策的实行

1954 年以来，我国实施了"条块结合"的教育经费政策。在这一政策中，教育预算分中央和地方两级，实行两级分级管理，并在财政部财务管理目标范围内，地方政府利用各种准备费用，甚至制定计划的类型、资金以及预算中的项目，即所谓的"块块为主"总体规划和安排。虽然后备费用很少，只有 3% ~ 5%，但各级政府可以负责预算，为地方主动发展区域内的教育事业提供了可能。

在发展教育事业的过程中，为了调动地方兴办教育的自主性，1958年国务院颁布了《关于教育事业管理权力下放问题的规定》，要求充分发挥各省、自治区、直辖市举办教育事业的主动性和积极性，并且加强协作区的工作，实行全党、全民办学，加速实现文化革命和技术革命。今后对教育事业的领导，必须改变过去条条为主的管理体制，根据中央集权和地方分权相结合的原则，加强地方对教育事业的领导管理。为此，对于小学、普通中学、职业中学、一般中等专业学校和各级业余学校的设置和发展，无论公办还是民办，都由地方自行决定。对于新建高等学校和中等工科技术学校，地方可自行决定或由协作区协商决定。①

教育事业管理权力下放以后，有些县出现了大量挤占、挪用教育经费的现象。为解决这一问题，1959 年 11 月 24 日，国务院批转了教育部、财政部《关于进一步加强教育经费管理的意见》，要求各级政府的财政

---

① 中央教育科学研究所. 中华人民共和国教育大事记 1949—1983［M］. 北京：教育科学出版社，1984.

和教育行政部门应该根据"条条""块块"相结合、以"块块"为主的精神，密切联系、加强协作，共同管好教育经费。[①] 1963 年财政部、教育部发布《关于教育事业财务管理若干问题的规定》，强调"条块结合，以块为主"的教育经费政策，保证教育经费能够稳定供给、教育能够合理发展，丰富了教育的财政资源，有助于教育的健康发展。

从图 4 – 1 可以看出，教育财政经费在 1960 年达到最高，教育支出达到 46.34 亿元，占 GDP 的比重达到 3.18%，教育支出占国家财政支出的比重在 1957 年最高，达到 9.45%。由此可以看出，当时针对"条块结合，以块为主"政策所发布的一系列规定和补充内容，丰富了教育财政资源，促进了教育经费的增长。总之，在财政部的配合下，通过教育部的努力，各地实行了"统一领导、分级管理、规范组合、块状封闭"的方针，保证了教育经费来源的拓展。

图 4 – 1   1954 ~ 1965 年国家财政用于教育的支出

资料来源：《中国财政年鉴 2000》。

（三）专款专用政策的实施

1966 ~ 1979 年，教育财政政策处于十分混乱的状态。1972 年，为了改变混乱局面，中央在安排下达国家财政预算时，将教育事业费支出单列一款，要求专款专用。[②] 在一定程度上，上述政策对教育经费的投入

---

① 中央教育科学研究所. 中华人民共和国教育大事记 1949—1983 [M]. 北京：教育科学出版社，1984.

② 中央教育科学研究所. 中华人民共和国教育大事记 1949—1983 [M]. 北京：教育科学出版社，1984.

与管理有所加强。

1966～1979 年，财政支出最低为 27.04 亿元，最高为 93.16 亿元，我国财政性教育经费的增长缓慢，增长幅度较小，个别年份有所下降。所以这个时期的教育经费投入有限。由图 4－2 也可以看出，专款专用这一措施有效地解决了"文革"时期教育管理和财政政策的混乱现象，从1972 年开始，教育支出逐年上升。

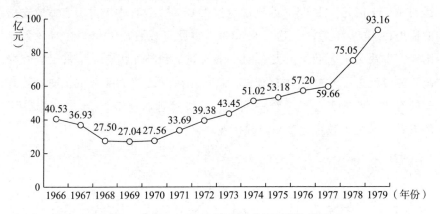

图 4－2　1966～1979 年国家财政用于教育的支出

资料来源：《中国财政年鉴 2000》。

这一时期我国教育财政经费占 GDP 的比重较低，基本在 2% 左右波动，最低在 1970 年（1.22%），最高是 1.78%（1978 年）。在三级教育经费支出结构上，初等教育所占比重最大，1952～1980 年基本维持在40% 以上，1965 年最高（51%），之后逐年递减，到 1980 年为 38.5%；其次是中等教育，平均在 30% 以上，1980 年为 38.7%；高等教育经费支出有所增长，1980 年为 22.8%，三级教育经费支出在比值上逐渐缩小。同样，三级教育生均经费支出之比也逐年缩小，1952 年，小学、中学和大学的生均经费之比为 1∶14.93∶112.16，到 1979 年为 1∶2.51∶95.62，说明教育经费支出逐渐向高等教育倾斜，国家在 1973 年以后更加重视高等教育发展，有效的教育资源被更多地投入高等教育领域。

二　改革开放初期两级分权的教育财政政策（1979～1993 年）

1979～1993 年是财政包干、"分灶吃饭"的时期。财政收入和支出都相对分权。在这个阶段，国家对教育的投资继续增长。在不考虑价格影响的情况下，教育支出从 1980 年的 114.15 亿元增加到 1993 年的 754.90 亿元，增长 5.6 倍，年均增长 15.6%。这是我国教育发展最快的时期。但当时的地方政府控制着多数地方国有企业和乡镇企业，为了保护税基，防止中央政府调整固定的预算收入额度，部分地方政府通过隐瞒企业利润的方式或者减税办法，将预算收入转化为预算外收入甚至政策外收入，使得中国财政收入占 GDP 的比重迅速下降。虽然我国各级教育生均经费在逐年增加，但与物价上涨幅度相比，教育投入的实际增长不多，甚至出现负增长。例如，1991～1994 年，我国地方所属高等学校生均教育经费支出分别为 3101.78 元、3429.87 元、3874.98 元、4058.19元，1992～1994 年分别比上年增长了 10.58%、12.98%、4.20%；但该期间的通货膨胀率分别为 3.4%、6.4%、14.4%、21.7%；如果扣除物价上涨指数，1993～1994 年公用经费不仅没有增加，反而下降了。

20 世纪 80 年代后，政府的教育投入逐步向义务教育倾斜。1990 年我国学前和小学阶段的经费投入占日常经费总投入的 32.7%，中学占34.4%，高等教育占 18.6%，这与当时世界上各个国家相比居于中等水平。[①] 三级教育生均经费比也趋于合理。据图 4-3 计算，1980 年我国小学、中学、大学的生均教育事业费比为 1:2.6:75.6，1993 年为 1:2.2:28.7，但以世界标准来衡量，我国的三级教育生均经费指数差距还很大。

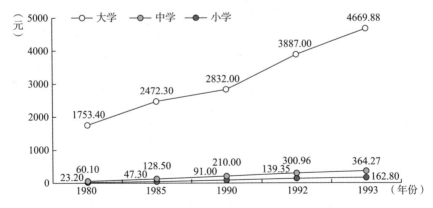

图 4-3　1980～1993 年我国三级教育生均教育事业费
资料来源：《中国教育经费统计年鉴》。

① 包秋. 世界教育发展趋势与中国教育改革 [M]. 北京：人民教育出版社，1998.

　　从教育投资的地区分布来看，地区间差异明显。中西部经济不发达地区的教育投入远远落后于东南沿海经济发达地区。1993 年全国义务教育生均事业费支出，北京为 628.68 元，上海为 704.77 元，而广西为181.70 元，贵州为 129.56 元。[①] 农村的教育投入远远落后于城市。1991年全国中小学教学仪器设备配齐学校所占比例，城市中学、小学分别为42.9% 和 24.52%，农村中学、小学则分别为 17.62% 和 8.46%，差距很大。[②]

（一）高等教育财政政策收支管理模式的形成

　　在这个阶段，中央除了对高等教育的教育介入，对其他教育介入不多。教育是高度分权的，教育支出占财政支出比重不断提高。国务院于 1980 年颁布的《关于实行"划分收支、分级包干"财政管理体制的暂行规定》，启动了财政包干政策改革。统一收支、分级管理的财政政策自此被打破。

　　"划分收支、分级包干"的基本做法是对大部分省份、中央和地方的收支进行划分，然后根据各省份的情况，确定地方上交比例和中央限额补贴。确定之后，五年内保持不变。"分灶吃饭"的实施打破了以往"统收统支、收支脱节"的格局，提升了地方财政实力，调动了地方政府为教育服务的积极性。在化工部 1980 年颁布了《部属高等学校预算包干试行办法》的政策后，高等教育财政经费的收入和支出直接隶属于各部委的高校，但是因为多种原因，现阶段建立基于层级政府间分权型的高等教育财政政策仍处于探索阶段。直到 20 世纪末分税制改革的进行，才真正推动了高等教育分层分权的财政政策改革。

（二）"基础教育属于地方"原则的明确

　　1985 年 5 月，中共中央发布《关于教育体制改革的决定》，明确了"基础教育属于地方"。基础教育由地方政府负责，并按层级管理。依据这一原则，初等和中等教育经费被纳入地方预算，中央政府提供专项补贴。同时规定地方政府教育经费增幅不得低于经常性财政收入增幅，必须确保在校学生的人均教育费用是逐年增加的。与此同时，国家财政政

① 国家教育委员会财务司. 中国教育经费统计资料（1994）［M］. 北京：中国统计出版社，1995.
② 苌景州. 教育投资经济分析［M］. 北京：中国人民大学出版社，1996.

策也进行了调整，分两级管理，建立了乡（镇）一级财政体系，在教育上实行"省办大学、县办高中、乡办初中、村办小学"的财政投入政策。从总体上看，这一时期我国的基础教育发展较稳定，但地区间发展的不平衡现象很明显。

（三）多渠道筹措教育经费

为了从根本上改变落后的基础教育问题，1986年4月颁布的《中华人民共和国义务教育法》将义务教育"地方责任，分级管理"纳入法定形式。1992年颁布的《中华人民共和国义务教育法实施细则》进一步明确了义务教育管理政策实施步骤、保障措施和管理监督的具体实施办法，初步形成了我国多渠道、地方负责的义务教育财政政策。同时，在解决教育经费短缺的问题上，在高等教育、职业教育、成人教育等领域取得了很大成果，形成了以财政拨款为主，辅以征收教育税（费）、收缴非义务教育阶段学生学费、义务教育阶段学生学杂费，积极发展校办产业、支持社会筹款捐助学校、设立教育基金等新政策。

改革开放后，我国教育经费来源逐步由单一向多渠道筹措发展，经费来源多元化。随着非国家性财政投入的增加，国家预算内教育经费的拨款占教育总经费支出的份额逐年下降。虽然我国教育财政实行分权管理，成效明显，但也出现了经费分配与使用脱节的现象。

三　市场经济体制下公共教育财政政策的肇始（1993～2001年）

进入20世纪90年代，邓小平同志在视察南方时指出："经济发展得快一点，必须依靠科技和教育。"[①]他号召全党全社会通力合作，为加快发展我国教育事业多做实事，并肯定了教育改革的总体方向。以《中国教育改革和发展纲要》和《关于〈中国教育改革和发展纲要〉的实施意见》为标志，党中央和国务院确定了实施科教兴国战略的任务，绘就了90年代我国教育事业改革和发展的蓝图。1998年正式提出建立公共财政政策，在整体财政体系的框架下，我国教育财政也开始向公共教育财政方向转变，并初步构建起公共教育财政体系的基本框架。

1993年，中共中央、国务院颁布了《中国教育改革和发展纲要》，

---

① 中共中央文献研究室．邓小平论教育［M］．北京：人民教育出版社，1995．

明确提出要建立与社会主义市场经济体制相适应的教育新体制，"在90年代，随着经济体制、政治体制和科技体制改革的深化，教育体制改革要采取综合配套、分步推进的方针，加快步伐，改革包得过多、统得过死的体制，初步建立起与社会主义市场经济体制和政治体制、科技体制改革相适应的教育新体制"。《中共中央关于建立社会主义市场经济体制若干问题的决定》提出要"形成政府办学为主与社会各界参与办学相结合的新体制"。这两份文件的提出确定了在市场经济条件下新型教育政策模式的基本框架。

由图4-4可以看出，1994年进行的分税制改革以及1995年针对义务教育、普通高中教育、中职教育与高等教育出台的收费管理暂行办法在一定程度上促进了教育事业的发展以及教育经费投入的增长，但是截至2000年并未完成国家财政性教育经费占GDP比重达4%的目标。

图4-4 1993～2000年财政性教育经费

资料来源：1994～2001年《中国教育经费统计年鉴》。

（一）教育财政法制和政策建设体系的初步形成

1. 教育财政法律法规体系的初步建立

党的十一届三中全会之后，党和国家越来越重视教育事业，越来越重视法律体系的建立，以此来保障教育发展。在这期间，中国初步形成了以宪法基本原则为基础，以教育法为核心的中国特色社会主义教育法律法规体系。这一体系的形成，从根本上改变了教育无法可依的局面，使教育的改革发展全面走上了依法治教的轨道。

2. 教育经费管理政策的建立

1993 年 11 月《中共中央关于建立社会主义市场经济体制若干问题的决定》的发布，深刻影响了地方税赋来源。其通过划分中央和地方税种，未对教育经费管理政策产生很大影响，重新核定了中央和地方的财税收支。所以在这一历史时期，政府在教育经费方面制定了一系列政策来解决这些问题。

首先，制定全国教育经费监测政策，监管各级政府是否按照规定将教育投入落实。1995 年，国家教育委员会和国家统计局正式建立了教育经费监督机制。其次，规范各类学校收费管理政策。1996 年，国家教委、国家计委和财政部联合颁布了《义务教育学校收费管理暂行办法》《普通高级中学收费管理暂行办法》《中等职业学校收费管理暂行办法》《高等学校收费管理暂行办法》。最后，进一步加强学校财务管理。随着财政和税收管理政策的改革和新的财务会计政策的颁布与实施，原有的相关政策措施已无法满足学校实际财务活动的要求。因此，1997 年财政部和国家教委进行了联合调查，制定并发布了《中小学校财务制度》和《高等学校财务制度》。

3. 国家财政性教育经费占 GDP 比重达 4% 目标的确立

20 世纪 80 年代末，国务院委托原国家教委组建专门的"教育经费研究小组"，对中国教育经费投入指标和投入机制问题进行了反复研究，并以国家公共教育支出占 GDP 的比例作为衡量教育投入水平的主要指标。由于 90 年代初中国教育经费接近 GDP 的 3%，世界发展中国家在 80 年代中期平均值已达到 4%。因此，国务院提出了"我国财政预算内教育拨款占国民生产总值的比重在 90 年代中期或到 2000 年应达到发展中国家 4% 的水平"的建议，党中央与国务院经过研究采纳了这一建议，并将这一目标列入中共中央、国务院颁布的《中国教育改革和发展纲要》中。

（二）政府间分权型高等教育财政政策的进一步深化

1. 高等教育管理政策改革的实施

1994 年，国务院发布了《关于〈中国教育改革和发展纲要〉的实施意见》，到 1997 年底有 30 个省（区、市）和 48 个部委，总共超过 400 所学院和大学实现"构建、合并、转让、协作、合作"五种形式的管理政策改革。① 通过改革，中央政府办学权力下放，中央政府负担的经费减少，一些院校已将管理权交予地方政府，地方政府财政责任增加。

2. 高等教育财政政策的形成

高等教育办学和管理政策改革在一定程度上解决了中央与地方的关系问题，高等教育财政政策初步形成了如下局面：中央和地方政府分级管理和分工负责；在国家政策的指导下，以省级人民政府管理为主，高校独立自主办学；以地方政府财政拨付为主，中央与地方政府一起分担高校办学经费。1999 年，我国实施了成本分担与成本补偿政策及收费并轨政策，政策执行力逐年加大。与此同时，爱国企业家也为促进教育事业发展做出了一定贡献，对高等教育进行了一些捐赠。由此，我国初步形成了"政府财政负担为主、多渠道筹资"的高等教育财政基本结构。

四　中国特色社会主义公共教育财政政策的探索（2001～2012 年）

在公共财政的大背景下，教育财政也逐渐步入公共教育财政的道路，并且采取了一系列措施，颁布了一系列政策，构建起公共教育财政政策的大体框架。从图 4 - 5 可以看出，公共教育财政政策大体框架的建立，使教育事业取得显著的发展，全国教育经费和国家财政性教育经费逐年稳步上升，教育资金的筹集有了更广阔的渠道。但这并不能说明我国教

图 4 - 5　2001～2011 年财政性教育经费

资料来源：2002～2012 年《中国教育经费统计年鉴》。

---

① 杨会良，袁树军，陈宓. 改革开放以来中国高等教育财政体制的演变、特征与发展对策 [J]. 河北大学学报（哲学社会科学版），2010，35（3）：76 - 82.

育财政政策体系已经十分完善、规章制度和法律体系已经非常健全，事实上这一时期我国教育财政事业仍然处于探索时期，政策的建立和实施都存在明显的不足，教育改革过程中暴露出来的问题也较多，许多已经出现的弊端还没有得到及时的解决。

（一）义务教育财政政策的确立

1. 农村税费的改革

为了促进农村和农业的可持续发展并减轻农民的负担，我国开始制定农村税费改革方案。2000 年 3 月，中共中央、国务院正式发布《关于进行农村税费改革试点工作的通知》（中发〔2000〕7 号），首先开展安徽省农村税费改革试点工作，2002 年进一步扩大到河北、内蒙古等 20 个省（区、市），2003 年农村税费改革进一步扩大到除西藏以外的其余省份。

2. "一费制"的提出

"一费制"即在对杂费、课本费和作业本费标准进行严格核查的基础上，确定一个费用总额，然后统一收取学生的费用。2002 年 2 月，《教育部 国家计委 财政部关于切实做好 2002 年农村贫困地区义务教育阶段 "一费制" 试行工作的通知》（教电〔2002〕53 号）颁布，国务院批准后，2001 年在农村贫困地区义务教育阶段学校开始实行 "一费制"。

3. "以县为主"的义务教育财政政策的确立

2001 年 5 月 29 日，国务院颁布《关于基础教育改革与发展的决定》，强调了农村义务教育发展是各级政府不可推卸的责任，提出了农村义务教育管理，加强各级政府尤其是县级政府对农村的义务教育管理和投入责任，并明确了中央、省、市、县、乡政府对农村义务教育的责任，农村义务教育形成了 "以县为主" 的管理政策。

4. "农村义务教育经费保障新机制"的实施

2005 年 12 月，国务院下发《关于深化农村义务教育经费保障机制改革的通知》，做出了关于农村义务教育经费政策改革的明确指示，这是党中央、国务院就教育事业的发展和财政教育工作对农村义务教育经费保障机制的改革所做出的一项重大决策。这项决策有利于保障农村义务教育事业的健康发展，建设公共财政，减轻农民负担，促进新农村建设，促进和谐社会建设。

　　自此，农村义务教育开始建立中央和地方分项目分担农村义务教育的保障机制，并逐步纳入公共财政保障范围，遵循一个原则即"经费省级统筹，管理以县为主"，制定了改革农村义务教育经费保障机制的具体措施。2006 年新修订的《中华人民共和国义务教育法》规定，实施义务教育不收取学费和杂费，自此国家开始实施义务教育。2006～2008 年，政府逐步增加从西部到东部、从农村到城市的投入，实现全面免除义务教育学杂费的目标，实现由收费教育向免费教育迈进。①

（二）高等教育财政政策的改革

1. 高校事业费拨款方式的改革

2002 年以来，财政部批准中央预算包含基本支出预算和项目支出预算。基本支出预算是行政机关为确保机构正常运行、完成日常工作任务而编制的年度基本支出计划；项目支出预算是指行政机关为完成其具体行政任务或者业务发展目标，在基本支出之外编制的年度项目支出计划。

2. 民办高等教育的崛起

　　随着社会主义市场经济体制的确立和完善，我国的改革开放进入新的历史阶段，确定了以公有制为主体、多种所有制经济共同发展的基本经济制度。要适应国家经济政策的这一重大变革，改革传统的教育办学政策势在必行。在我国固有的计划经济体制下，整个教育系统在办学政策上呈现清一色的"公立"和"公办"，统一由政府包揽。各级各类学校都是由政府举办，资金也由政府投入。政府不仅充当了学校举办者的角色，也是政府所属学校单一的投资者、经营者和监管者。如此，不仅政府负担过重、风险过大，也不利于形成和谐有机的教育发展生态。

　　2002 年，《中华人民共和国民办教育促进法》及其实施细则先后颁布，取代了 1997 年的《社会力量办学条例》，明确提出"积极鼓励、大力支持、正确引导、依法管理"，民办学校应与公立学校同样享有《宪法》和《教育法》规定的责任、权利和义务。自此，我国民办教育进入依法办学的法制化阶段。

---

①　孟庆瑜. 当前我国农村义务教育面临的突出问题和对策建议 [J]. 教育理论与实践，2008（13）：41 – 43.

依据《中华人民共和国民办教育促进法》，国家保障民办教育的公益性事业属性与"合理回报"应该得到承认，为其社会地位的确立和可持续发展提供了法律依据。这一法规明确了民办学校应把社会公共利益放在首位，不以追求利润最大化为目标。确保公益性是促进民办教育健康发展的基本前提，也是民办教育立法的基石。在强调民办教育公益性的前提下，《中华人民共和国民办教育促进法》又规定，"民办学校在扣除办学成本、预留发展基金以及按照国家有关规定提取其他的必需的费用后，出资人可以从办学结余中取得合理回报"，作为对民办学校的"扶持与奖励"措施。在法律规范和政策指导下，我国的民办教育得到了持续发展。在所有民办教育领域中，民办高等教育的发展是近年来高等教育办学政策改革的热点。民办高等教育从无到有、由弱趋强，已成为我国高等教育体系中的重要力量。

五　后4%时代教育财政政策的完善（2012年至今）

（一）关键性的政策进展——实现了"4%目标"

2010年印发的《国家中长期教育改革和发展规划纲要（2010—2020年）》明确提出，到2012年实现国家财政性教育经费支出占国内生产总值比例达到4%的目标。2011年，国务院发布的《关于进一步加大财政教育投入的意见》（国发〔2011〕22号）提出，拓宽经费来源渠道，多方筹集财政性教育经费，敦促各级政府切实提高财政教育支出占公共财政支出比重，在2012年，实现并超过了4%目标。根据《2022年全国教育经费执行情况统计公告》，2022年全国教育经费总投入为61329.14亿元，比上年增长5.97%。其中，国家财政性教育经费为48472.91亿元，比上年增长5.75%。2022年全国幼儿园、普通小学、普通初中、普通高中、中等职业学校和普通高等学校生均一般公共预算教育经费增幅分别为7.29%、3.32%、2.14%、1.64%、2.14%和-1.69%。

（二）教育财政政策的建设与完善

这一时期，各级各类教育财政政策已经基本确立。2018年，全国人大常委会颁布了新修正的《中华人民共和国民办教育促进法》，规定各级人民政府应将民办教育纳入国民经济和社会发展计划，进一步完善民办教育政策。营利性民办学校的组织者可以从办学中获得办学收益，办学结余依照《公司法》等有关法律、行政法规的规定处理，学校办学结余必须用于办学。对扶持与奖励政策也进行了新的修改，县级以上人民政府可以采取购买服务、助学贷款、奖学金、助学金、转让国有闲置资产等措施，支持民办学校。

（三）中央财政责任的扩大

这一时期，我国以实施义务教育和免费中职教育为标志，政府与市场的财政责任划分发生改革。根据《关于 2022 年中央对地方转移支付预算的说明》，中央财政下达 2022 年相关教育专项转移支付预算资金主要包括：城乡义务教育补助经费预算数为 1881.7 亿元，比 2021 年执行数增加 105.1 亿元，增长 5.9%。主要是调整完善义务教育免费教科书等政策，以及学生人数增长增支。学生资助补助经费预算数为 688.47 亿元，比 2021 年执行数增加 34.73 亿元，增长 5.3%。主要是国家奖学金、助学金、助学贷款贴息等按学生人数和标准据实测算。支持学前教育发展资金预算数为 230 亿元，比 2021 年执行数增加 30 亿元，增长 15%。主要是支持加大普惠性学前教育资源供给。义务教育薄弱环节改善与能力提升补助资金预算数为 300 亿元，与 2021 年执行数持平。改善普通高中学校办学条件补助资金预算数为 70 亿元，比 2021 年执行数增加 5 亿元，增长 7.7%。主要是支持中西部和东部部分困难地区改善办学条件。中小学幼儿园教师国家级培训计划资金预算数为 22 亿元，与 2021 年执行数持平。现代职业教育质量提升计划资金预算数为 302.57 亿元，比 2021 年执行数增加 25 亿元，增长 9%。主要是支持职业教育改善办学条件和教师队伍建设。特殊教育补助资金预算数为 5 亿元，与 2021 年执行数持平。支持地方高校改革发展资金预算数为 393.87 亿元，比 2021 年执行数增加 15 亿元，增长 4%。主要是支持中西部高等教育发展。

第二节　我国教育财政政策发展与改革的成效和不足

新中国成立以来，随着我国政治经济体制特别是财政体制的发展，教育改革全面推进，教育事业持续快速健康发展，取得了历史性突破。我国教育财政政策发生了深刻变化，教育财政政策改革与发展取得了重大成效。但是，我国教育事业发展还面临着一些不足，存在教育经费总

量不足、教育资源配置结构不合理及教育经费使用效率不高等一系列
问题。

一　我国教育财政政策改革与发展取得的成效

（一）教育经费投入快速增长，各级教育发展提速提质

国家财政用于教育事业发展的资金规模稳定增长。《2022 年全国教育经费执行情况统计公告》显示，2022 年全国教育经费总投入为 61329.14 亿元，比上年增长 5.97%。其中，国家财政性教育经费为 48472.91 亿元，比上年增长 5.75%。2022 年全国学前教育、义务教育、高中阶段教育、高等教育经费总投入分别为 5137 亿元、26801 亿元、9556 亿元、16397 亿元，比上年分别增长 3.0%、6.7%、8.5%、6.2%。

1. 义务教育经费投入增加明显，教育财政政策不断完善

第一，义务教育经费投入明显增加，城乡差距缩小。2012 年，国家财政教育支出占国内生产总值的比重达到 4%，是教育财政的重大突破。从 2016～2022 年财政教育投入情况来看，国家财政性教育经费支出 2019 年首次突破 4 万亿元，年均增长 8.2%；2022 年，国家财政性教育经费占 GDP 比重为 4.01%。党的十八大以来，国家财政性教育经费支出占 GDP 比重连续 10 年保持在 4% 以上。

由图 4-6 可知，2011～2020 年我国义务教育生均预算内事业经费与公用经费逐年增长，我国义务教育事业稳步发展，在各级各类教育中的

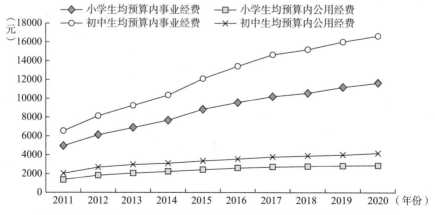

图 4-6　2011～2020 年义务教育生均预算内事业经费与公用经费增长情况

资料来源：2012～2021 年《中国教育经费统计年鉴》。

比重保持稳定。2011～2013 年农村小学和初中生均一般公共预算教育经费与城市比值上升，说明这一期间城乡差距在逐渐缩小。2013～2020年，农村与城市生均一般公共预算教育经费之比呈现缓慢下降趋势，说明这一期间城乡差距有所扩大。《2022 年全国教育事业发展基本情况》数据显示，2022 年全国共有各级各类学校 51.85 万所；学历教育在校生2.93 亿人；专任教师 1880.36 万人。新增劳动力平均受教育年限达 14年。分层级看，各级各类教育均取得显著进展。

第二，九年义务教育普及成果的不断巩固。《2022 年全国教育事业发展基本情况》数据显示，2022 年，九年义务教育巩固率为 95.5%，比上年提高 0.1 个百分点。全国共有普通小学 14.91 万所。全国小学招生 1701.39万人；在校生 1.07 亿人。全国共有小学阶段教育专任教师 662.94 万人；专任教师学历合格率达 99.99%；专任教师中专科及以上学历比例为98.90%。全国普通小学共有校舍 88961.80 万平方米，比上年增加 1832.82万平方米。全国普通小学设施设备配备达标的学校比例情况分别为：体育运动场（馆）面积 93.52%，体育器械 97.07%，音乐器材 96.81%，美术器材 96.79%，数学自然实验仪器 96.62%。各项比例比上年均有提高。全国小学阶段教育 56 人及以上的大班有 1.38 万个，比上年减少 0.72 万个，大班占总班数的比例为 0.48%，比上年下降 0.25 个百分点。全国共有初中5.25 万所。全国初中招生 1731.38 万人；在校生 5120.60 万人。全国共有初中阶段教育专任教师 402.52 万人；专任教师学历合格率为 99.94%；专任教师中本科及以上学历比例为 91.71%。全国初中学校共有校舍78648.35 万平方米，比上年增加 3054.65 万平方米。全国初中设施设备配备达标的学校比例情况分别为：体育运动场（馆）面积 95.68%，体育器械 98.08%，音乐器材 97.88%，美术器材 97.88%，理科实验仪器97.75%。各项比例较上年均有提高。全国初中 56 人及以上的大班有 4522个，比上年减少 2703 个，大班占总班数的比例为 0.40%，比上年下降0.25 个百分点。

第三，城乡义务教育"两免一补"政策的出台。2015 年，《国务院关于进一步完善城乡义务教育经费保障机制的通知》发布，要求统一城乡义务教育学校生均公用经费基准定额，西部地区及中部地区比照实施西部大开发政策的县（市、区）为 8：2，中部其他地区为 6：4，东部地区为5：5；巩固完善农村地区义务教育学校校舍安全保障长效机制。

2. 高中阶段经费投入不断增加，普及率不断提升

第一，教育财政对于普通高中阶段的经费投入不断增加。根据《2022年全国教育事业发展基本情况》，2022年全国普通高中学校共有校舍68034.90万平方米，比上年增加3672.80万平方米。设施设备配备达标的学校比例情况分别为：体育运动场（馆）面积94.46%，体育器械96.50%，音乐器材95.85%，美术器材96.05%，理科实验仪器96.18%。各项比例比上年均有提高。全国中等职业学校校舍建筑面积27516.09万平方米，比上年增长7.39%。生均校舍建筑面积20.55平方米；生均仪器设备值为8504.32元。普通高中专任教师213.32万人，专任教师学历合格率为99.03%，专任教师中研究生学历比例为13.08%。中等职业教育专任教师71.83万人，专任教师学历合格率为94.86%，专任教师中研究生学历比例为8.91%；"双师型"教师比例为56.18%，比上年提高0.67个百分点。

第二，高中阶段的教育普及率不断提高。2022年，高中阶段毛入学率为91.6%，比上年提高0.2个百分点。全国共有普通高中学校1.50万所，比上年增加441所；招生947.54万人，比上年增长4.71%；在校生2713.87万人，比上年增长4.18%。全国中等职业教育（不含人社部门管理的技工学校）共有学校7201所，比上年减少93所；招生484.78万人，比上年下降0.86%；在校生1339.29万人，比上年增长2.09%。"十四五"规划提出，为适应初中毕业生接受良好高中阶段教育的需求，未来五年高中阶段毛入学率将提高到92%以上，在全国普及高中阶段教育。

3. 高等教育经费投入不断增长，竞争力与学术水平明显提升

第一，教育财政对于高等教育的经费投入不断增长。根据全国教育经费执行情况统计公告，虽然2022年高等学校教育经费增长率有所下降，但整体经费投入不断增长，并保持平稳态势。《2022年全国教育事业发展基本情况》显示，2022年，全国共有高等学校3013所。其中，普通本科学校1239所（含独立学院164所）；本科层次职业学校32所；高职（专科）学校1489所；成人高等学校253所。另有培养研究生的科研机构234所。各种形式的高等教育在学总规模4655万人，比上年增加225万人。

第二，我国高等教育正由大众化阶段向普及化阶段快速迈进，国际竞争力明显提升。2022年，高等教育毛入学率为59.6%，比上年提高

1.8 个百分点。我国高等教育在世界高等教育总规模中的占比在 20% 以上，成为世界上规模最大的高等教育国家，达到国际公认的高等教育普及化阶段，提前实现了国家提出的中长期教育改革和发展规划的目标。

第三，我国高校的学术水平和影响力大幅提升。高水平大学在国际学术排名中的位置不断前移。根据 2016 年 7 月 ESI 数据库学科排名结果，在 2012 ~ 2016 年进行的基于论文和引用次数的国际评估中，进入 ESI 前 1% 的学科数量已从 279 个增加到 770 个，进入 ESI 前 1% 的高校数量从 91 所增加至 192 所。年度科技论文量达到全球 1/8，高影响力论文数量也在同步增加。

（二）各级各类学校收费制度的完善，规范教育收费行为

第一，义务教育阶段学校学费制度。1986 年，全国人民代表大会常务委员会通过《中华人民共和国义务教育法》，决定实行九年制义务教育，并于 1986 年 7 月 1 日起施行。义务教育是国家统一实施的所有学龄儿童和青少年必须接受的教育，是国家必须保障的公益事业。《义务教育法》规定，国家免除义务教育学生的学费。

第二，高中阶段学校学费制度。改革开放前，中等技术学校和中等专业学校不收取学费，同时向学生提供助学金；而普通高中和职业高中实行学费制度。20 世纪 90 年代，普通高中和职业高中的学费大幅上涨，中等技术学校和中等专业学校开始建立起学费体系。1996 年，《普通高级中学收费管理暂行办法》和《中等职业学校收费管理暂行办法》颁布实施，建立了规范的高中阶段学校学费制度。

第三，公立高等学校学费制度。20 世纪 80 年代末至 90 年代中期，高校有自费学生、委托培养生和公费资助生三种学生，自费学生由个人支付费用，委托培养生由单位支付费用，公费资助生不支付学费，情况复杂。为了改变高校收费的复杂局面，1994 年，我国开始对高校实行收费并轨试点，取消自费生制；1997 年，全国高校实行统一招生并轨，全部实行上学收费制度。

第四，民办学校学费制度。我国政府对民办学校的发展持支持态度，2002 年 12 月颁布的《中华人民共和国民办教育促进法》明确了国家对民办教育的十六字方针，即"积极鼓励、大力支持、正确引导、依法管理"，规定了民办学校收取的费用应用于教育教学活动和改善办学条件；

并明确收费标准："民办学校对接受学历教育的受教育者收取费用的项目和标准由学校制定，报有关部门批准并公示；对其他受教育者收取费用的项目和标准由学校制定，报有关部门备案并公示。"2018 年新修正的《民办教育促进法》对收费标准做出了新的规定。

（三）国家学生资助政策体系的完善，保障不让学生因家庭经济困难失学

2017 年 3 月，财政部与教育部为进一步加强和规范高等教育学生资助工作，确保学生资助政策落实到位，联合中国人民银行和银监会下发了《关于进一步落实高等教育学生资助政策的通知》，要求进一步完善高等教育学生资助政策、提高资助精准度、优化高等教育学生资助工作机制以及加强资助育人工作。

我国高校学生资助政策体系自建立起至 2018 年，共资助学前教育、义务教育、中职学校、普通高中和普通高校学生（幼儿）9801.48 万人次，资助资金 2042.95 亿元。2012～2018 年，国家资助高等教育学校学生人数由 3842.7 万人次增长到 4387.89 万人次，资助金额由 547.84 亿元增加到1150.30 亿元，资助资金高速增长（见图 4－7）。2019 年 6 月，《关于调整职业院校奖助学金政策的通知》由财政部、教育部下发，决定从 2019 年起，设立中等职业教育国家奖学金，用于奖励特别优秀的中等职业学校全日制在校生，规定每年奖励 2 万名，奖励标准为每学生每年 6000 元。2020 年，全国各项高等教育学生资助政策共资助学生 3678.22 万人次，

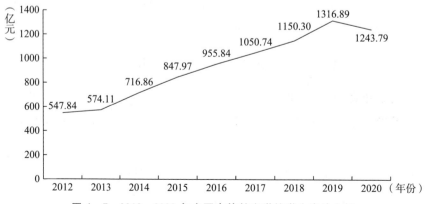

图 4－7 2012～2020 年全国高等教育学校学生资助金额

资料来源：2013～2021 年《中国教育经费统计年鉴》。

资助资金 1243.79 亿元。自 2021 年秋季学期起，全日制普通本专科学生每人每年申请贷款额度由不超过 8000 元提高至不超过 12000 元；全日制研究生贷款额度则由不超过 12000 元提高至不超过 16000 元。

（四）民办教育快速发展，推进教育多元化发展

1992 年，党的十四大报告明确提出，要"鼓励多渠道、多形式社会集资办学和民间办学，改变国家包办教育的做法"。2002 年，《中华人民共和国民办教育促进法》颁布，极大地促进了民办教育事业的健康发展，进一步激发了社会力量办学的积极性，促进了教育的社会性投资快速增长。2008 年 2 月，教育部发布《独立学院设置与管理办法》，明确提出"独立学院是民办高等教育的重要组成部分，属于公益性事业"。同年 5 月，中国民办教育协会成立。2018 年，新修正的《民办教育促进法》对营利性与非营利性民办学校有了新的规定："民办学校的举办者可以自主选择设立非营利性或者营利性民办学校。"

《2022 年全国教育事业发展统计公报》有关数据显示，2022 年，全国共有各级各类民办学校 17.83 万所，占全国学校总数的比例为 34.37%；在校生 5282.70 万人，占全国在校生总数的比例为 18.05%。其中，民办幼儿园 16.05 万所；在园幼儿 2126.78 万人。民办义务教育阶段学校 1.05 万所；在校生 1356.85 万人（含政府购买学位 736.37 万人）。民办普通高中 4300 所；在校生 497.79 万人。民办中等职业学校 2073 所（不含技工学校数据），在校生 276.24 万人。民办高校 764 所。其中，普通本科学校 390 所；本科层次职业学校 22 所；高职（专科）学校 350 所；成人高等学校 2 所。民办普通、职业本专科在校生 924.89 万人。

二 我国教育财政政策改革过程中存在的问题与缺失

改革开放 40 多年来，我国教育财政政策和制度不断完善，推动教育巨大发展。但现有的教育财政政策仍存在一些政策性问题，其中最突出的问题如下。

（一）教育财政政策变动频繁，社会交易成本增加

政策的公平需要一套明确、客观、普遍和预先确定的行为规则。如果政策任意改变、朝令夕改，政策对财富、权力、社会地位、机会等社

会价值所进行的权威性分配就会导致不公正的结果。① 因此，教育财政政策的稳定性给政策的有效执行带来了一定影响。有专家研究表明，我国教育财政政策改革的最长间隔为 8.3 年，最短的改革周期只有 0.5 年，平均 2.5 年就发生一次"变化"，对现有政策影响巨大。从变化的程度来看，政策的变迁都是根本性的变迁，因为每一个政策变迁都对现有的投入政策产生了重大影响，甚至是致命的变化。②

第一，我国的义务教育财政政策变化。1986 年，我国颁布《义务教育法》，确立了"乡镇为主"的投入政策，而 1994 年 11 月实行的分税制改革导致主体县乡财政收入降低，很多义务教育负债自此开始。2000 年 1 月实行的税费改革使义务教育财政陷入困境，乡、镇、行政村等农村主要投资主体大幅减少。2001 年，中国义务教育建立了"以县为主"的政策，从"乡镇"上升为"县"。2004，中小学开始实行"一费制"。2005 年 12 月，国务院颁布了《关于深化农村义务教育经费保障机制改革的通知》，"一费制"退出了教育财政政策的历史阶段，之后义务教育以县级管理为主，经费投入由省级统筹。

第二，我国的普通高中教育财政政策变化。1985 年召开的第一次全国教育工作会议调整了高中教育财政政策。中共中央颁布了《关于教育体制改革的决定》，其核心思想在于两点：一是分级办学，分级管理；二是多渠道筹措教育经费。1993 年，中共中央、国务院提出了多渠道筹措教育经费的方法。2001 年《国务院关于基础教育改革与发展的决定》提出，"实行在国务院领导下，由地方政府负责、分级管理、以县为主的体制"，原来"县办高中"的格局转变为高中教育经费几乎全部由县来承担。

第三，我国的高等学校教育财政政策变化。1980 年，化工部颁布《部属高等学校预算包干试行办法》后，中央与地方政府层级间分权型的高等教育财政政策逐步确立。1994 年，国务院发布的《关于〈中国教育改革和发展纲要〉的实施意见》提出，高等教育改革应把重点放在促进多种形式的合作办学上，逐步解决高等教育管理政策中的问题。

---

① 赵成根．论公共政策的稳定性和政策秩序［J］．中国行政管理，1998（1）：39 - 40．
② 魏宏聚．1986—2006，我国 20 年义务教育经费政策变迁特征审视［J］．教育理论与实践，2007（5）：37 - 40．

1999 年后，"政府负担为主、多渠道筹资"的高等教育财政体制开始形成。

从上述分析可以看出，我国教育财政政策走势充满了不确定性。我国教育财政政策发展的不稳定性，或许正是市场经济发展转折点上的必然显示。这也意味着，这些年的判断与选择以及实质性的努力，将会对未来我国教育财政的发展和走向产生重大影响。

（二）教育财政政策资源分配不均，教育机会不均等加剧

政府的政策资源是有限的，而政府部门却要同时执行多项政策，如经济政策、政治政策、环境政策、教育政策等。所以，政策资源应该对各项政策投入多少，如何合理地配置教育财政政策资源，是目前教育领域的重大问题。

1. 义务教育财政政策资源分布不均等

2020 年，我国普通小学生均一般公共预算公用经费为 2873.43 元，最高的是北京的 8472.08 元，最低的云南为 2053.26 元，两者相差 6418.82元。普通小学生均一般公共预算公用经费排在前三位的是北京（8472.08元）、上海（7147.97 元）和西藏（6446.72 元），排在后三位的分别是辽宁（2163.24 元）、山东（2156.50 元）和云南（2053.26 元）。① 从目前我国教育经费投入的总体情况来看，城乡、地区之间义务教育经费投入差距较大，机会不均等现象依然突出。

长期以来，中央与地方政府财权与事权不平衡问题一直存在于我国财政政策中。义务教育财政责任的定位、区域间经济发展的巨大差距、财政缺口以及中央和省级政府对义务教育财政资助的不足，使中国地区义务教育资源分布不均的现象十分突出。财政资源薄弱的地方政府财政经费支出比较困难。②

2. 高中阶段教育经费占总教育经费比例较低

普通高中教育是连接义务教育和高等教育的重要桥梁。但是，普通高中教育经费所占的比重却远低于义务教育和普通高等教育，处于整个

---

① 数据来源于《关于 2020 年全国教育经费执行情况统计公告》。
② 肖文军. 中央与地方关系视角下的地方政府财权与事权的平衡［D］. 硕士学位论文，广东财经大学，2014.

教育系统的底端。而且随着免费义务教育政策的实施和高等教育规模的扩大，政府更偏向于这两个层次的教育。[①] 根据《2020 年全国教育经费执行情况统计快报》，2020 年全国义务教育经费总投入为 24295 亿元，而全国高中阶段教育经费总投入为 8428 元。高中教育义务化也是我国义务教育发展的目标，但目前财政投入力度明显不足。

3. 高等教育阶段办学经费紧张

高等学校在 20 世纪 90 年代末连续扩招后，随着教育规模的扩大，高等教育经费不足的矛盾越发突出。2013 年，普通高校的生均教育事业费、公用经费自 2006 年后首次下降。其中，2013 年高校生均教育事业费较 2012 年下降近 776 元，降幅近 4.8%；生均公用经费同比下降超过 1140 元，降幅高达 12.62%。[②] 根据《2020 年全国教育经费执行情况统计快报》，2020 年全国普通小学、普通初中、普通高中、中等职业学校、普通高等学校生均公共财政预算公用经费支出增幅分别为 5.08%、5.81%、8.45%、5.56% 和 2.89%。在统计中可以看出，各级各类教育中高等教育的公用经费支出增幅最小。大多数高等学校的教学和科研设备仍相对落后，教学和生活基础设施严重老化，实验和通信设备十分陈旧。住宿拥挤，教学和生活设施严重不足，这样的办学条件带来的只能是教学质量和学生生活质量的下降。

（三）教育财政政策执行不力，教育资金未能有效利用

我国政府一直在加大对教育的投入力度，但教育经费短缺的矛盾始终存在，在政策的运行过程中有限的财政资金并没有得到有效的利用。教育财政政策效率意味着从既定的投入中获得最大的产出。具体来说，如何利用有限的财政资源来满足社会需求的教育是由政府来实现的，从而实现国家的教育目标。而在公共教育发展的前提下，资金短缺将是一个常见现象，并成为长期制约教育改革和发展的重要因素，对中国来说也是如此。

1. 教育财政政策信息不对称造成的交易成本过高

在中央政府对义务教育专项转移支付中，地方政府往往在预算约束

---

① 李德显，赵迪，徐雁等．公共教育支出视角下普通高中义务教育可行性分析 [J].辽宁师范大学学报（社会科学版），2015，38（1）：70 – 81.

② 2013 年高校生均教育经费八年首次下降 [EB/OL].https：//gaokao.eol.cn/news/201411/t20141108_1199915.shtml，2014 – 11 – 08.

下不公开分配方案。它们在权衡各种支出计划后确定财政资源分配的优先级。由于地方政府是在权衡各种支出计划后确定财政资源分配的优先级，但并未公开统计标准，或者充分提供全额拨款和转用于其他用途的信息。因此，通过评估教育政策，向公众提供透明的政策信息非常重要。

2. 在教育发展实践中有限的公共资金并未被充分利用

公共资金并未被充分利用主要表现在如下方面：教师人力资源的分配不合理，许多学校斥巨资建造的图书馆、购置的图书、配备的实验设备基本处于闲置状态；很多学校设备齐全的会议室，除了在会议中平时很少使用，还有很多学校添置的现代化办公设备也很少派上用场。[①]

3. 教育资金链过长导致的成本增加问题

根据对部分省份的调研，各地区中央和省级"两免一补"的经费及预算内公用经费专项补助资金已经拨付到各学校，尚未出现挪用情况。但是由于拨款的资金链条过长，教育资金的拨付是否能足额、及时地发放需要考虑从中央拨到地方财政，从财政拨到教育局，再逐个分配给学校，这也增加了资金的管理成本和监督成本。

（四）教育财政政策监督与评估机制不健全，影响政策的落实

教育财政政策在实施的过程中，落实不到位的情况并不少见，这也凸显出我国政策监督与评估机制并不健全。要使我国的公共教育获得发展，必须将其置于新的基础和动力之上。只有通过科学的分析和论证才能得到可靠的评估结论，才能确保政策达到很好的效果，并实现执行过程的高效率。例如，由于农村教育实施的"两免一补"政策缺乏健全的监督机制，一些学校违法收费现象依然存在。在一些地区，教育负担不仅没有减轻，反而有所加重，导致"两免一补"政策没有起到实质作用。在完善贫困学生资助机制的同时，仍会发生扣减和挪用专项资金的事件。另外，为了保留教师福利待遇的绩效工资，有必要加强对薄弱环节的监督，确保绩效工资有效运行。总之，中国政府正在积极推行多项财政政策，但如何落实政策，真正造福人民，还需要形成良好的政策监督与评估机制。

---

① 雒宏军. 教育资源闲置是更大的浪费 [N]. 中国教育报，2007 – 04 – 17.

第三节 我国教育财政政策发展与改革的历史经验

在教育财政政策的变迁过程中，我国一直在不断追求建立为我国从人口大国向人力资源强国转变提供支持的公平的教育财政。教育财政政策的历次变革从增加教育财政投入、整合教育资源、推动教育整体均衡协调发展、促进法治等方面入手。回顾一系列变迁，本节从中总结出以下基本经验。

一 依法治教是教育投资稳定增加的根本保证

依法治教是确保教育投资稳定增加的根本保证。只有把国家、社会和个人在教育投资方面的责任和义务用法律予以明确和约束，才能有效地筹措和合理地配置教育资源。

中国现行的教育法律体系框架是以《教育法》为基本法。它被纵向分为五个层次，即基本法、单行法、行政法规、地方性规范和政府法规；被横向分为六个教育法律，即《学位条例》《义务教育法》《教师法》《职业教育法》《高等教育法》《民办教育促进法》。该法律体系具有一定的整体性和系统性。五个层次和六个法律是纵横交错的。此外，还有100多项相关法律法规予以填充，形成覆盖面广、层次多样的立体法律网络，并有较为完整的结构、基本全面的内容、相对清晰的层次、比较明确的功能。作为中国特色社会主义法律体系的重要组成部分，中国现行的教育法制是40多年来中国教育法制理论与实践不断发展和完善的结果。

到目前为止，中国教育法制的形成和发展大致经历了以下几个阶段。一是1978~1980年的储备阶段。党的十一届三中全会以后，国家全面恢复和整顿了"文革"期间惨遭破坏的教育秩序，撤销了1971年《全国教育工作会议纪要》，修订新的学校工作条例。探索和提出新的制度性法规草案为教育法律制度的开始奠定了基础。二是1980~1995年的初始阶段。1980年颁布的《学位条例》具有重要的象征意义，这是新中国成立以来第一部由国家最高权力机关制定的教育法，为中国教育法制建设和发展拉开了帷幕。随后颁布的《义务教育法》和《教师法》推动了教育法制建设的进程。三是 1995～2000 年的教育法制建设全面系统化阶段。在此期间，颁布了教育法的基本法，即《中华人民共和国教育法》。四是 2000 年以来的教育法制建设发展和体系形成阶段。

二　教育经费投入是教育事业发展的物质基础

党的十三大报告指出："百年大计，教育为本。必须坚持把发展教育事业放在突出的战略位置，加强智力开发。随着经济的发展，国家要逐年增加教育经费，同时继续鼓励社会各方面力量集资办学。"《教育法》也明确指出了教育经费的"三个增长"（中央和地方政府教育拨款的增长要高于财政经常性收入的增长，生均教育经费要逐步增长，教师工资和公用经费要逐步增长）。《国家中长期教育改革和发展规划纲要（2010—2020 年）》明确提出，到 2012 年实现国家财政性教育经费支出占国内生产总值比例达到 4% 的目标。所有这些都为加快教育发展奠定了物质基础，我国于 2012 年终于实现了 4% 的目标。党的二十大报告提出，坚持优先发展教育，加快建设教育强国，再次阐明了教育优先发展这一战略的重要性，党和国家必然会将有限的资源向教育领域倾斜。

公共财政教育经费作为政府财政支出的重要组成部分，其初期投入和实际使用情况将对教育的最终产出产生很大的影响。《国家中长期教育改革和发展规划纲要（2010—2020 年）》指出："加强经费使用监督，强化重大项目建设和经费使用全过程审计，确保经费使用规范、安全、有效。"保障公共财政教育经费安全高效运行，完善公共教育经费管理制度，优化配置和科学管理公共教育经费，着力提升经费使用绩效，大力推动我国教育事业的快速持续发展和科学健康发展。

三　监督机制是教育财政政策落实的重要保障

教育是一个涉及面很广的社会工程，在我国目前的教育管理中，存在事权和财权分离的状况，两者之间缺乏调节甚至互相冲突。地方政府利用教育财政来干扰教育事权，例如，干扰招聘教师、入学或人为造成学校不平等的现象，对教育资源的使用缺乏科学的协调。因此，我国加强了对教育财政资金使用的管理和监督。在建立监管机制的过程中，要通过建立地方政府教育经费投入监督检查机制和相应的奖惩考核机制，建立地方各级人民政府教育经费投入监督机制，将教育经费投入纳入地方政府绩效评价指标体系，设立科学教育基金。因此，地方政府官员通过加强对财政教育经费全过程的监督，对违反教育经费使用规定的行为承担法律责任，确保地方政府的财政投入，落实国家优先发展教育的战略，促进教育事业全面发展。

四　多渠道筹措经费是全社会发展教育的重要推动力

基于"穷国办大教育"的理念，教育发展必须依靠人民，把全社会投资教育的积极性充分调动起来，建立多渠道筹措教育经费、各方合理分担教育成本的体制，从根本上解决人民群众日益增长的教育需求与教育经费不足的矛盾。通过多渠道筹措经费可以充分调动社会各方面发展教育的积极性，推动教育的发展。

20世纪80年代以来，国家积极鼓励社会各方面投资教育领域，开创了依靠人民办教育、多渠道筹措教育经费的新局面，逐步实现了在教育投入上由一元向多元转变的新体制。中共中央、国务院于1993年颁布的《中国教育改革和发展纲要》提出，要实行多渠道筹措经费，建立以国家财政拨款为主，以征收用于教育的税费、收取非义务教育阶段学生学杂费等多种渠道筹措教育经费为辅的体制。多渠道筹措教育经费的实行推动了教育经费的快速增加，极大地改善了我国教育的物质条件。[①]《关于2020年全国教育经费执行情况统计公告》显示，2020年全国教育经费总额为53033.87亿元，其中，国家财政性教育经费为42908.15亿元。我国各级各类教育事业取得了很大的发展，教育的总体投入也有了很大的改善。中国综合国力大大提高，能够承担起应尽的责任。因此，国家加大了对教育的投入，把"人民的教育人民办"转化为"义务教育政府办"，强调了教育是政府行为，但这不意味着涵盖所有教育。即使在像美国和英国这样经济高度发达的国家，许多教育的开办主体也不只是政府。所以教育发展应在坚持以政府为主的基础上，建立多渠道筹资的政策，充分调动和鼓励社会各界办教育的积极性。

---

① 中华人民共和国教育部，办公厅，直属机关党委．邓小平理论指引下的中国教育二十年［M］．福州：福建教育出版社，1998．

小　结

教育财政政策在教育发展中占有重要地位，只有良好的财政政策才能保证教育优先发展，如何建立适合本国国情的教育财政政策是我国亟须解决的问题。本章通过对我国教育财政政策变迁历程的梳理，划分出五个发展阶段，加深了人们对教育在经济发展中作用的认识。总体来看，教育财政投入持续增加，教育事业呈现良好的发展态势，取得了一定的成效，并积累了丰富的经验。但同时我们也应注意到，我国的教育财政政策在发展中依然存在教育经费投入不足、资源分配不均等问题。在此情况下，应总结经验、吸取教训，依法治教，加大教育财政经费投入，建立科学合理的教育财政监督机制，力图保障政策的稳定性，保证教育财政政策公正和有效执行。

第五章 "公平优先，兼顾效率"：我国教育财政政策的价值取向

价值取向是人们在长期的社会活动中不断形成的价值观念。价值观既需遵循事物发展的基本规律，也要随着社会的发展而发生变化。因其受主观因素和客观因素的影响，必须做出为社会大众所认可的价值选择，才能为社会实践服务。新时代确立了教育价值选择的新坐标系，"公平优先，兼顾效率"是当前制定教育财政政策的价值选择。本章从教育财政政策价值取向的内涵入手，着重阐述了教育财政政策价值取向的演进以及新时代背景下我国教育财政政策的价值选择，深入探讨新时代背景下我国教育财政政策的科学的价值取向。

第一节 教育财政政策价值取向的相关概述

价值取向的过程是一个动态的过程，也就是说价值取向不是恒定不变的，它会随着主客观条件的变化而变化。要准确把握教育财政政策的价值取向，实现教育财政政策作为公共政策的目标，合理地分配教育资源。

一 价值取向

公共政策是"对全社会的价值作权威性分配"，[①] 即政策研究的基本问题是公共政策价值取向的问题。从本质上讲，公共政策旨在价值取向的规定性。教育财政政策作为公共政策的一部分，随着价值取向的改变就会有不同的教育财政政策，能够衡量教育财政政策质量的重要标准就是价值取向，也是衡量教育财政政策价值合理性的重要指标。

人们在长期的社会活动中会不断形成价值选择，既有理性的价值观

---

① 戴维·伊斯顿. 政治生活的系统分析［M］.王浦劬等译. 北京：华夏出版社，1999.

也有非理性的价值观。一方面，受社会变化的影响，有些价值观遵循事物发展的基本规律，成为人们公认的价值取向；另一方面，受到主观和客观因素的影响，不同时期人们的价值取向不断发生变化。学术研究中有很多关于价值的表述，揭示了价值规律。

（一）价值取向的内涵及影响因素

价值取向属于哲学中的价值意识范畴。所谓价值取向，指的是一定的主体在自己的价值观指导下，在面对或处理各种矛盾、冲突、关系时所持有的基本价值立场、价值倾向和价值态度。

价值取向并不是恒定的，在不同的历史时期，它会随着社会制度、政治环境、文化发展等的变化而不断发生变化。影响价值取向的因素主要包括两个。一个是客观因素，即社会实践。价值取向会随着人类需要结构的变化和主导社会实践力量的变迁而发生改变。这是价值取向的一般规律。另一个是主观因素，即意识形态。意识形态来源于对社会实践必然性的认知和把握，是主体价值观念、情感特征、思想观点、行为习惯的综合，它往往渗透于主体的思维和行为过程，使主体的活动带有个人的主观倾向性和局限性。[①] 因此，价值取向一般规律的正确显示程度受意识形态的合规律性程度的影响。

（二）价值取向的科学维度

科学是人们从事的一项具有可证实性和可证伪性的探究实践活动，是合规律性与合目的性的高度统一。价值取向的科学维度就是，不同价值主体的价值取向选择应当符合规律性与目的性。具体来讲，价值取向的科学维度包括如下内容。

1. 社会性

人的本质在其现实性上是一切社会关系的产物。社会性是人区别于他物的类属性，是人生价值取向的核心维度。

2. 科学性

价值取向要准确反映社会历史发展的客观规律性。无论是群体还是个体，在实践活动价值目标的设计上，都必须使动机、计划、行动目标

---

① 吴黛舒. 影响教育价值取向的因素分析 [J]. 齐鲁学刊, 2002（1）: 96 – 99.

符合社会规律或自然规律，违背或凌驾于规律之上的任何实践都是虚妄。

3. 可行性

影响价值取向目标实现的因素，既包括价值主体自身的主观因素，如人生经历、性格、爱好和潜力等，也包括价值主体以外的客观因素，如社会政治制度、经济条件、文化习性和风俗民约等。这些因素一般会以隐性和显性的方式对价值取向目标的实现产生程度不一的制约或促进意义。

4. 超越性

价值取向的目标选择，既不能满足于人的短暂和有限的生物性存在，也不能满足于既有现状的一成不变；而是要充分发挥个人的主观能动性，以锐意进取的拼搏精神超越既有状况的制约，在短暂和有限的生物性存在中实现人的永恒性存在。[1]

二 政策的价值取向

政策原本的含义是指政府、政党、统治者和政治家等采取或追求的一系列行动或采取的任何有价值的行动系列。[2] 个人和组织在理解政策时，不能仅限于所要采取的"行动"，还要注重"不行动"的属性和特征。现实状况的变化导致政策的价值结构重新组建，但政策的价值取向在制定过程中，既要关心效率，也要注重公平，不断寻求两者的平衡点。

（一）政策的价值取向的含义

政策的价值取向是指政策主体根据特定时期人们需要的行动力量和现实状况的变化，对居于价值系统统治或核心地位的价值进行重新选择的过程，也就是打破旧的价值系统中各要素比例的均衡状态，组建新的价值结构的过程。需要注意的是，这里的政策主体是指决策过程中的所有参与者，包括决策主体、辅助决策主体、执行主体、监督主体等。[3] 我们定义的政策价值取向有三层含义：第一，价值取向的主体是活动的参与者，具有多样性；第二，价值取向的过程不是静止不动而是一个动

① 胡少明. 教育均衡论 [M]. 北京：人民出版社，2016.
② 米切尔·黑尧. 现代国家的政策过程 [M]. 赵成根译. 北京：中国青年出版社，2004.
③ 宁本涛. 教育财政政策 [M]. 上海：上海教育出版社，2010.

态的过程，随着主客观条件的变化而变化；第三，价值取向的过程是一个主动的过程，价值取向的主导地位并不总是由客观条件决定的，人的意识的转变也会对价值取向产生影响。

（二）政策的价值取向的特征

公平与效率是制定政策的重要依据，也是人们评判政策价值取向的标准。在人类发展的历史中，公平与效率具有永恒性与现实性以及矛盾统一性。在实际社会活动中，人们一般会采取"公平优先，兼顾效率"的原则。而人们对公平与效率的认识，有个人的主观判断，也有社会共同认可的客观标准。

1. 公平与效率的永恒性与现实性

从人类社会发展的角度来看，抽象的公平与效率是人类永恒的至高追求。从古至今，即使公平与效率还没有成为人类自觉遵守的理念，人们的各种活动往往也表现出追求公平与效率的倾向。随着社会的进步，尤其是近代工业革命的发展，人们意识到效率发展的重要性，但是伴随社会生产力和社会物质文明的进一步提高、社会矛盾的不断出现，人们对于社会公平、正义的关注度越来越集中，要求也越来越高。

根据历史唯物主义的观点，人们对公平与效率的要求，应依据时代背景变化，做到具体问题具体分析。尽管人们矢志不渝地追求抽象的公平与效率，但是时代的变化要求人们在进行价值判断与价值选择的时候，应以当下客观现实为依据，进行理性的审视与思考，为政策的制定提供科学依据。因此，在制定政策的过程中，制定者有责任以公平与效率原则及其相互关系为依据，权衡得失，为政策制定提供理论参考。

2. 公平与效率的矛盾统一性

"公平与效率"从语言学角度来看，并不是具有相反意义的词语，在逻辑上两个概念也不矛盾，因为"公平"是伦理学概念，而"效率"是经济学概念。看似几乎没有关联的两个词语，在实际社会生活中却密不可分，两者既矛盾又统一。而且大多数情况下，公平与效率的矛盾性占据主流，而此时如何解决公平与效率的矛盾问题，是采取"公平优先，兼顾效率"原则，还是采取"效率优先，兼顾公平"原则，这就要求决策者综合考虑社会现实，了解社会突出问题，依据实际情况，权衡利弊进行抉择，制定科学有效的政策。

纵观历史，"效率优先，兼顾公平"的价值选择可以帮助应对社会发展亟待解决的问题。比如，改革开放初期，邓小平提出的"让一部分人先富起来，先富帮后富"的决策。在教育领域，1998年5月，中央提出"985"工程，旨在将我国若干所大学着力打造成具有世界一流水平的大学。这些政策与当时的社会实际情况紧密相关，也是可行的。但是在重点追求效率的过程中，应时刻谨记公平是社会主义现代化建设最终的价值追求，是人类社会最高的理想与信念，应该明确效率仅是现实的效益，效率优先并不意味着忽视公平的建设，我们可以将"效率优先，兼顾公平"理解成为实现更高层次的公平而采取的必要措施。

总之，人人都希望得到公平的对待，但效率是现实的效益，高效率可以创造出更多的价值。因此，不论是学者还是管理者，都应当既关心公平，又关心效率，这样在做出决策以及制定政策的过程中才能探求两者之间的平衡，以解决公平与效率的现实矛盾，使政策发挥最大的价值。

三 教育财政政策的价值取向

教育财政政策是财政政策在教育领域的反映。由于教育在社会发展领域处于一种相对比较独立的位置，教育具有准公共物品的特征，其发展需要兼顾各方利益参与者的需要，而其中政府、相关教育组织和受教育者（包括学生及其家长）需要及时合理地协调相互的利益需求。因此，教育财政政策的价值取向除了应该坚持一般财政政策中所需要的科学性与可行性、公平与效率、充足等价值取向，还应坚持其自身相对较为特殊的价值取向。

（一）教育财政政策价值取向的独特性

教育财政政策的价值取向除了具有社会性、历史性、民族性等显而易见的特点，还具有可持续性、公平性和资本性等特点。这是教育财政政策的价值取向合乎规律性的表现。在经济学意义上的理想状态下，人们会利用各种渠道使用各种方法去达到资源配置利用的最大效率，进而使社会福利最大化。但是从每一个体的立场来看，人们为了使自己获得更多的稀缺教育资源，会在实践中进行经常性的相互冲突和竞争，因此，他们总是对若干目标进行取舍。如此下去肯定会影响教育资源的利用效率，并且会阻碍公平目标的实现。因此，政府会使用教育财政政策手段来实现公共教育领域内的资源最优配置，进而为公众提供更优质的教育服务。在制定教育财政政策时不以损害一方利益参与者的需求为代价来满足另一方的利益，也是遵守教育财政政策价值取向的合目的性的表现。总而言之，教育财政政策的价值取向要坚持实现合目的性和合规律性的统一。

1. 教育财政政策价值取向的合目的性

教育财政政策价值取向的合目的性表现在以下几个方面。

第一，社会发展程度与教育发展水平相协调，社会发展程度和教育发展水平应该保持在相近的水平上。这决定了教育财政政策价值取向的长远性和持续性。从宏观的层面来看，教育发展的前提是社会经济先发展。只有国家实现了发展，社会经济建设达到了一定的水平，才能够为教育发展提供充足的资金支持，在此基础上教育才能得到良好的发展。而教育的发展可以培养出大批高学历、专业化的技术人才，为社会经济的发展提供大量优秀的劳动力，而且能够在潜移默化中提高国民的整体道德素养，从而促进社会经济的发展，两者之间相互促进。[1] 教育财政政策作为公共政策的一部分，一个价值取向是促进社会的发展，另一个价值取向是促进教育发展。社会发展与教育发展是一种双向制约与塑造关系，两者互为目的和手段。稳定的社会环境是教育发展所需要的前提条件，政府不单单希望通过教育培养出高学历的人才和提高公民素养，更多的是希望通过教育帮助公民树立起良好的道德规范和培养自我约束意识，维护社会秩序。但经过教育特别是高等教育的公民往往具有较高的道德素养，对于社会的发展有了自我的憧憬和更加深刻的思想认识，他们对政府的行为也有了更加严格的要求，他们期望政府能够在社会发展过程中进行更好的治理。这在一定程度上会给政府的政策制定和社会治理带来压力，当政府的行为不能满足广大公民的意愿时，民意的诉求可能会导致社会动荡。教育的这种促进社会稳定和导致社会解体的对立功能，要求教育政策在价值取向上能够做到社会发展和教育发展的统一。社会发展和教育发展并不是朝夕之间所能达成的，而是需要一个持久稳

---

① 邓云洲. 效率与公平：源于教育经济学的讨论 [J]. 广州大学学报（综合版），2000
（5）：1–5.

定的社会环境。这就要求政策主体在制定相关政策时需要考虑到可持续发展的问题，所以也要求教育财政政策的价值取向应该具有长远性和持续性。

第二，要做到兼顾公平与效率，使公平与效率能在一定程度上相统一。任何政府追求的教育财政政策目标都是要在教育领域实现公平与效率的统一，但这仅仅是一种理想状态，理论上两者之间的兼顾是难以实现的。教育财政政策要符合教育规律和社会稳定的需要，就要在实践过程中追求公平，但政策遵循资源配置的优化法则必须追求效率。公平和效率作为衡量财政政策价值的重要尺度，同样适用于教育财政政策，这就要求教育财政政策的价值取向必须兼顾公平和效率。

另有其他学者的研究表明，教育如果想要实现效率的目标，需要遵循以下三个原则。① 首先，能够取得较好学习效果的人应该优先获得受教育的机会，因为随着教育层次的提高，能够从该层次取得较好学习结果的人数也会相应减少；其次，学习动机强烈的人应该优先得到教育机会，因为学习动机与学习成果有很大的关联性；最后，报酬率较高的部门应该优先获得教育投资，因为报酬率高表示该种教育的市场需求大。

要想实现以上三个关于教育效率的原则，如何进行选择是十分重要的问题。从既定的投入中获得最大的产出就是教育财政政策要追求的效率。在教育发展的前提下，资金的需求不足将是一种常态，并成为长期制约教育改革和发展的重要因素。拥有优先观念与选择性才能更好地实现效率配置。然而教育财政政策越追求效率，教育公平就越无法兼顾。因此，教育的效率和公平问题也就成为教育经济学必须解决的问题。教育公平是一种道德标准，它最终是为了满足所有受教育公民平等的受教育权所制定的一种基于人类道德体系的标准，但这并不意味着教育经济学的研究者在面对这种判断时就能推卸责任，而应提出既能最大限度地取得效率又能符合社会道德标准的教育经济政策和主张。

同时，教育高质量发展包括教育公平与教育效率这两个部分。教育公平要想实现就必须有教育效率为其提供必要的物质基础，同时，教育公平又为教育效率的实现提供精神动力和有利环境。社会政治经济领域

---

① 茌怀义. 教育问题研究 [M]. 台北："国立空中大学出版社"，1993.

的平等权利在教育领域的表现形式就是教育权利平等，在此基础上考虑到社会成员个体之间的个性差异，对教育公平的关注集中在给予所有人公平竞争和发展的机会上。教育公平的核心是教育机会均等。但是教育公平首先属于一种历史范畴，任何教育公平目标只有以经济发展为基础才能形成和实现，并且社会经济发展水平和社会精神文明建设程度也会制约着教育公平目标的形成和实现。因此，教育效率也是教育财政政策的一个重要价值取向。教育领域这一矛盾的特殊性，在客观上就要求教育政策的价值取向做到兼顾公平与效率，教育财政政策作为教育政策的重要组成部分自然也不例外，其需要政策主体在公平与效率之间做出正确的价值选择。①

2. 教育财政政策价值取向的合规律性

教育财政政策的合规律性要遵守事物发展的内在规律，即遵守教育财政政策公平与效率相统一、社会发展程度与教育发展水平相一致的前提条件。教育财政政策的价值取向在宏观上要符合社会发展规律，尤其是要符合社会发展的趋势，但并不是在任何时期和任何领域内对立的价值取向都是均衡的。价值选择具有历史性，总是随着社会历史条件的变化而改变，因此只有在理想状态下才存在两者兼顾或者折中主义的价值选择，其在实际应用中并不存在。在不同的历史时期，社会发展的选择总有不同的侧重方向，这种选择并不具有确定性，需要依靠社会发展的特定具体境遇来确定。从国家利益与教育利益的关系来说，在当前教育供给侧结构性改革背景下，应该相对侧重于实现教育公平，这不但能够进一步解决教育事业在经历几十年高速发展过程中产生的种种问题，而且对于实现经济的可持续发展也能起到一定的积极作用。

（二）教育财政政策价值取向的原则

通过对教育财政政策内在尺度和外在尺度的分析阐述，可以发现教育财政政策在制定和执行过程中要实现合目的性与合规律性的有机统一。教育相关政策的制定应充分考虑教育公平与效率、自身政策制定的连续性以及宏观与微观相协调等诸多因素，并且应该遵循这些原则。

---

① 高兆明. 从价值论看效率与公平——再论效率与公平 [J]. 哲学研究，1996（10）：33-38.

1. 公平与效率的同一性

公平和效率在资源配置过程中是一对现实的矛盾。同样，在教育财政政策制定过程中，公平与效率也是需要权衡考虑的两个问题。教育公平既包括公共教育资源分配的公平性，也包括公共教育资源分配的补偿性，即对学生的资助分配，对因经济困难而入学难的学生的补助。教育效率亦可称为教育资源利用效率、教育投资效率。教育资源的稀缺性，要求政府选取最优方案，以较少的教育投入获取较多的教育产出。例如义务教育的发展。党的十九大报告强调深化教育改革，推进城乡义务教育一体化发展；党的二十大报告提出，加快义务教育优质均衡发展和城乡一体化，优化区域教育资源配置。义务教育具有公共产品的性质，统筹协调城乡间、区域间、校际发展是亟须解决的问题。比如，是将有限的教育资源优先分配给经济发达的东部地区，以带动全国教育发展，还是将财政支持和地方补贴优先向中西部地区倾斜，以改善物力资源对教育发展的制约。同样，在优先发展重点大学、重点学科的问题上也面临公平与效率的困扰，是将有限的教育资源在全国高校平均分配，以缩小高校之间的发展差距，还是着重用于重点高校的投资建设，有待思考。教育资源的有限性是公平与效率矛盾存在的现实原因，这就需要因地制宜、因时制宜处理现实存在的矛盾。

2. 长期与短期相结合

为了实现教育目标，政策主体应根据教育面临的形势和任务制定相应的教育财政政策。教育财政政策的制定者以不同历史时期面临的任务和目标为指导原则，审时度势，合理制定。例如，改革开放初期，以经济高速发展为导向的社会背景要求教育重效率，教育要为经济的高速发展提供人才；但在当下，中国特色社会主义进入新时代，要求教育政策适时做出调整，统筹公平与效率协调发展。总的来看，教育财政政策可以分为指导性教育财政政策和具体教育财政政策。指导性教育财政政策从长远和宏观的角度分析所面临的教育发展问题，对教育投入和收益做出一系列规定；而具体教育财政政策是指导性教育财政政策的具体细则，这种具体细则针对教育工作的某一方面，同时结合时代形势下的教育发展现状来制定。长远的目标和短期统筹协调，为实现教育的持续健康发展做出指导。

3. 宏观与微观相协调

价值取向多元化的实质是主体利益的多元化，而主体利益的多元化是整体利益与个体利益发生纠纷的缘由。当整体利益与个体利益无法兼顾时，不能简单地以损害一方利益为前提而发展另一方。整体的力量往往大于个体的力量，因此个人利益应向整体利益和长远目标倾斜。同时，整体可以通过法律、政策、道德兼顾个体，因为兼顾和互利是价值取向的核心原则。公共政策的出发点和归宿是维护公众利益，但公众利益需求在现实中的不一致性、对立性是矛盾产生的原因。这就要求政府在处理公共利益的问题时，既要保证公众利益的一致性，又要顾及一些公众的特殊利益。政府主体可以通过设计和制定一种有意识的、合理的政策序列，集中发掘相同点，平衡不同利益群体的需求；通过一定的观念、标准和方法来平衡不同的政策诉求。政府应该理性地追求和确定相关各方利益的共同点来缓解利益冲突，这是利益分享的最佳方法。在宏观上明确各利益主体的共同点和近似点，并使各利益主体不同的利益诉求在微观上得到融合，进而做到利益的综合。公共政策是用来解决人们在追求利益过程中出现的矛盾或者冲突的行为，使保障社会大多数人的利益诉求和保护少数人的合法利益得到统一。政策的作用是使人的积极因素得到调动，使消极因素得到排除，最终目的是将各种利益矛盾尽可能地控制在较小范围内，以实现社会稳定发展的目标。因此，教育财政政策的价值取向，单独采取绝对整体主义和极端个体主义的方法是不可取的，应该兼顾整体与个体、宏观与微观。

第二节　教育财政政策价值取向的演进

教育财政政策价值取向在任何一个时间段内都是合规律性和合目的性的统一，但每一个阶段教育财政政策的价值取向又会因具体的现实情况而有所侧重。新中国成立之后，我国教育财政政策的价值取向大致经历了"注重公平的平均主义""效率优先，兼顾公平""公平优先，兼顾效率"三个阶段。这一过程是对教育逐步认识的过程，也是对教育财政政策价值取向不断认识的过程。

一 "注重公平的平均主义"的政策价值取向

从 1949 年新中国成立到 20 世纪 70 年代末 80 年代初，这一时期的教育财政政策价值取向是"注重公平的平均主义"。

新中国的成立是社会的巨大变动，又因为社会政策是这一社会巨大变动的其中一部分，所以社会政策也发生了翻天覆地的变化，而政策价值取向的转变是其最为核心的部分，这一时期的教育财政政策以"注重公平的平均主义"为价值取向。随着社会主义制度的建立，平衡公平与效率二者之间关系的原则变为注重公平的平均主义，这一原则也深刻影响着相关政策的制定。然而，这一阶段的平均主义是一种特殊的平均主义，是建立在政治阶层划分基础上的一种与按劳分配原则根本对立的"社会平等"思想。这一平均主义强调的是个人要对集体无条件地绝对服从，即使是在个人利益和集体利益发生了极大冲突的情况下。由于这一平均主义单单重视集体，所以就会发展成为"注重公平的平均主义"。"注重公平的平均主义"的价值取向只关注民众的基本权利而忽视其基本的生活需求，因此经济得不到很好发展，民众的生活水平也得不到提高。

满足广大工农群众的教育需求和培养国家建设所需要的人是这一时期文化教育政策的两大价值取向。根据 1949 年 9 月的《共同纲领》，要切实提高民众的知识文化水平，为社会发展和国家建设提供更多的优质人才。为实现当时所谓的公平，大力举办工农速成中学和工农干部文化补习学校，使工农业教育得到较快的发展。20 世纪 50 年代初期，《关于举办工农速成中学和工农干部文化补习学校的指示》《关于开展职工业余教育的指示》《关于开展农民业余教育的指示》《工农速成中学暂行实施办法》等政策应运而生。虽然工农学校存在时间不长，但是其为当时民众知识水平的提高做出了很大贡献。随着新中国的成立，国家的任务重心开始转向生产建设。针对这一任务重心，国家大量的资源投入了高等教育领域，尤其是工科类院校。自 1951 年下半年起，高等学校进行院系调整，把培育工业人才和优秀教师作为重点工作来抓，大力促进专门院校的建立和发展，并以工业学院为重中之重，加强对综合大学的整顿。在此次的院系调整中，大量的文法与财经学科被砍掉，大量的工科专业得以建立。

1966～1976 年，社会的基本矛盾被错误地界定为无产阶级与资产阶级的矛盾。教育政策也受到社会基本矛盾这一错误定位的影响，因而其以"平均主义"和"政治至上"为价值取向。1971 年，在《全国教育工作会议纪要》的指导下，我国"普及"了中小学教育，但这种"普及"还是深深地受到了当时错误社会基本矛盾观的影响而带有严重的政治色彩。1966 年 6 月随着《关于改革高级中学招生办法的请示报告》的下发，高校招生停止了，直到 1970 年 6 月《北京大学、清华大学关于招生（试点）的请示报告》的颁布，高校才开始重新招生，但是此时强调的招生条件只对政治思想有严格要求而忽视文化知识的掌握程度。

二　"效率优先，兼顾公平"的政策价值取向

从 20 世纪 70 年代末 80 年代初到 2002 年党的十六大召开，这一时期的教育财政政策价值取向是"效率优先，兼顾公平"。

（一）政策价值取向的初期表现

首先，在义务教育阶段，1977 年 5 月，在我国现代化建设急需人才的情况下，根据邓小平同志在《尊重知识，尊重人才》讲话中提到的内容，要兼顾普及和提高，双管齐下提高教育的发展水平，在实际教育工作中抓好重点学校建设，通过严格的考试选拔制度，将有能力的学生选拔到重点学校。这一讲话明确地提出了学校要分为一般学校和重点学校，并集中精力大力发展重点学校。针对我国教育资源不足的状况，教育财政政策以"效率优先，兼顾公平"为价值取向促进了我国义务教育的快速发展，迅速为国家培养了优秀的可用人才。根据 1984 年底国务院发布的《关于筹措农村学校办学经费的通知》，要通过税收扩大教育经费的来源，乡级政府也可以征收教育事业费附加。另外，鼓励支持农民个人参与到促进农村教育发展中，充分利用私人资金发展农村教育，切实落实"人民教育人民办"这一政策。这一政策也是在当时教育资源不充足的情况下，重视义务教育阶段的发展，使义务教育阶段的发展有更多的资金支持，以保证义务教育的高效率发展。1985 年 5 月 27 日，中共中央颁布的《关于教育体制改革的决定》体现了发动群众集体办学的方法，其中"地方办学、分级管理"这一规定使各级政府的办学责任有了明确

的划分，避免出现责任不明相互推诿的现象，而且对教育经费也提出了一定的要求，要求教育经费保持增长的态势，如"在今后一定时期内，中央和地方政府的教育拨款的增长要高于财政经常性收入的增长，并使按在校学生人数平均的教育费用逐步增长"。在"效率优先，兼顾公平"这一价值取向的指导下，在普及义务教育的过程中将全国分为三个部分，有针对性地实施普及义务教育的政策。1986 年颁布的《中华人民共和国义务教育法》，使地方承担义务教育经费的筹措和适当收取学杂费的做法以法律的形式确定下来。① 这一时期教育的行动纲领就是"地方办学、分级管理""人民教育人民办、办好教育为人民"，该纲领虽然使各级政府的责任明确，可以更好地发展义务教育，但是不同地区、不同级别的地方政府财政能力千差万别，财政能力较好的地方政府义务教育由此得到了充分的发展，反之财政能力较差的地方政府义务教育得不到充分的发展，义务教育的不均衡发展也就由此产生，进而出现了明显的区域差别和城乡差别。不仅如此，由于县、乡两级财力不足，特别是乡镇一级财力不足，许多地方的财政给教师开不出足够的工资。"群众支持办教育"的收费政策，也在实际的应用过程中出现了"乱收费"和"择校费"等现象。这些都是教育财政政策以"效率优先，兼顾公平"为价值取向做出的选择。根据 1986 年 4 月国务院发布的《征收教育费附加的暂行规定》，要增加地方教育经费，在资金上保障我国教育事业的发展，同时在量上明确规定了税收的比例，切实保证教育经费的有效供给，凡缴纳产品税、增值税、营业税的单位和个人，按照三税缴纳额的 1% 来征收教育费附加，进而为当时我国义务教育的高效率发展提供了更多的资金。

其次，高中阶段教育分为普通高中教育和中等职业教育两大部分。② 根据当时经济发展的状况和邓小平给出的指导，一批重点中学应运而生。为了保障重点中学达到预期的发展效果，邓小平在全国教育工作会议上再次重点强调了抓好重点中学工作，在全国建立了一批具有示范性和实验性的重点中学，集中精力发展此类中学，为一般中学提供经验和模式

---

① 王星霞. 义务教育发展政策变迁：制度分析与政策创新 [J]. 河南大学学报（社会科学版），2017，57（2）：109－117.

② 晏成步. 二十年来高中阶段教育普及发展的政策文本分析 [J]. 现代教育管理，2017（6）：42－46.

借鉴。高中阶段教育进入了非均衡发展的阶段,但是把有限的资源先投入重点中学,实现了高中阶段教育的高速发展。1983年,教育部下发《关于进一步提高普通中学教育质量的几点意见》。根据这一意见,各地开始促使一般中学向重点中学学习,使重点中学的示范作用发挥到最大,从而整体提高高中阶段教育的发展水平。20世纪90年代,国家把"重点高中"的提法改为"示范高中",其意愿是想缩小一般高中和重点高中的差距,使优质的高中可以很好地发挥引领作用。1985年,中共中央下发了《关于教育体制改革的决定》。根据这一决定,各地开始调整高中阶段教育的结构,因高中阶段教育包括普通高中教育和中等职业教育两大部分,所以要大力发展职业教育,要对高中阶段教育进行大力改革。1991年,国务院下发了《关于大力发展职业技术教育的决定》。根据这一决定,各地要将高中阶段职业教育的入学率稳定在50%以上,这一决定提出了高中阶段职业教育的具体目标。

最后,在高等教育阶段,面对经济建设主战场,必须把效率放在首位,早出人才、多出人才、快出人才,以适应社会主义现代化建设的需要,这是这一时期高等教育财政政策以"效率优先,兼顾公平"为价值取向的直接体现。[①] 1982年9月,党的十二大将经济发展的战略重点转向教育工作,随后大量有关高等教育的政策相继出台。《关于加速发展高等教育的报告》指出:"要分层次规定不同的质量要求,同时抓紧重点学校和重点专业的建设;把今后四、五年的发展,加以统筹规划,全面安排,使招生人数持续上升,防止大起大落,造成困难和浪费。"1985年是中国高等教育政策史上具有里程碑意义的一年。同年5月,《关于教育体制改革的决定》的出台,将体制改革作为高等教育政策的重点。在宏观管理体制改革方面,省、自治区、直辖市人民政府增强了高等教育综合实力,扩大了办学自主权;将办学体制变为三级办学体制,分别由中央、省(自治区、直辖市)、中心城市负责;废弃了之前的国家计划统一招生、毕业生分配工作的办法。在高校内部管理体制改革方面,使校长负责制、教师聘任制和岗位责任制都得以实行,并开启了后勤社会

---

① 李均. 新中国高等教育政策65年:嬗变与分析 [J]. 大学教育科学, 2015 (2): 79 – 87.

化改革。此次教育体制改革的根本目的是提高民众的知识水平，为国家建设提供更多优质人才。

（二）政策价值取向的深入表现

我国社会主义现代化建设以邓小平同志南方谈话和党的十四大报告为标志进入了一个新的历史时期，这一时期的现实背景深化巩固了教育财政政策"效率优先，兼顾公平"的价值取向。

首先，在义务教育阶段，根据1993年2月中共中央和国务院印发的《中国教育改革和发展纲要》，截至2000年要实现普及九年义务教育和基本扫除青壮年文盲这一目标，并将基础教育放在重点工作位置，予以大力发展和加强。此外，该纲要明确规定，截至2000年，要使国家财政教育经费占GDP比例达到4%，保证教育经费的持续增长，要保证学生的平均教育经费、教师工资持续增长。这一政策不仅制定了义务教育未来发展的具体目标，还在资金上保障了义务教育的高效率发展。根据2001年5月国务院下发的《关于基础教育改革与发展的决定》，要明确各级政府发展农村义务教育的责任，在国务院的统一领导下，各司其职，要以县级为主为义务教育的高效率发展提供制度保障。1986年4月，国务院印发《征收教育费附加的暂行规定》，提出要通过税制改革增加地方教育经费的总量，在经济发展状况允许的情况下适当提高税率。此时，对于相关单位和个人，要按照产品税、增值税、营业税三税缴纳额的1%，征缴教育费附加。随着经济的发展和教育需求的不断扩大，1994年税制改革将教育费附加率提高到了3%，切实扩大了教育经费的来源。1994年，《关于〈中国教育改革和发展纲要〉的实施意见》颁布实施，根据文件要求，要在实际教育工作中切实落实在国务院统一领导下，县级政府主要负责义务教育的发展，尤其是在提供教育经费、调配和管理中小学校长等切实关乎义务教育发展的重要工作中。另外，在经济发展较好和财政能力允许的情况下，县、乡可以共同负责义务教育的发展，进而充分发挥乡级财政的作用。

其次，在高中教育阶段，根据1993年颁布的《中国教育改革和发展纲要》，要大幅度转变办学体制，突破之前体制的束缚，办学校发展教育不能只让政府出力包揽，要形成以政府为主导、社会资金充分发挥作用的新局面。这一新变化可以在一定程度上增加我国当时发展教育的资金。

除此以外，还要重点发展基础教育，包括高中教育，但是在发展高中教育时，各地要根据实际情况适当发展，经济发达的地区要积极推进高中阶段教育进而普及高中阶段教育。高中阶段教育除了要保障普通高中教育的快速发展，还要在经济发展程度较高的地区促进中等职业教育的快速发展。1999 年，各地要通过政策支持和鼓励转变当前的教育办学体制，使社会力量可以很好地投入普通高中的发展，在保持当前公立普通高中在校生不变的情况下，促进民办普通高中的发展。2001 年，《关于基础教育改革与发展的决定》的颁布施行，使基础教育优先发展的战略进一步确立。在"十五"计划期间，高中阶段入学率达到 60% 左右。根据 2001 年 6 月颁布的《国民经济和社会发展第十个五年计划科技教育发展重点专项规划（教育发展规划)》，要加快发展高中阶段教育，尤其是在之前不太重视高中阶段教育的中等发展程度的地区，要创新形式、多元发展，不局限在普通高中和中等职业高中两个领域；还要摆脱普通高中教育和中等职业教育之间的桎梏，使两者相通、协调发展，创新考试评价制度。普通高中教育和中等职业教育可以相互兼容、流动，为学生提供更多的受教育机会。

最后，在高等教育阶段，1992 年江苏 6 所省属院校拉开了中国高校为追求"规模效益"而合并重组的序幕。[①] 根据《中国教育改革和发展纲要》，要形成新的宏观管理体制改革政策，并宣布开始进行二次"院系调整"，以院校合并为重点。通过"院系调整"可以整合资源，使高等教育资源得到更高效的使用。根据 1994 年颁布的《关于高等学校发展科技产业的若干意见》，要改变现阶段高校产业的发展模式，使高校产业的发展进入一个崭新的阶段。这一发展阶段以科技产业为主，积极兴办校办产业，增强高校自我造血功能，促进高校的快速发展。另外，各级政府还在政策资金上大力支持和鼓励高校产业的快速发展。1996 年下发的《高等学校收费管理暂行办法》明确了义务教育阶段中不包括高等教育，高等教育属于准公共产品，教育成本要由政府和个人共同承担，学生要购买一定的高等教育，在高等教育领域要实行成本分担制度，为高等教育的高效率发展提供多元的资金来源方式。根据 1997 年国务院发布的

---

① 魏军. 我国高等教育质量政策变迁的文本分析——基于改革开放以来的回顾与反思[J]. 教育学术月刊，2010（9）：45 – 47 + 99.

《社会力量办学条例》，要使社会力量投入高等教育的发展中，充分利用社会资金促进高等教育的高速发展，改变政府包揽高等教育办学的局面，但是政府要对社会力量办学严格管控，形成政府主动、社会各界共同促进高等教育发展的良好局面。根据1999年国务院批转教育部的《面向21世纪教育振兴行动计划》，重点高校计划"985"工程开始实施，北京大学和清华大学率先开始实施"985"工程计划。另外，高校要按照高等教育发展目标的方向发展，加快创新型人才的培养，继续推进体制改革。该计划正式提出2010年"入学率接近15%"的战略目标，推进高等教育由精英化发展向大众化发展转变，对高等教育的高效率发展提出了具体的目标要求。

三 "公平优先，兼顾效率"的政策价值取向

自2002年党的十六大召开至今，这一时期的教育财政政策价值取向是"公平优先，兼顾效率"。

（一）政策价值取向的初期表现

首先，在义务教育阶段，根据2003年9月的《关于进一步加强农村教育工作的决定》，要继续巩固和完善"以县为主"的农村基础教育管理体制，全面实施"一费制""两免一补"政策。根据2005年12月的《关于深化农村义务教育经费保障机制改革的通知》，要明确各级政府的责任，避免出现相互推诿的现象；同时，中央政府要大力支持农村义务教育的发展，在政策和财政上给予支持，保障农村义务教育发展的资金充足，在教育经费的支出中，中央和地方要按比例分担，在制度上将农村义务教育纳入公共财政的保障范围内，农村义务教育的成本全部由政府承担，为学生免除学杂费，并免费为其提供教科书，为贫困学生提供贫困资助，而且政府还要在财政能力上保障给农村教师及时足额地发放工资。2006年6月新修订的《中华人民共和国义务教育法》将义务教育免费的原则以法律的形式确定下来。① 截至2007年，全国农村义务教育的所有教育成本由政府承担，实现全部免除学杂费，同时还要加大对农村义务教育的财政支持力度，保障农村义务教育的资金充足。根据2010

① 谭春芳. 农村基础教育政策变迁的特点、问题及走向 [J]. 教育探索, 2013 (12): 60 - 62.

年的《国家中长期教育改革和发展规划纲要（2010—2020 年）》，要大力促进教育的公平发展，把促进义务教育的均衡发展作为教育工作的重点，扶持贫困地区，在配置教育资源的过程中，加大对义务教育发展薄弱地区的倾斜力度，早日实现义务教育的均衡发展。促进教育公平再次成为政府工作的重心。这一系列政策都是以"公平优先，兼顾效率"为价值取向，进而促进当时义务教育的公平发展。

其次，在高中教育阶段，《国家中长期教育改革和发展规划纲要（2010—2020 年）》也提出了应加快普及高中阶段教育的进程，全面满足初中毕业生对高中阶段教育的需求。国务院于 2003 年发布的《关于进一步加强农村教育工作的决定》指出：必须把农村教育作为教育工作的重点，尤其是应当着重发展农村高中阶段教育，在未来的五年里，经济发达地区的农村要努力普及高中阶段教育，其他地区的农村要加快发展高中阶段教育。2004 年 3 月，为了促进高中教育的发展，教育部发布《2003—2007 年教育振兴行动计划》，提出多种形式发展普通高中教育，对普通高中教育的规模进行扩大，并且要更注重质量。对于农村高中教育的发展要加大扶持力度，对于示范性高中建设要加强其规范引导，对基础薄弱院校进行扶持引导，不断提高高中优质教育资源的供给能力。同年 9 月，教育部等七部门颁布了《关于进一步加强职业教育工作的若干意见》（教职成〔2004〕12 号），该意见指出要大力加强农村职业教育，为解决"三农"问题提供帮助，同时要加强对职业教育的实训，使学生的职业技能切实增强。该意见要求每个县都要重点抓好一所中等职业技术学校或职业教育中心的建设，并且一定要保质保量地建设。

国家发改委、教育部、劳动和社会保障部于 2006 年颁发的《关于编制中等职业教育基础能力建设规划的通知》提出，"中等职业教育基础能力建设规划，由中央和地方政府共同投入和组织实施。中央专项投入重点支持建设 1000 所左右县级职教中心（或县级职业学校）和 1000 所左右示范性中等职业学校"。对于国家和地方政府财力不足的状况，中职教育可收取一定的学费来补偿学校的办学成本，在财政能力提高后，逐步实行免费教育，同时要保证贫困生能够得到专项补贴。

最后，在高等教育阶段，《教师教育振兴行动计划（2018—2022

年)》提出，应努力实现党在十六大报告中提出的历史性任务，建设有中国特色的社会主义现代化教育体系，培养一批专业人才和一流创新人才，把巨大的人口压力转化为丰富的人力资源，加强科技、经济、文化、社会、教育的融合，为现代化提供更多的智力支持和知识贡献。随着信息技术革命的爆发以及终身教育理念的普及，高等教育质量标准也开始凸显，巨大的"人口压力"开始向"人力资源优势"转化，使高等教育质量标准开始呈现多元化的局面。近年来，我国把提高质量作为高等教育发展的重点，加强对学生的创新精神和思维能力的培养，并着重增强学生的实践、创造、就业以及创业的能力。这一系列政策的颁发和实施是以"公平优先，兼顾效率"为价值取向，促进了我国高等教育的公平发展。

（二）政策价值取向的深入表现

2012 年 11 月，党的十八大报告对教育的大力发展提出了以下四个方面的要求。第一，合理配置教育资源，重点向农村、边远、贫困、民族地区倾斜。第二，补短板，支持特殊教育和少数民族教育。第三，对贫困群体给予支持，切实提高对经济困难学生的资助水平，使农民工子女平等接受教育。第四，大力发展民办教育，让学生有更多的选择。这四个方面的要求进一步推进了教育公平工作，并为其指明了方向，明确了思路和工作重点。

首先，在义务教育阶段，党的十八大报告基于"办好人民满意的教育"的指导思想，对"均衡发展义务教育"做出了新的阐释，对义务教育均衡发展这一政策做了进一步的优化。2014 年 7 月 8 日，《国家教育体制改革领导小组办公室关于进一步扩大省级政府教育统筹权的意见》提出，对于义务教育应切实统筹管理，把义务教育的均衡发展作为工作重点，并且认真履行义务教育的均衡发展，使每一所义务教育学校都能符合国家的办学标准。

其次，在高中教育阶段，2016 年 8 月，财政部、教育部发布《关于免除普通高中建档立卡家庭经济困难学生学杂费的意见》，指出"从2016 年秋季学期起，免除普通高中建档立卡家庭经济困难学生学杂费"。免除普通高中建档立卡家庭经济困难学生学杂费，是完善国家助学政策体系、推进高中阶段教育机会公平、阻断贫困代际传递、实施精准扶贫帮困的重要举措，有利于加快普及高中阶段教育。2016 年 12 月，财政部与教育部联合人力资源和社会保障部发布了《中等职业学校国家助学金管理办法》。该办法提出，国家应当鼓励地方政府、企业以及社会组织在中等职业学校中设立助学金和奖学金，并且鼓励金融机构积极为中等职业教育的学生提供优惠学生贷款。中等职业学校可以开设"绿色通道"，对于可以证明家庭困难的新生优先办理入学手续，核实过该生的家庭情况后，依据情况进行资助，再办理学籍注册。这一政策对中等职业学校国家助学工作的管理进行了规范，提高了教育资金的使用效率，促进了高中阶段教育的公平发展。

最后，在高等教育阶段，2014 年 7 月，财政部、教育部、中国人民银行、银监会联合印发《关于调整完善国家助学贷款相关政策措施的通知》（财教〔2014〕180 号），使普通高等学校家庭经济困难学生资助政策体系更加健全，能够更大程度地满足学生国家助学贷款需求，促进教育公平，让每个想要接受高等教育的学生不因经济困难而放弃。2015 年 12 月 27 日，第十二届全国人民代表大会常务委员会第十八次会议通过《关于修改〈中华人民共和国高等教育法〉的决定》，指出"高等教育实行以举办者投入为主、受教育者合理分担培养成本、高等学校多种渠道筹措经费的机制。国务院和省、自治区、直辖市人民政府依照教育法第五十六条的规定，保证国家举办的高等教育的经费逐步增长。国家鼓励企业事业组织、社会团体及其他社会组织和个人向高等教育投入"。

第三节　新时代我国教育财政政策价值选择

中国特色社会主义进入新时代，人民日益增长的美好生活需要和不平衡不充分的发展之间的矛盾，已经转化为我国社会的主要矛盾。基于这种变化，在兼顾传统需求侧的基础上，迫切需要进行供给侧的改革，如改善供给侧环境、优化供给侧机制等，进而增强我国经济长期稳定发展的新动力。面对经济领域的供给侧结构性改革，作为社会发展的重要组成部分，受经济发展影响的教育领域同样需要从供给侧进行改革，以促进教育更好地发展。这不但需要对供给侧结构性改革的政策意蕴、主要特征和实践价值保持严肃认真的态度，更需要在政策制定和政策执行上以教育自身合目的性与合规律性的发展积极主动地适应经济社会的供给侧结构性改革。

一　新时代我国教育财政政策的科学价值取向

自 2012 年以来，我国的经济发展开始由原先的高速增长逐步向中高速增长转变，在这一"换挡减速"的关键时期，党和政府通过对我国经济发展形势的合理分析，总结了我国在几十年高速经济发展过程中出现的一系列问题，先后提出了"经济新常态""供给侧结构性改革""高质量发展"等一系列旨在通过改革供给结构优化产业结构、转变发展观念、注重发展质量的新举措。教育发展作为国家经济社会发展的重要组成部分，自然也应该按照党和政府的部署，积极转变教育发展方式，科学转变教育财政政策的价值取向，使之不但能够更好地符合当前教育发展的实际状况，而且能够在当前教育供给侧结构性改革的阶段推进我国教育事业的发展。这一阶段的价值取向应该将首要原则由原先的效率优先转变为当下的注重公平。因此，在这一阶段我们应该转变价值观念，树立起以"公平优先，兼顾效率"为主的价值取向，使其能够积极指导教育财政政策的制定。①

（一）　以公平为价值取向，提升教育供给精确性

美国著名教育家霍勒斯·曼强调："教育是实现人类平等的伟大工具，它的作用远远大于人类的任何其他发明。"我国教育财政政策的最终目标就是要维护和促进教育公平，保障公民平等地接受教育和平等的入学机会。将教育公平作为教育财政政策的价值取向可以更好地推进当下的教育供给侧结构性改革，进而更好地服务经济社会的供给侧结构性改革。

首先，把教育公平作为教育财政政策的价值取向，是维护国家安定团结、构建和谐社会的需要。教育是缩小贫富差距、改变社会角色的最佳途径。通过公平的教育，可以促进社会阶层的合理流动，避免代际差别的延续，进而减少社会矛盾，从而维护国家安定团结，建设

---

① 陈涛，张珍辉．教育政策价值取向的核心——教育公平［J］．时代金融，2013（2）：110-111．

和谐社会。其次，将教育公平作为教育财政政策的价值取向，教育先导性、基础性和全局性的特点决定了教育不能完全商品化和市场化，教育的最终目标是人的全面发展，因此，必须坚持将教育公平作为教育财政政策的指导思想和价值取向。再次，教育财政政策应是维护和促进教育公平的政策，把公平作为教育供给侧结构性改革下教育财政政策的价值取向，就要实现缩小教育差距、增进教育公平的教育财政政策目标，并在教育政策的安排上保障弱势阶层和弱势群体的受教育机会。① 最后，作为稀缺公共资源的教育，尤其是高等教育，还远远不能满足每一个想受教育者的教育需求，而当下教育供给侧结构性改革更需要针对日益丰富的教育需求进行供给，在这种情况下，教育财政政策必须以公平作为科学的价值取向。

（二）以效率为价值取向，提高教育资源配置效率

效率是经济发展所追求的，作为与经济领域相适应的教育供给侧结构性改革，其中的教育财政政策也要在一定程度上兼顾效率，实现教育资源的有效配置，促进教育的均衡、公平发展。教育财政政策也要发挥政策导向作用，其在发挥作用满足基本的教育需求时还可以引导民间投资教育领域，为教育供给侧结构性改革注入新的活力，以满足人们日益个性化的教育需求，只有这样才能在公平的基础上兼顾效率。自改革开放以来，我国无论是在政治还是在经济方面都取得了巨大的发展，而且更为可喜的是，我国教育事业取得了长足的进步。但与此同时也应意识到，1993 年提出的"4% 目标"虽然已经完成，但是教育财政投入的体制格局并没有得到实质性的转变，教育财政投入总量与其他国家相比仍然不足，尤其是教育财政的使用效率不高，浪费现象严重；同时，政府部门不能合理地使用财政资源，对教育财政运行的监管不充分，不注重财政支出的运行效率，其结果只能是造成教育财政效率低下和教育经费浪费，而不能促进教育的发展。因此，如何清楚地认识到我国教育财政效率现状、更加科学地使用教育经费、合理配置我国有限的教育资源、均衡发展我国的教育、实现教育财政效率最大化成为亟待解决的问题，

---

① 陈涛，张珍辉.教育政策价值取向的核心——教育公平［J］.时代金融，2013（2）：110-111.

这对研究我国教育财政效率具有重大的现实意义。

（三）以充足为价值取向，扩大教育有效供给

所谓充足，是指达成既定教育目标所需的最低教育经费投入。[①] 在供给侧结构性改革的背景下，教育财政政策一定要以充足为价值取向，才能保障教育公平与效率的实现，切实扩大教育的有效供给。教育财政政策一般要遵循公平、效率以及充足的价值取向。我国在制定相关财政政策方面以及在相关研究领域方面都优先关注教育的效率与公平，而缺少对教育财政充足的研究和探讨。因此，在教育供给侧结构性改革推进过程中，实现教育公平与效率，需要以供给充足为物质保障。2016 年，国家财政性教育经费支出有显著增加，首次突破 3 万亿元；2019 年，国家财政性教育经费突破 4 万亿元，达到 40046.55 亿元，但与发达国家财政性教育经费支出水平相比仍有很大差距。因此，"优先发展教育事业"，需要以充足为价值取向之一，才能有效提高财政性教育经费支出水平。

总而言之，时代的进步和教育事业的发展要求改变我国改革开放之初的价值原则，寻求教育供给侧结构性改革背景下教育发展的价值取向原则。当前，需要构成三维立体的价值取向选择（以公平为价值取向，提升教育供给精确性；以效率为价值取向，提高教育资源配置效率；以充足为价值取向，扩大教育有效供给），以转变原先教育财政政策的价值理念，即遵循"公平优先，兼顾效率"的方针，这既是历史趋势，也是现实所需。

二 当前我国教育财政政策的价值取向及调整

随着时代的进步和教育事业的发展，改革开放之初的价值原则已经不能指导当下教育供给侧结构性改革阶段教育的发展。在当前供给侧结构性改革的阶段，及时转变教育财政政策的价值理念，遵循"公平优先，兼顾效率"的方针，有着十分重要的现实意义。

（一）"效率优先，兼顾公平"教育财政政策选择的省思[②]

一般而言，在经济与社会转型时期，"效率优先，兼顾公平"是处理

---

① 雷万鹏，钟宇平. 教育发展中的政府作用：财政学思考［J］. 教育学报，2002（1）：49-52.

② 雷万鹏，钟宇平. 教育发展中的政府作用：财政学思考［J］. 教育学报，2002（1）：49-52.

改革与发展问题的首选原则。这种原则在教育领域的主要表现为：基础教育领域的重点学校、示范性学校；高等教育设置重点学科，启动"211"工程，为经济又好又快发展输送人才等。从经济学视角来看，效率优先提高了教育发展速度，使有限的教育资源充分发挥有效性，但忽略了教育规律及教育的社会作用，在某种程度上加剧了教育不公平，而且矛盾日益突出。比如，入学机会的不公平，教育过程和教学条件的不公平，城乡间义务教育在校舍、师资配备等方面的差距不断扩大等。总之，长期以来教育政策的导向，造成当前城乡间、校际、区域间教育不均衡的矛盾日益尖锐。教育公平不仅关系到教育领域的可持续发展，而且与社会稳定建设息息相关。新时代的到来，要求教育朝均衡方向发展，以满足人民对公平而有质量的教育的追求。因此，"效率优先，兼顾公平"的原则需要适时改变。

（二）"公平优先，兼顾效率"教育财政政策选择的必要性

"公平优先"是指在分配教育资源、制定教育政策和处理相关问题时，要优先考虑弱势阶层和弱势群体的教育状况，尽快改变他们的弱势地位。"兼顾效率"是指在公平优先的前提下制定相关政策和处理实际问题时，充分利用各种有限资源，优先配置给一定数量的学校，以集中打造优质学校，产生更多优质成果，形成竞争优势。而党的二十大报告对建设教育强国提出各项要求，这就需要教育政策的价值取向先做出相应转变，以指导未来教育发展。

1. "公平优先，兼顾效率"是践行社会主义核心价值观的具体表现

社会主义核心价值观倡导建设"富强、民主、文明、和谐"的社会环境，而教育作为社会的子系统，承担着促进社会和谐发展的重要责任。教育公平与教育效率是教育发展过程中的两大价值取向。教育公平影响社会公平。美国著名教育家霍勒斯·曼曾强调："教育是实现人类平等的伟大工具，它的作用远远大于人类的任何其他发明。"教育公平不仅关系社会公平，同时也是实现其他公平的重要基础，更影响人自身的发展。教育效率是促进教育发展的手段和途径，教育效率的提高有助于建设世界一流大学，提高我国高校的竞争水平。

2. "公平优先，兼顾效率"是建设教育强国的思想前提

党的十九大报告强调，推进教育公平，推动城乡义务教育一体化发展，高度重视农村教育，努力让每个孩子享受公平而有质量的教育。党的二十

大报告指出，"加快建设教育强国、科技强国、人才强国，坚持为党育人、为国育才，全面提高人才自主培养质量，着力造就拔尖创新人才"。这是以习近平同志为核心的党中央向全国人民做出的庄严承诺，为我国教育事业的发展指明了方向。加快建设高质量教育体系，促进教育公平，办好人民满意的教育；加快义务教育优质均衡发展和城乡一体化，加快城乡教育共同体建设，优化区域教育资源配置。这些对新时代教育的追求，要求教育政策以公平优先为前提，采用提高教育效率的手段，促进教育公平。

3. "公平优先，兼顾效率"体现了新时代教育的本质属性

教育制度是社会主义制度的重要组成部分，我国《教育法》明确规定"教育活动必须符合国家和社会公共利益"。教育的准公共物品属性决定了其既应维护公共利益，也应顾及效率发展，即既不能完全公平，也不能片面追求效率，这是因为教育不是私人物品。因此，教育发展要遵循"公平优先，兼顾效率"的原则。

（三）现阶段教育财政政策及价值取向的调整

我国当前教育财政政策以国家财政拨款为主，多渠道筹措教育经费为辅，然而在实际工作中面临着教育财政投入不足，区域间、城乡间、校际投入不均衡等问题。在新时代进程中，人们对公平而有质量的教育充满向往。因此，我们应重新调整教育财政政策的价值追求，应遵循"公平优先，兼顾效率"的价值取向，调整教育财政政策。主要可以从以下几个方面着手。

1. 扩大教育投入，保障教育公平

教育事业的持续健康发展，需要科学有力的教育投入保障机制。首先，政府发挥主渠道作用，明确各级政府间的责任，保障教育公平和确保教育资源合理分配。其次，采用多元化的投入渠道，创新社会投入机制。在实践中，要均衡教育财政支出，运用"公私合力"机制促进教育投入的供给侧结构性改革。在公共财政的教育投入方面，运用帕累托改进的原则解决教育领域发展的短板问题，保证有限教育经费的精准投放，促进教育内涵式发展。例如，精准强化对教师队伍的建设，确保不拖欠教师工资，提高教师的工资待遇；更换老旧教育设施；改善教学环境等。在激励社会资本投资教育方面，一是需要建设完善的社会办学机制。比如2021年修订后的《中华人民共和国民办教育促进法实施条例》颁布施行，使民办教育发展

有章可循。二是吸引民间资本对教育的关注，丰富教育融资渠道，使社会捐赠活力竞相迸发，这样才能呈现百花齐放的教育形态。最后，要做到标准、程序、结果公开，保障教育经费分配使用的公开度和透明度。

2. 提升政府现代化治理水平，明确政府职能

政府作为公共服务的提供者，在开展教育这一公共领域的治理时，既要以当前经济新常态下财力水平为保障，又要充分考虑不同地区、不同受教育主体需求的多样性与复杂性，如此才能使教育资源和服务在配置过程中做到更加合理有效。时刻遵循中央在教育领域改革的总体部署要求是应对当前问题和未来发展的政治保证，法制化的教育治理体系的建设为教育发展提供法律支持。在教育供给侧结构性改革背景下，全面提升各级政府的现代化治理水平，保证政府宏观调控与市场调节协调发展。

3. 关注弱势群体，推进教育扶困济弱精准实施

要解决弱势群体的教育问题，首先要进一步完善贫困群体的教育资助和补偿制度，减免部分学生的学费，使其生活贫困状况在一定程度上有所缓解，但是从长远来看，许多问题仍得不到有效解决。这些问题包括经费供给不足，资助的金额较少；贫困学生精准识别存在一定难度，在资助过程中未建立合理的评估体系，难以做到实事求是、真正帮助家庭有困难的学生。因此，第一，应规范评定指标及程序。精准识别家庭经济困难学生，应当建立量化评价指标体系，通过积累统计，不断探索识别家庭经济困难学生的标准，使认定走向科学化。第二，应加强对家庭经济困难学生的动态管理与监督，其目的在于为改进以后的工作提供经验。第三，应明确资助不是目的，而是一种手段。要把党的十八大报告提出的落实"立德树人"根本任务和"人人成才"教育目标融入资助工作的全过程。要想彻底解决学生贫困问题，那么资助就不能只是经济资助，同时需要对学生进行全面教育，才能从根本上扶困济弱治愚。

4. 改革"只注重效率，忽略公平"的各种教育制度

教育资源和服务的供给除了在资源投入总量和方式上的调整，还需要优化制度设计和政策安排。尤其是在"公平优先，兼顾效率"的价值取向引导下，"政策供给"的改革应在制度安排和体制机制层面进行系统设计。以效率优先为思想指导，教育公平被忽视，当今仍然沿用很多有碍教育公平的制度。随着社会政治经济的变革，人们对教育发展提出

不同的要求。因此，政府既要做好引导，又要采取标本兼治的综合治理方案；既要均衡配置资源，也要引导人们的观念。通过政策和制度的大力变革，促进新时期教育供给侧结构性改革。

5. 调整教育学段和类型的供给结构

教育既要培养当下社会所需人才，也要为未来社会发展储备人才。人口政策的调整，如二孩政策以及三孩政策的放开，使学前教育发展面临一定挑战。科技新发展对人才需求种类和层次发生变化，例如，为服务科技创造，职业教育培养理念应向技能型、创新型发展转变；高等教育的改革发展要避免"教育过度"现象，注意使学校培养目标与社会需求相协调，着力打造高精尖、高素质人才。各级教育学段既要做到人才目标定位准确，也要切实履行职责，努力实现自身发展目标。

总之，教育公平与效率两者是对立统一的，必须做到"公平优先，兼顾效率"。在我国经济发展取得一定成就，并追求更高质量发展的过程中，以"公平优先，兼顾效率"作为教育财政政策的价值取向，才能促进教育公平而有质量的发展，更好地为经济发展服务，并且在促进教育公平的同时更好地提高教育的效率。

小　结

政府财政政策的价值取向决定着政府政策行为的目的和行为本身的正当性。[①] 通过分析我国教育财政政策的价值取向，追求教育高质量发展。新时代背景下，面向经济领域供给侧结构性改革，我国教育的发展要从"供给侧"驱动，追求公平与效率的配体平衡，注重质量与效率的均衡，从而真正满足公众对教育发展的要求。

---

① 祁型雨. 教育政策价值取向的几个基本理论问题探讨 [J]. 沈阳师范大学学报（社会科学版），2006（3）：9－13.

第六章　提升教育供给精确性：教育财政公平政策

习近平总书记在党的二十大报告中明确指出："加快建设高质量教育体系，发展素质教育，促进教育公平。"中国特色社会主义进入新时代，踏上新征程。对教育而言，"供给侧结构性改革"的核心就是扩大优质教育资源供给，优化教育资源配置，促进教育公平。教育公平是提高整体人口素养的基本举措，是实现现代社会良性运转的重要保障。教育公平的实现，离不开教育财政的公平，需要制定符合每一位受教育者权益的财政政策。

第一节　教育财政公平及其测度

从总体上看，教育属于公益事业，在市场经济中无法实现全额的成本补偿，这就需要公共资金的支持。而教育领域的财政公平即为教育财政公平，本节阐述了教育财政公平及其测度，涉及教育财政公平的内涵、原则及促进教育财政公平的意义和教育财政公平的测量方法。

一　教育财政领域研究重点——公平

教育财政领域有四大主题，分别是教育财政充足、公平、效率以及自由选择。[①] 其中，核心主题是教育财政公平。四个主题之间关系密切：教育财政效率的提高有利于教育财政公平的实现，减轻教育财政供给的压力；教育财政充足的供给能够为教育财政公平提供充足的资源；教育财政的自由选择是教育财政公平的另一种体现，以教育财政的充足为前提，还有助于提升教育财政效率。

（一）教育财政公平的内涵

教育财政公平或称为学校财政公平，是由美国著名学者奥顿和匹克

---

① 栗玉香.教育财政学 [M].北京：经济科学出版社，2009.

斯在《学校理财——政策透视》中专门提及，指的是政府为每一个学生能够均等享有基本教育服务提供大致相等的教育财政资金的状态，还包括不同团体间教育成本的分担情况。根据 1984 年伯尔尼（Berne）和斯蒂弗尔（Stiefel）提出的教育财政的理论框架，结合中国教育现状，我们可以从对象、层次等方面理解教育财政公平的内涵。①

首先，教育财政公平所涉及的对象主要包括学生、教师以及家长，其中学生是关注的主要对象。一要保证对每一个学生的实际投入（包括各级政府提供的资金）都平等；二要保证对不同学生的不同支出。不仅如此，教育财政公平还需要关注区域间、学校间以及城乡间的教育财政公平可比性问题，例如在进行比较时要注意运用可比较的统一口径的数据。另外，在比较时还要考虑多种影响研究成果的因素，比如教师服务的年限、班级规模、各种必要成本、附属人员、学校层次、当地的经济发展水平等。

其次，教育公平包括起点公平、过程公平和结果公平，这关系到每一个环节中资源的分配与供给是否满足实际需求。教育财政必须反对特权存在，在教育效果难以量化、客观评比的情况下，一个公平的教育财政是优先保证教育机会公平的财政。

最后，要注意的是，对各级各类教育进行均等的财政投入不一定能够达到公平的效果，可见"公平≠均等"。公平不是给予全部学生一模一样的教育，而是应该给予其未来发展必需的基本条件和无限的发展机会，在每一位学生身上投入同样多的钱是一种看起来比较容易被认定为公平的做法，但这种做法可能会导致"不公平"——在部分学生的教育上需要投入比其他学生更多的钱，这部分钱或许是作为家庭条件较困难的学生的学费减免部分，又或许是作为学生由于身体缺陷不得不需要特殊设施帮助他们进行学习的支出等，这些都是他们接受教育所必需的较高的教育成本。

（二）教育财政公平的原则

在我国，主要是从教育资源配置的经济学角度出发来分析教育财政公平。从方向上做一个简单的分类，将教育财政公平原则划分为横向公平原则、纵向公平原则、财政中立原则三种。

---

① 夏雪. 教育财政公平的度量——基于伯尔尼和斯蒂弗尔框架的分析 [J]. 教育发展研究，2010，30（9）：49－52＋62.

第一，横向公平原则又称为"水平公平"原则，指的是经济情况差不多的人应当被给予同等的资源，即不需要考虑受教育者的实际能力，使其获得同样的教育财政资源待遇，不考虑实际差异的存在，这是一种最为普遍接受的原则。

第二，纵向公平原则又称为"垂直公平"原则，是指受教育者不需要享有同等的公共教育资助额度，而是给予特殊困难地区或特殊学生额外的资助，即以满足个人的实际需求为主。

第三，财政中立原则是指"每个学生在公共教育经费开支上的差异不能与本学区的富裕程度相关"。这一原则的具体要求是，无论是何种经济发展水平的地区，都应为其所在地区的受教育者提供同等的教育机会、相同水平的教育资源和等量的生均教育经费。这一点需要采取中央向地方、上级向下级统一拨款等措施来避免由地区经济发展水平不同造成的教育资源不平等配置，从而实现教育财政公平，促进教育的全面健康发展。

除此之外，还有一些原则也体现在教育财政管理过程中，以保障教育财政的公平，如成本分担和补偿原则。这一原则以受益者支付的理论为基础，在保证受教育者是主要或者直接受益者的基础上，可以要求国家为其负担一部分教育成本。这一原则体现在非义务教育阶段受教育者入学时学杂费的缴纳上，目前是各国非义务教育阶段教育财政政策制定和实施的主要依据之一。

（三）促进教育财政公平的意义

第一，教育公平和教育效率是不可分割、相互促进的两个方面，教育财政的公平可以明确各级政府部门具体的财政责任，可以理性对待各个学校的管理，从而加强对效率的考察，提高教育资金的使用效率。

第二，从社会角度来看，教育公平是社会公平的基础之一。目前，需要提高教育的整体质量，均衡发展，缩小不同区域、不同层级、不同学校的差异，从而真正实现教育公平发展。

第三，政府通过财政政策的制定保障教育公平的实现，可以保障我国教育的良性发展。一系列教育财政政策的制定，例如进一步加大对家庭条件比较困难的学生的资金资助力度，保证了各个阶级社会成员接受教育的机会均等。政府保障教育公平财政政策体系的实行，使所有公民享有平等的学习机会和获得成功的机会。由此看来，制定科学合理的教育财政政策直接关系到社会公平的实现。实现社会公平，首先要缩小贫富差距。要实现这一点，最有效的方式就是发展教育，保障教育公平。特别是通过发展高等教育，缩小区域之间、城乡之间、阶层之间的贫富差距。于是，完善政府保障教育财政公平的政策体系，对于帮扶弱势群体、缩小贫富差距和适应新时代发展具有重大意义。

第四，保障教育财政的公平，提出调整社会利益关系的理论与实践，能够更好地促进社会公平。对于始终存在的经济、社会地位等方面的不公平现象，保障教育公平，特别是高等教育的公平，可以给处于劣势的群体提供利益补偿和公平竞争的机会，进而改善他们的现状，更好地平衡社会关系，消除社会性的不公平。

二　教育财政公平的测度

美国学者 Berne 和 Stiefel 在 20 世纪提出的教育财政公平度量框架被理论界认为是"最全面"的框架。① 该框架主要内容包括以下四个部分。第一，（Who）教育财政应该对谁公平，即确定公平的对象，也就是公立学校的受教育者与为公共教育支付成本的纳税人（包括家长）。对受教育者的公平是指每个人能够接受公平教育，对纳税人的公平是财政意义上的公平税赋。第二，（What）主要是对学生公平分配什么资源和教育服务，教育生涯过程中对学生教育财政投入、课程和教学过程的教育资源，以及在不同时期学生学业成就都可能是教育财政公平的分析对象。第三，（How）如何判定公平，或者说用何种公平原则来评判分配是否公平，也就是确定公平原则，包括财政中立原则（每个学生的公共教育经费开支上的差异不能与本学区的富裕程度相关）、横向公平原则（群体内所有成员被公平看待）、纵向公平原则（承认群体内成员之间的差异以及资源的不平等分配是合法的）。第四，（How Much）公平的程度有多大，其具体特征是什么，即需要确定测定公平的方法。使用并发展教育财政公平分析框架的一个主要目的是区别为什么一个研究者称一种制度是公平的，而另一个研究者却称它是不公平的。

---

① 夏雪. 教育财政公平的度量——基于伯尔尼和斯蒂弗尔框架的分析 [J]. 教育发展研究，2010，30（9）：49－52＋62.

目前，判断教育财政公平程度主要是通过测度具有代表意义的生均教育经费差异来实现的，主要通过相关的差异指标来测度教育财政的横向公平、纵向公平和财政中立状况。

（一）横向公平测度

横向公平最适用于学生中的不同群类。在横向公平原则下，要求教育财政资源公平地分配给分类过后的不同学生群体，具体来说，包括在同一城市的不同学校之间、农村中不同学校之间就某项生均教育经费的比较，以及对城乡间不同学校之间生均教育经费的比较。

横向公平程度的判断是通过测度分析对象之间的差异进行的，一般选定分析对象其中一个变量进行计算比较。测度横向公平的指标有全距、限制性全距、联合全距比率、标准差、变异系数、麦克伦指数、沃斯特根指数、洛伦兹曲线、基尼系数、泰尔指数等。

1. 全距（Range）

全距，也叫作极差，是指数据中最大值与最小值之间的差。计算公式为：

$$R = X_{\max} - X_{\min}$$

其中，R 为全距，$X_{\max}$ 为最大值，$X_{\min}$ 为最小值。R 越大，说明绝对差异的情况越严重，教育财政公平程度越差。全距可以比较直观地反映教育财政公平程度，而且十分容易被理解接受。但是当数据比较极端时，不能很好地代表整体情况。另外，全距的数值范围很容易发生波动，换句话说，它很容易受到通货膨胀的影响，数值变化幅度很大。

以我国 31 个省（区、市）2013~2021 年教育经费的数据进行说明，表 6-1 显示，从生均教育经费支出全距来看，2013~2021 年小学、初中、高中生均教育经费支出的差距总体扩大，即教育财政不公平程度加剧，说明生均教育经费支出的公平程度越低。

表 6-1　2013~2021 年全国 31 个省（区、市）各级教育生均教育经费支出全距

单位：元

年份	生级	生均教育经费支出全距
2013	小学	17813.93
	初中	26403.92
	高中	31145.37
	高等学校	37526.48

续表

年份	生级	生均教育经费支出全距
2014	小学	18994.15
	初中	29582.51
	高中	34758.61
	高等学校	47461.69
2015	小学	21174.95
	初中	33180.76
	高中	36322.10
	高等学校	50206.54
2016	小学	20757.24
	初中	37704.41
	高中	44404.81
	高等学校	43450.90
2017	小学	26420.62
	初中	51580.93
	高中	63211.20
	高等学校	52901.30
2018	小学	27254.88
	初中	53707.95
	高中	65564.48
	高等学校	48692.85
2019	小学	29869.41
	初中	55063.09
	高中	68118.14
	高等学校	52635.28
2020	小学	27746.20
	初中	52027.52
	高中	66959.33
	高等学校	77133.19
2021	小学	28374.45
	初中	53687.67
	高中	61413.03
	高等学校	51023.60

资料来源：根据历年《中国教育经费统计年鉴》计算整理。

2. 限制性全距（Restricted Range）

限制性全距，即第 95 百分位数与第 5 百分位数之差。限制性全距能够避免极端数值的影响，可以更加直观地体现邻近最高值和邻近最低值之间的差距。相比而言，限制性全距避免了全距可能会遇到的数据之间差异过分离谱的问题，但限制性全距容易受到当地物价水平的影响，无法反映整个区域内教育财政分配度量不公平的程度情况。计算公式为：

$$限制性全距 = X_{95\%} - X_{5\%}$$

从生均一般公共预算教育经费支出的限制性全距来看，2013～2021年小学、初中、高中、高等学校生均一般公共预算教育经费支出的限制性全距不断扩大，教育财政不公平程度加剧。如表 6-2 所示，小学生均一般公共预算教育经费支出的限制性全距从 2013 年的 20445.79 元增长到 2020 年的 33257.87 元。从生均一般公共预算教育经费支出的限制性全距来看，小学、初中、高中、高等学校皆呈现一种波动上升的趋势，说明教育财政公平工作需要进一步完善。

表 6-2　2013～2021 年全国 31 个省（区、市）各级教育生均一般公共预算教育
经费支出限制性全距

单位：元

年份	生级	限制性全距
2013	小学	20445.79
	初中	30610.13
	高中	34644.00
	高等学校	44742.55
2014	小学	22047.31
	初中	34335.61
	高中	38411.36
	高等学校	55066.65
2015	小学	24233.95
	初中	38058.40
	高中	39789.57
	高等学校	57719.89

续表

年份	生级	限制性全距
2016	小学	24252.06
	初中	42849.95
	高中	47942.55
	高等学校	52291.46
2017	小学	30624.11
	初中	57653.99
	高中	68014.02
	高等学校	62582.15
2018	小学	32013.79
	初中	60629.43
	高中	71329.21
	高等学校	59380.56
2019	小学	35057.10
	初中	62482.54
	高中	75031.57
	高等学校	63961.63
2020	小学	33257.87
	初中	59844.31
	高中	73706.82
	高等学校	85993.90
2021	小学	25173.81
	初中	51579.62
	高中	60783.41
	高等学校	50078.75

资料来源：根据历年《中国教育经费统计年鉴》计算整理。

3. 联合全距比率（Federal Range Ratio）

联合全距比率，是指限制性全距除以第 5 百分位数的观察值。若联合全距比率为 0，则教育支出是完全公平的。联合全距比率在一定程度上弥补了全距及限制性全距的缺陷。计算公式为：

$$联合全距比率 = (X_{95\%} - X_{5\%})/X_{5\%}$$

如表 6 - 3 所示，从我国 31 个省（区、市）2013 ~ 2021 年生均一般公共预算教育经费支出的联合全距比率来看，小学生均教育支出省际分布的联合全距比率从 2013 年的 5.223825 下降到 2021 年的 4.105972；普通初中从 2013 年的 4.984998 上升到 2021 年的 5.519752；普通高中从 2013 年的 6.166980 上升到 2021 年的 6.271942；高等学校从 2013 年的 4.428789 下降到 2021 年的 4.129307，说明小学与高等学校的公平程度增加，而初中、高中教育财政不公平程度加深。从生均预算内教育事业费支出的联合全距比率来看，2013 ~ 2021 年普通小学、初中、高中与高等学校教育财政不公平程度有所改善。

表 6 - 3　2013 ~ 2021 年全国 31 个省（区、市）各级教育生均一般公共预算教育经费及生均预算内教育事业费支出联合全距比率

年份	生级	生均教育经费支出联合全距比率	生均预算内教育支出联合全距比率
2013	小学	5.223825	6.738865
	初中	4.984998	6.946571
	高中	6.166980	9.782029
	高等学校	4.428789	5.275943
2014	小学	4.957092	6.770391
	初中	4.958426	7.73053
	高中	6.412966	9.917597
	高等学校	4.966902	8.482309
2015	小学	5.296725	5.248113
	初中	5.24006	6.731495
	高中	6.777723	8.571394
	高等学校	5.182519	8.400481
2016	小学	4.815442	5.209677
	初中	5.485173	6.302392
	高中	7.493647	8.880756
	高等学校	4.273302	8.507042

续表

年份	生级	生均教育经费支出联合全距比率	生均预算内教育支出联合全距比率
2017	小学	4.988973	4.901363
	初中	5.997221	6.035435
	高中	7.686763	7.108832
	高等学校	4.569554	4.523729
2018	小学	4.706637	4.629498
	初中	5.679939	5.706926
	高中	7.099038	6.664601
	高等学校	4.072632	3.982230
2019	小学	4.722442	4.566118
	初中	5.528014	5.477428
	高中	6.543871	6.454273
	高等学校	4.124159	4.030979
2020	小学	4.338626	4.353755
	初中	5.169804	5.150156
	高中	6.570892	6.210700
	高等学校	6.085733	4.707888
2021	小学	4.105972	4.278941
	初中	5.519752	5.615796
	高中	6.271942	6.103718
	高等学校	4.129307	4.018776

资料来源：根据历年《中国教育经费统计年鉴》计算整理。

4. 标准差（Standard Deviation）

标准差，也叫作均方差，是各数据偏离平均数的距离的平均数，它是离均差平方和平均后的方根，反映了一组数据的离散状态。计算公式为：

$$S = \sqrt{\frac{\sum (X_i - \bar{X})^2}{n}}$$

标准差是表示一组数据分散程度的一种度量。S 值越小，表示这些数值越接近平均值；S 值越大，即标准差越大，表示大部分数值和平均值之间差异越大，不公平情况越严重。

如表6-4所示，从我国31个省（区、市）2013～2021年生均一般公共预算教育经费支出的标准差来看，小学、初中、高中生均教育支出的标准差逐步上升，说明教育支出不公平现象加剧，这一现象在2021年有明显改善，生均教育经费支出的标准差下降。从生均预算内教育事业费支出的标准差来看，2013～2021年普通小学、初中、高中和高等学校教育财政不公平程度有所加剧。

表6-4　2013～2021年全国31个省（区、市）各级教育生均一般公共预算教育
经费及生均预算内教育事业费支出标准差

年份	生级	生均教育经费支出标准差	生均预算内教育支出标准差
2013	小学	5492.8752	4106.7163
	初中	8405.3932	6167.9381
	高中	10890.2780	7495.2455
	高等学校	9003.2951	6606.6782
2014	小学	6154.6774	4617.5876
	初中	10405.9360	7213.9696
	高中	12562.9930	8668.8191
	高等学校	9813.8347	6329.5760
2015	小学	6001.5645	4917.2252
	初中	10577.9830	7708.8379
	高中	12453.8370	9022.2223
	高等学校	10107.1390	7718.2885
2016	小学	6001.5645	4917.2252
	初中	10577.9830	7708.8379
	高中	12453.8370	9022.2223
	高等学校	10107.1390	7718.2885
2017	小学	6001.5645	4917.2252
	初中	10577.9830	7708.8379
	高中	12453.8370	9022.2223
	高等学校	10107.1390	7718.2885

续表

年份	生级	生均教育经费支出标准差	生均预算内教育支出标准差
2018	小学	5355.1587	6232.1005
	初中	9525.4579	10807.1220
	高中	11447.7660	13955.2870
	高等学校	9413.6692	11198.0330
2019	小学	5591.8552	6714.2263
	初中	9690.1575	11279.270
	高中	12185.3370	14697.944
	高等学校	11318.090	12367.2050
2020	小学	5994.0920	6935.6290
	初中	9799.0725	9925.3746
	高中	12243.0459	16642.0426
	高等学校	11732.6982	15395.1726
2021	小学	5715.1982	5934.7082
	初中	8997.9185	9207.9182
	高中	11958.0813	10816.2953
	高等学校	10927.9178	10384.9785

资料来源：根据历年《中国教育经费统计年鉴》计算整理。

5. 变异系数（Coefficient of Variation）

变异系数，就是将统计数据观察值的标准差除以算术平均值后的值。变异系数可以用小数点表示，在 0 和 1 之间，也可以用百分比来表示，如 0~100%。以小数点表示的变异系数计算公式为：

$$CV = \frac{S}{\bar{X}}$$

变异系数 CV 的值在 0 和 1 之间，CV 的值越大，即观察值离散程度越大，越不符合公平原则。变异系数主要囊括了一个数据集所有值的统计分析值，因而不会随通货膨胀而变化，同时相对容易理解，也被越来越多地使用到实际生活中。

如表 6-5 所示，从生均一般公共预算教育经费支出的变异系数来看，普通小学生均一般公共预算教育经费支出的变异系数从 2013 年的 0.5145 降低至 2021 年的 0.4066；普通初中从 2013 年的 0.5879 降低至 2021 年的

0.4746；普通高中从 2013 年的 0.6774 降低至 2021 年的 0.6135，说明教育财政支出公平程度增加。从生均预算内教育事业费支出的变异系数来看，2013～2021 年普通初中、高中生均预算内教育事业费支出的变异系数呈现一种波动下降的趋势，说明教育财政公平工作取得了一定成果；而普通小学、高等学校则呈现一种波动上升的趋势，教育经费公平问题需要进一步改善。

表 6 – 5　2013～2021 年全国 31 个省（区、市）各级教育生均一般公共预算教育经费及生均预算内教育事业费支出变异系数

年份	生级	生均教育经费支出变异系数	生均预算内教育支出变异系数
2013	小学	0.5145	0.4673
	初中	0.5879	0.5265
	高中	0.6774	0.6670
	高等学校	0.3583	0.3889
2014	小学	0.5144	0.4719
	初中	0.6342	0.5701
	高中	0.7198	0.7038
	高等学校	0.3782	0.3664
2015	小学	0.4579	0.4431
	初中	0.5786	0.5248
	高中	0.6516	0.6313
	高等学校	0.3431	0.3850
2016	小学	0.4407	0.4701
	初中	0.6002	0.5246
	高中	0.7018	0.7002
	高等学校	0.3642	0.3605
2017	小学	0.4356	0.4425
	初中	0.5882	0.5386
	高中	0.6912	0.6836
	高等学校	0.3604	0.4005

续表

年份	生级	生均教育经费支出变异系数	生均预算内教育支出变异系数
2018	小学	0.4226	0.4529
	初中	0.5240	0.5417
	高中	0.6270	0.6805
	高等学校	0.4490	0.4963
2019	小学	0.4217	0.4658
	初中	0.5111	0.5398
	高中	0.6153	0.6645
	高等学校	0.4994	0.5150
2020	小学	0.4199	0.4895
	初中	0.4789	0.4612
	高中	0.6076	0.6388
	高等学校	0.4032	0.5091
2021	小学	0.4066	0.4985
	初中	0.4746	0.4708
	高中	0.6135	0.6078
	高等学校	0.4101	0.5098

资料来源：根据历年《中国教育经费统计年鉴》计算整理。

6. 麦克伦指数（Macloone Index）

麦克伦指数，衡量的是位于数据中位数以下的数据值分布的公平状况，计算中位数以下 50% 区域教育分配公平状况，它主要关注弱势区域的差异问题。麦克伦指数（I）的取值一般在 0 和 1 之间，比值越大说明教育资源（中位数以下 50% 区域）分配越公平，若比值等于 1 说明其分布最公平。

当样本数量（n）为偶数时，$X_1 \leqslant X_2 \leqslant X_3 \leqslant \cdots \leqslant X_n$，则中位数（$X_{mid}$）为：

$$X_{mid} = \frac{X_{\frac{n}{2}} + X_{\frac{n+2}{2}}}{2}$$

计算公式为：

$$I_{mid} = \frac{\sum_{i=1}^{\frac{n}{2}} X_i}{\frac{n}{2} X_{mid}}$$

当样本数量为奇数时，中位数为：

$$X_{mid} = X_{\frac{n+1}{2}}$$

计算公式为：

$$I_{mid} = \frac{\sum_{i=1}^{\frac{n-1}{2}} X_i}{\frac{n-1}{2} X_{mid}}$$

如表 6-6 所示，从生均一般公共预算教育经费支出的麦克伦指数来看，普通小学生均教育经费支出的麦克伦指数从 2013 年的 0.7660 上升到 2021 年的 0.8201；普通初中、高中及高等学校 2013~2020 年呈现波动趋势但差异较小，且取值趋近于 1，说明从麦克伦指数的角度分析，教育财政的公平性提高。从生均预算内教育事业费支出的麦克伦指数来看，2013~2018 年普通小学、初中、高中和高等学校生均预算内教育支出的麦克伦指数呈现波动趋势，在 2019 年以后有所改善。

表 6-6　2013~2021 年全国 31 个省（区、市）各级教育生均一般公共预算教育
经费及生均预算内教育事业费支出麦克伦指数

年份	生级	生均教育经费支出麦克伦指数	生均预算内教育支出麦克伦指数
2013	小学	0.7660	0.8593
	初中	0.8088	0.7837
	高中	0.8813	0.8357
	高等学校	0.8624	0.8549
2014	小学	0.8026	0.8459
	初中	0.8302	0.8267
	高中	0.8582	0.8352
	高等学校	0.8517	0.8924

续表

年份	生级	生均教育经费支出麦克伦指数	生均预算内教育支出麦克伦指数
2015	小学	0.8300	0.8560
	初中	0.8359	0.7945
	高中	0.8676	0.8362
	高等学校	0.8587	0.8244
2016	小学	0.8312	0.8422
	初中	0.8366	0.8056
	高中	0.8686	0.8632
	高等学校	0.8568	0.8322
2017	小学	0.8366	0.8390
	初中	0.8374	0.8256
	高中	0.8682	0.8722
	高等学校	0.8592	0.8264
2018	小学	0.8359	0.8363
	初中	0.8381	0.8399
	高中	0.8718	0.8789
	高等学校	0.8466	0.8157
2019	小学	0.8595	0.8680
	初中	0.8505	0.8401
	高中	0.8716	0.8818
	高等学校	0.8600	0.9086
2020	小学	0.8201	0.8855
	初中	0.8038	0.7947
	高中	0.8615	0.8705
	高等学校	0.8546	0.8816
2021	小学	0.8216	0.8797
	初中	0.8068	0.8016
	高中	0.8609	0.8688
	高等学校	0.8490	0.8826

资料来源：根据《中国教育经费统计年鉴》计算整理。

7. 沃斯特根指数（Verstegen Index）

沃斯特根指数是指落在中位数以及中位数以上的总和，即落在中位数及以上者。

沃斯特根指数的值大于 1，当沃斯特根指数的值越接近 1 时，表示越公平。其值越大表示越不公平。

当样本量为偶数时，$X_1 \leqslant X_2 \leqslant \cdots \leqslant X_n$，则中位数 $m = \frac{1}{2}\left(X_{\frac{n}{2}} + X_{\frac{n+2}{2}} \right)$，那么，计算公式为：

$$\text{沃斯特根指数} = \frac{\sum\limits_{i=\frac{n+1}{2}}^{n} X_i}{\frac{n}{2}m}$$

当样本量为奇数时，中位数 $m = X_{\frac{n+1}{2}}$，那么，计算公式为：

$$\text{沃斯特根指数} = \frac{\sum\limits_{i=\frac{n+1}{2}}^{n} X_i}{\frac{n+1}{2}m}$$

如表 6-7 所示，从我国 31 个省（区、市）2013～2021 年生均一般公共预算教育经费支出的沃斯特根指数来看，普通小学、初中、高中、高等学校生均一般公共预算教育经费支出的沃斯特根指数在 2013～2021 年较为稳定，而普通小学、初中、高中的这一指数在 2015 年后有所下降，说明教育财政公平工作取得了初步成效。从生均预算内教育事业费支出的沃斯特根指数来看，2013～2021 年普通小学、初中、高中生均预算内教育事业费支出的沃斯特根指数呈现波动下降的趋势，教育公平程度逐渐提升，但促进教育公平的工作仍然任重道远。

表 6-7　2013～2021 年全国 31 个省（区、市）各级教育生均一般公共预算教育
经费及生均预算内教育事业费支出沃斯特根指数

年份	生级	生均教育经费支出沃斯特根指数	生均预算内教育支出沃斯特根指数
2013	小学	1.5401	1.6679
	初中	1.6314	1.5270
	高中	1.8236	1.7649
	高等学校	1.3609	1.3623

续表

年份	生级	生均教育经费支出沃斯特根指数	生均预算内教育支出沃斯特根指数
2014	小学	1.6007	1.6449
	初中	1.6850	1.6476
	高中	1.9086	1.9077
	高等学校	1.3662	1.3941
2015	小学	1.5341	1.5656
	初中	1.6293	1.5554
	高中	1.8297	1.8209
	高等学校	1.3431	1.3757
2016	小学	1.5022	1.5032
	初中	1.5961	1.5245
	高中	1.8004	1.8198
	高等学校	1.3522	1.3816
2017	小学	1.4263	1.4865
	初中	1.5021	1.5122
	高中	1.7654	1.8245
	高等学校	1.3962	1.4035
2018	小学	1.3836	1.4377
	初中	1.4566	1.5043
	高中	1.7259	1.8164
	高等学校	1.4404	1.4696
2019	小学	1.4159	1.5000
	初中	1.4668	1.5231
	高中	1.7233	1.8211
	高等学校	1.5095	1.6485
2020	小学	1.5403	1.5112
	初中	1.4190	1.5184
	高中	1.7234	1.8254
	高等学校	1.5925	1.6402
2021	小学	1.5053	1.5107
	初中	1.4245	1.4053
	高中	1.4560	1.5678
	高等学校	1.5078	1.5437

资料来源：根据历年《中国教育经费统计年鉴》计算整理。

8. 洛伦兹曲线（Lorenz Curve）

洛伦兹曲线，也叫作"劳伦兹曲线"，是指以"最贫穷人口计算起一直到最富有人口"的人口百分比对应各个人口百分比的收入百分比的点组成的曲线。本节将观察值由小到大排序。

如图 6-1 所示，洛伦兹曲线用横坐标表示人口百分比，纵坐标表示该部分人口所占社会财富的百分比，那么，如果这条曲线是一条斜向上的正比例函数，则收入分配绝对公平，因此这条线叫绝对平等线。如果这条线出现弯曲，则社会财富分配不均，弯曲程度越大，则收入分配越不公平。

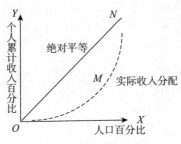

图 6-1　洛伦兹曲线

使用图 6-2 和图 6-3 洛伦兹曲线能够直观反映地区间教育经费配置的集中程度或离散程度，以此反映地区间教育发展的相对差异，还能反映各地区之间教育经费分配对差异变化的贡献。

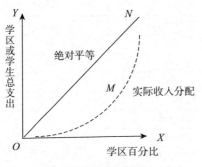

图 6-2　洛伦兹曲线变形 A

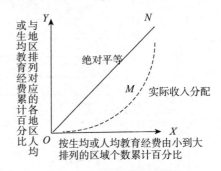

图 6-3　洛伦兹曲线变形 B

9. 基尼系数（Gini Coefficients）

基尼系数是一种比较不同地区、不同人群之间资源分配份额大小的方法，由洛伦兹曲线的概念发展而来，具体就是在全部居民收入中用于不平均分配的百分比。[①] 其计算公式为：

$$G = 1 - \frac{1}{n} \left(2 \sum_{i=1}^{n-1} W_i + 1 \right)$$

基尼系数就是要衡量洛伦兹曲线与绝对平等线所夹面积占绝对平均线以下三角形面积的比例，它的值介于 0 和 1 之间。基尼系数越小，公平程度越高。基尼系数最小为 0，表示绝对公平；最大为 1，表示绝对不公平。基尼系数在 0.5 以上表示差距巨大（见图 6-4）。

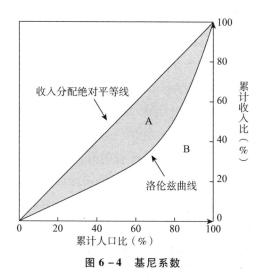

图 6-4　基尼系数

在实际生活中会采用基尼系数最简便的算法，即：

$$G = \sum_{i=1}^{n} \frac{\overline{e_i}}{\overline{E}} \times \frac{s_i}{S} \left(\sum_{j=1}^{i-1} \frac{s_i}{S} - \sum_{j=i+1}^{n} \frac{s_j}{S} \right)$$

如果以某省为分析单位计算基尼系数，首先按照各地市生均教育支出由低到高进行排序，$\overline{e_i}$ 为排序后第 i 个地市的生均教育支出，$\overline{E}$ 为全省生均教育支出，s_i 或 s_j 表示排序后第 i 或 j 个地市的学生数，S 为全省学生总数。其中：当 $i=1$ 时，$\sum_{j=1}^{i-1} \frac{s_i}{S} = 0$；当 $i=n$ 时，$\sum_{j=i+1}^{n} \frac{s_j}{S} = 0$。

①　周月梅，刘伟，黄丽. 实现全面小康与扩大就业的实证分析 [J]. 数量经济技术经济研究，2004（4）：52-58.

10. 泰尔指数（Theil Index）

泰尔指数是指基于与对数标准差相同的考量，在计算之前将各观察值及其加权后的平均数进行对数转换。

其计算公式为：

$$T = \sum \left[\frac{Y_i}{Y} \times \ln \left(\frac{Y_i/Y}{P_i/P} \right) \right]$$

其中，Y_i 是第 i 个省份的收入/支出数额，Y 是所有省份的收入/支出总额，P_i 是第 i 个省份的人口，P 是所有省份的总人口。

比较以上几种计算方法可以看出，变异系数的上升可能会被解释为财政不公平在加剧，但这种变化不能表示上半部和下半部学区在分配上的差异。全距法关注的是分配的总跨度，不关心两端之间的具体情况；限制性全距法只在它的边界内计算跨度，忽视了两个端点的分配，还忽视了超出其边界线的其他数据；联合全距比率法一样；标准差、变异系数、洛伦兹曲线、基尼系数关注了所有的分配数据，一旦数据缺失，在财政公平目标中扩大各地区 50% 以下低收入人群的情况下，仅仅为基础教育提供相同的生均支出就足够了，这是明显不合理的。所以我们在全面分析教育财政不公平状况时，可能要对变异系数、麦克伦指数、沃斯特根指数进行分析，才有可能判断教育财政总的不公平状况是否得到改进（变异系数是否下降）；中位数以下学区的差异是否得到改进（麦克伦指数是否上升）；上半部学区的差异是否得到改进（沃斯特根指数是否下降）。

（二）纵向公平测度

纵向公平原则所要求的对象为个体，即为不同条件、不同禀赋的学生提供教育资源，在教育财政体制中享有更多的资源，为提供教育服务需消耗更高成本的地区给予更多的教育财政投入。

1. 测度对象的选择

在纵向公平测度过程中，最关键的一步是确定能够分配更多教育财政资源的对象，一般要根据相关法律规定的学生特征、学区特征和教育财政计划特征来确定教育财政纵向公平的对象。

（1）学生特征

在学校中，作为接受教育资源最直接的对象，要取得较好学业成绩的学生被视为需要额外教育服务的对象，包括具有身体或精神上残疾、由贫困家庭的教育劣势造成的低成就以及母语是非官方语言等特质的学生，这些学生能够接受一定的额外补助以完成相关学业。

（2）学区特征

从宏观角度出发，就整个学区大范围的特征分析，一个学区如果呈现教育资源价格水平高、教育规模较小、学生普遍交通及能源成本较高等特征，该类学区应该被视为提供相同质量的教育服务需要额外支出教育财政资金的学区。

（3）教育财政计划特征

从制度角度出发，涉及国家的教育大体方向与国家的财政计划，是必须考虑的因素。国家的教育财政计划主要是指保障政府法律或政策规定的、具有特殊目的指向的教育计划实施的财政支出计划。这类教育财政计划的受益者可能是所有学生或者学区，也可能是特殊的学生或者学区，即从制度角度保障各类存在障碍的学生应有的受教育权利。

2. 纵向公平的理想测度方法

（1）综合考虑分析法

综合考虑分析法是对需要额外服务的学生确定权数，使用经过加权的学生教育财政资源度量来分析横向公平。纵向公平由权数反映，权数是导致不同资源水平的因素，并据此做出适度调整，每位加权儿童的公平资源表示资源公平程度。

（2）额外数值分析法

适用于所有学生的基本教育经费支出的公平程度，也涵盖了纵向公平分析，即把可以用于对象的全部收入中的额外教育服务和计划的专项收入从中剔除，只分析一般收入或用于常规教学计划的教育经费支出，在此方法中纵向公平的程度是通过额外教育服务的专项收入计算结果来反映。[①]

（三）财政中立测度

测度教育财政中立主要是通过分析学生生均教育支出水平与所在区域财政状况的相关程度。我国教育财政中立的分析如果以全国为分析对

---

① 此处的额外教育服务专项收入还包括价格调整因素。

象，则需要分析省级生均教育支出与当地财政状况的相关关系；若以省为分析对象，则需要分析县生均教育支出与当地财政状况的相关关系。该部分涉及的主要测度指标有相关系数与弹性系数。

1. 相关系数

相关系数表示两个变量之间是否存在线性相关关系，即一个变量是否随另一个变量变化的特性，它反映了两个变量（线性关系）之间的相关性趋势以及强度的数值，取值在 −1（完全负相关）和 1（完全正相关）之间，0 意味着没有相关性，或者如果有关系也不是线性关系。在教育财政领域内，当生均教育经费与区域财政状况之间的相关系数为 1 或接近 1 时，表示二者之间存在较强的正相关关系，即学生所在区域的财政状况对生均教育经费支出的影响较大；当测度结果为负时，意味着二者存在负相关关系，即学生所在区域财政增加而生均教育经费减少，或财政减少而生均教育经费增加，其绝对值越大，二者之间负相关程度越高，表示所在区域政府对教育投入的量与当地生均财政资源极不相符。其计算公式为：

$$r = \frac{n \sum_{1}^{n} xy - \sum_{1}^{n} x \sum_{1}^{n} y}{\sqrt{\left[n \sum_{1}^{n} x^2 - \left(\sum_{1}^{n} x \right)^2 \right]\left[n \sum_{1}^{n} y^2 - \left(\sum_{1}^{n} y \right)^2 \right]}}$$

其中，n 表示样本数，r 表示相关系数，x、y 分别表示两个变量，一般使用生均教育经费和生均 GDP 两个变量。一般将相关系数作为判断是否满足财政中立的标准。当 $r \geq 0.5$ 时，说明生均教育经费与生均 GDP 相关程度较高，教育财政缺乏公平性；当 $r < 0.5$ 时，表示教育财政体现财政中立的原则是公平的。

2. 弹性系数

弹性系数是主要用来表示变量之间线性关系重要程度的测度指标，其含义是一个变量（比如生均教育经费）1% 的变化会引起另一个变量（比如生均 GDP）变化百分比的比率。

弹性系数的数值通常在 0 和任何正值之间变化，有时可能是一个负数。当弹性系数 ≥1 时，表示生均教育经费支出增加的百分比与生均 GDP 增加的百分比相比更高或者一样；<1 时，表示生均教育经费支出

增加的百分比小于生均 GDP 增加的百分比。弹性系数可以通过使用生均 GDP 对生均教育经费支出的简单回归的斜率来计算。回归模型为：

$$y = B_0 + B_1 x + \varepsilon$$

使用相关系数与弹性系数评价教育财政中立是比较明智的选择。如果相关系数高、弹性系数小，则两个变量之间有关系，财政中立不存在，教育财政制度不公平；如果相关系数小、弹性系数大，则两个变量对教育财政政策调整具有参考价值。

第二节 我国教育财政公平政策的执行情况

教育财政公平是保障教育公平的物质基础，也是教育财政政策改革的基本价值取向，其基本含义是指政府为每个学生能够均等享有基本教育服务提供大致相等的教育财政资金的状态。[①] 新时代，在办好"公平而有质量"的教育的要求下，随着教育供给侧结构性改革的推进，教育财政公平政策不断完善，我国在教育公平方面取得了很大进展。但受到国情、体制和发展阶段等因素的制约，中国在教育公平性方面还存在一定问题。本节主要从我国现有的教育财政公平政策、教育财政公平政策取得的成就与存在的问题三个方面来阐述我国教育财政公平政策的执行情况。

一 我国现有公共财政框架下的教育财政公平政策

近年来，我国教育财政公平政策不断完善发展，政策体系日趋成熟，但依旧存在不足之处，本节从义务教育、中等教育、高等教育和特殊教育四个阶段介绍我国现行的教育财政公平政策。

（一）义务教育阶段教育财政公平政策

1. "两免一补"政策实施

2007 年，全国农村义务教育阶段家庭经济困难的学生都能享受到"两免一补"政策，全面免除义务教育阶段（小学和初中）学生的学杂

---

① 栗玉香. 教育财政学［M］.北京：经济科学出版社，2009.

费，解决贫困生辍学问题，保证适龄儿童能接受基本教育。同时，免除农村义务教育学生学杂费和书本费，为农村寄宿生提供生活补助。到2016 年，全面免除农村义务教育学杂费。2017 年起，中央财政开始落实对城市学生的免费教科书和寄宿生生活费补助资金，标志着"两免一补"政策实现了城乡统一和全面覆盖。

2. "以县为主"的管理体制

2006 年颁布的新《义务教育法》规定，义务教育实行国务院领导，省、自治区、直辖市人民政府统筹规划，县级人民政府为主的管理体制。这一管理体制的实行，实质上是强化县级政府推行义务教育的责任，切实解决教育经费投入不足问题。在这一体制下，地方政府有责任统筹使用地方的一般预算收入，调出上级财政资金，在县域内有效配置教育资源，实现"三个增长"。与此同时，近年来，中央财政加大了对义务教育特别是农村地区转移支付的投入。

3. 随迁子女义务教育公平政策

为切实解决农民工子女就学问题，解决"三童"群体（老少边穷地区的女童、残疾儿童、少数民族儿童）受教育问题，开展教育"对口支援"。2016 年，全国共有义务教育阶段随迁子女 1850.8 万人，其中户籍登记在外省和本省外县的乡村农民工随迁子女有 1397.8 万人。① 党和国家高度重视随迁子女义务教育工作，国家层面出台了一系列政策，全力保障随迁子女平等接受义务教育。从 2016 年春季学期起，统一城乡义务教育学校生均公用经费基准定额，保障进城务工人员随迁子女平等接受义务教育。

（二）中等教育阶段教育财政公平政策

国家促进中等教育阶段教育财政公平的政策主要体现在中等职业教育免费政策的实施，展现了政府促进中职教育财政公平的理念。2008 年10 月，党的十七届三中全会通过《中共中央关于推进农村改革发展若干重大问题的决定》，指出"加快普及农村高中阶段教育，重点加快发展

---

① 中华人民共和国教育部. 关于政协十二届全国委员会第五次会议第 2605 号（教育类239 号）提案答复的函 ［EB/OL］. http://www. moe. gov. cn/jyb_ xxgk/xxgk_ jyta/jyta_ ji-jiaosi/201803/t20180313_329865. html，2017 – 11 – 28.

农村中等职业教育并逐步实行免费"。2009 年，教育部职业教育与成人教育司指出，对农村家庭经济困难学生和涉农中等职业学校学生实行免费已成为一项重要工作。同年 3 月，政府工作报告更加明确："大力发展职业教育，重点支持农村中等职业教育。"从 2009 年起，中等职业学校对农村家庭经济困难学生和涉农专业学生逐步实现免费。这进一步明确了实施中等职业教育免费政策的具体指导方针。将中等职业教育的财政改革作为各地的工作重点，逐步实现由"中职学校农村家庭特困生和涉农专业学生免费教育"向"中职学校农村生源学生免费教育"的转变，大力促进中等职业教育对社会各方培训资源的整合和运用，使其有力地承担起农村劳动力转移培训、再就业培训和农村实用技术培训的责任。

（三）高等教育阶段教育财政公平政策

1. 高等教育学生资助政策

财政部、教育部等部门为促进高等教育财政公平，建立了以国家奖助学金、国家助学贷款为主的多元化高等教育资助政策体系，以保证弱势群体、家庭经济困难学生享有平等接受高等教育的机会。据《2020 年中国学生资助发展报告》统计，2020 年，各级教育、财政等部门和各级各类学校全年资助资金 2408.20 亿元，资助学生 14617.50 万人次。随着我国经济水平的不断提高，社会各界对学生资助工作也提出了更高的要求。2017 年，财政部、教育部、中国人民银行、银监会四部门印发《关于进一步落实高等教育学生资助政策的通知》，该通知在完善和推动政策落实方面突出无缝衔接、全面覆盖，在提高学生资助基准度方面突出对象精准、力度精准、分配精准和发放精准，在推进资助育人工作方面突出人文关怀、信息公开与隐私保护、励志教育。通过一系列政策的制定，保证高等教育学生资助工作的有效实施，切实保障每一位家庭困难的学生都能平等地接受高等教育。

2. 高等教育成本分担政策

关于高等教育公平的教育财政政策除了上述的高等学校学生资助政策，还有高等教育成本分担政策。教育成本分担是指教育成本由多个方面共同来承担，在高等教育阶段教育成本的分担方一般为受教育者及其家庭、政府、学校和工商企业等。本书中的成本分担主要是指受教育者及其家庭通过学杂费的方式来分担教育成本。高等教育公平主要体现在高考录取原则——分数达标的情况下，不同阶层和经济条件的学生享有同等接受高等教育的机会，而不应受经济条件的制约。新中国成立后，我国在很长一段时期内实行高等教育免费政策，直到人民生活水平不断提高，逐渐有能力负担一部分高等教育成本，我国高等教育才逐步开始收取学杂费，但所收取的费用在全世界范围内都处于较低水平。学杂费的收取是高等教育发展的需要，但其在某种程度上确实制约了相当一部分家庭困难学生平等接受高等教育。

（四）特殊教育阶段教育财政公平政策

我国特殊教育发展呈现崭新的面貌。各地按照"一人一案"的要求，重点针对实名登记的未入学适龄残疾儿童和青少年，采取特教学校就读、普通学校随班就读和送教上门等多种形式逐一做出入学安排。《2020 年全国教育事业发展统计公报》显示，截至 2020 年，全国共有特殊教育学校 2244 所，拥有专任教师 6.62 万人，在校生规模达 88.08 万人。其中，附设特教班在校生 4211 人，随班就读在校生 43.58 万人，送教上门在校生 20.26 万人。残疾人学前教育、高中阶段教育和高等教育的规模不断扩大。中央财政特殊专项补贴提高到 4.1 亿元以上，有力地支持了各个地区进一步优化和提升特殊教育办学条件和办学水平。2021年，财政部与教育部联合印发《特殊教育补助资金管理办法》，进一步规范和加强特殊教育补助资金管理。

二　我国教育财政公平政策取得的成就

从新中国成立至今，党和国家始终致力于促进教育公平，特别是"十三五"以来，我国大力推进教育供给侧结构性改革，政府为促进教育财政公平制定了一系列财政政策，取得了积极进展。

（一）国家资助政策体系不断完善，学生资助资金投入大幅增长

促进教育公平是国家基本教育政策，党和国家历来重视解决家庭经济困难学生的上学问题。近年来，中央有关部门不断出台资助政策，完善国家资助体系，保证资助政策精准落地，逐步实现了"三个全覆盖"，即学前教育、义务教育、高中阶段教育、本专科教育和研究生教育所有学段全覆盖，公办民办学校全覆盖，家庭经济困难学生全覆盖。精准资

助逐步推进，针对建档立卡学生、孤残学生提供更加有力的资助，保证各项政策精准落地，让家庭经济困难学生平等地享有受教育的机会。同时，财政投入力度不断加大，资助资金大幅增长，资助力度不断加大（见图6-5）。

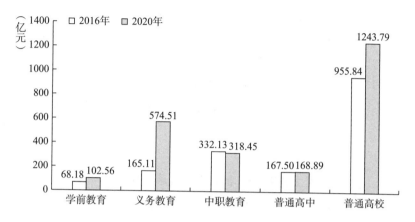

图6-5　2016年与2020年学生资助金额比较
资料来源：根据2016年和2020年《中国学生资助发展报告》整理。

《2020年中国学生资助发展报告》显示，2020年，全国累计资助学前教育、义务教育、中职教育、普通高中教育和普通高等教育学生（幼儿）14617.50万人次（不包括义务教育免除学杂费和免费教科书）；累计资助资金2408.20亿元（不包括义务教育免除学杂费和免费教科书）。其中，资助学前教育幼儿816.17万人次，资助金额102.56亿元；资助义务教育学生7368.28万人次，资助金额达574.51亿元；资助中等职业教育学生1708.46万人次，资助金额318.45亿元；资助普通高中教育学生1046.37万人次，资助金额168.89亿元；资助普通高等教育学生3678.22万人次，资助金额1243.79亿元，学生资助资金保持高速增长。

（二）农村留守儿童、进城务工人员随迁子女和特殊群体受教育的情况有所改善

首先，2008年财政部和教育部出台了《进城务工农民工随迁子女接受义务教育中央财政奖励实施暂行办法》，中央财政对接收农民工子女较多且其义务教育问题解决较好的省份，给予适当奖励。

2020 年，全国义务教育阶段随迁子女人数为 1429.73 万人。其次，加强对农村寄宿制学校的建设，保障留守儿童的住宿条件，积极构建政府、社区、学校、家庭多方联动的留守儿童教育与管理服务网络。① 最后，贯彻落实《残疾人教育条例》规定的健全特殊教育保障机制，保障残疾人教育经费的投入，完善资助制度，使残疾人同样能够接受平等而高质量的教育。《2020 年全国教育事业发展统计公报》显示，2020 年，全国共有特殊教育学校 2244 所，比上年增加 52 所，增长 2.37%；特殊教育在校生为 88.08 万人，比上年增加 8.62 万人，增长 10.85%。2016 年 7 月，我国制定了《中央财政残疾人事业发展补助资金管理办法》，进一步加强和规范关于残疾人事业发展的中央财政补助资金管理。

（三）中央财政大力支持，职业教育繁荣发展

近年来，我国中职、高职院校毕业生就业率分别超过了 95% 和 90%，并且选择自主创业的毕业生人数稳步提高。职业教育毕业生的高就业率主要得益于国家在税收政策和财政资金上为职业教育的发展提供了有力的支持。其中，财政部和教育部在 2006～2014 年就曾两次开展"职业学校教师素质提高计划"，中央财政累计安排资金 28.3 亿元，支持职业院校骨干教师培训。② 职业学校"双师型"教师队伍建设成效显著，队伍规模保持稳定，整体素质大幅提升，队伍结构持续优化。2014 年，"双师型"教师比例为 26%，具有研究生学历的比例接近 6%，兼职教师达到 15 万人。截至 2020 年，中职学校专任教师队伍规模保持稳定。

此外，通过实施一系列重大工程项目，如实施农村义务教育薄弱学校改造计划、农村义务教育学校教师特设岗位计划、师范生免费教育政策、中小学教师国家级培训计划，同时还针对集中连片老少边穷特困地区和家庭经济困难学生启动实施了"农村义务教育阶段学生营养改善计划"、边远艰苦地区农村学校教师周转宿舍建设等，

---

① 单大圣．中国教育公平的进展、问题与建议 [J]．延安大学学报（社会科学版），2014，36（3）：118-123．
② 中央财政推动职业教育改革发展 [EB/OL]．http://www.mof.gov.cn/zhengwuxinxi/caizhengxinwen/201504/t20150430_1225298.htm，2015-04-30．

使民族地区、农村地区、边远贫困地区教育事业明显加强，推进义务教育均衡发展。另外，2018年新修正的《中华人民共和国民办教育促进法》，坚持公益性，实施分类发展，促进了民办职业教育的健康发展。

三　我国教育财政公平政策执行结果存在的问题

促进和实现教育财政公平是一个长期而艰巨的历史任务和过程，我国教育财政公平政策的执行在取得成就的同时，也出现了一些问题，主要表现为区域间、城乡间、校际的教育发展失衡问题。

（一）地区间教育财政支出差异明显

地区间教育财政的差异表现在东部、中部、西部地区教育财政的不均衡，省（区、市）之间的教育财政不均衡，省（区、市）内教育经费的不均衡三方面。关于地区间的差异，从生均教育经费角度分析更能说明问题。

根据《中国教育经费统计年鉴2020》，2019年高等学校生均教育经费支出为23453.39元，比上年增长5.43%，低于这一平均水平的山西、湖南、河南、江西、安徽、云南、广西、重庆、四川、黑龙江、贵州等省（区、市）位于中部、西部地区；普通高中生均教育经费支出为17821.21元，低于这一平均水平的河南、湖南、安徽、贵州、甘肃、云南、广西、四川、山西、重庆、江西等省（区、市）也位于中部、西部地区；普通初中生均预算内教育经费支出为17319.04元，低于这一平均水平的河南、贵州、广西、云南、湖南、甘肃、江西、安徽、重庆、山西、四川、宁夏等省（区、市）位于中部、西部地区；小学生均预算内教育经费支出为11949.08元，低于这一平均水平的河南、广西、湖南、江西、云南、安徽、宁夏、重庆、贵州、湖北等省（区、市）位于中部、西部地区。《中国教育经费统计年鉴2020》显示，2019年全国高等学校生均教育经费支出最高的是北京，为68139.62元，最低的是广西，为15534.07元；全国普通高中生均教育经费支出最高的是北京，为79584.07元，最低的是河南，为11465.93元；全国普通初中生均教育经费支出最高的是北京，为66365.98元，最低的是广西，为11302.89元；全国普通小学生均教育经费支出最高的是北京，为37292.92元，最低的是河南，为 7423.51 元。

数据显示，区域间教育财政的差异非常明显，存在东部、中部、西部地区的教育财政不均衡以及省际教育财政不均衡的现象。但近年来中央政府通过一系列财政政策大力支持西部教育的发展，使得西部地区与中部地区之间的教育财政水平差距不断缩小，甚至部分西部省份已超过中部，由此可以看出教育财政"中部凹陷"已成为不争的事实（见表 6-8、表 6-9）。

（二）城乡间义务教育经费差异较大

进入新时代以来，我国义务教育经费投入明显增长，但义务教育财政投入总量仍十分有限，并且大部分用于城市，农村只得到很小部分，致使城乡之间的义务教育生均经费差距明显。2020 年，城乡义务教育补助经费为 1695.9 亿元，比上年增加 130.6 亿元，增长 8.3%。虽然城市及农村普通小学和普通初中生均教育经费皆逐年上升，然而城乡义务教育生均教育经费之间的差距依然显著。东部基础教育的各项教育经费指标平均是中西部的 1~2 倍，在各项指标中，教育公用经费差距最大。2021 年，全国总人口 60% 以上的农村只获得全部教育投入的 23%。虽然城乡小学生均经费之间的相对差距有所缩小，但绝对数值上的差距仍然明显。城乡普通初中的生均经费变化趋势也较为类似。近年来，我国城乡初中生均经费之差呈现递增趋势。2021 年，初中生均预算内教育经费的城乡之比为 1.2:1，全国小学生均预算内教育经费的城乡之比为 1.4:1，初中生均预算内公用经费的城乡之比为 1.3:1。同时，城乡生均教学仪器设备值差距突出，城乡教育经费差距使城乡办学条件差距明显，乡村办学条件远不如城镇。一方面，虽然城镇学生的生均校舍建筑面积略低于农村学生，但是农村学生的生均危房面积却远高于城镇学生，由此可见，虽然农村校舍面积充足但学校的建筑质量无法满足学生的基本需要。另一方面，农村学校教学设施相对缺乏，部分农村学校实验仪器和图书严重匮乏，开不齐国家规定的课程，达不到教学的基本要求，反映了农村义务教育基础设施建设财政投入不足。

表6-8 2020年东中西部地区普通小学、初中、高中、高等学校生均教育经费

东部	小学	初中	高中	高等学校
北京	37292.92	66365.98	79584.07	68139.62
天津	20613.06	33800.87	37151.62	21663.78
河北	9443.93	11526.21	15938.07	18494.60
辽宁	11258.39	14738.63	15479.41	15876.12
上海	30463.04	42063.09	58776.91	39702.78
江苏	14229.53	23713.55	29991.06	21101.90
浙江	17593.09	21891.81	31748.10	26126.51
福建	11192.60	15991.56	18502.62	19928.25
山东	10512.20	14994.66	16747.37	17712.26
广东	14234.73	14861.53	21657.89	36290.78
海南	13309.83	16906.70	19627.96	26611.04
总计	190143.32	276854.59	345205.08	311647.64

中部	小学	初中	高中	高等学校
山西	11207.93	15673.77	16185.90	16240.69
吉林	14256.63	18527.10	14277.02	17776.89
黑龙江	14990.53	17040.30	13432.59	17687.50
安徽	11167.92	17306.31	14701.94	16155.21
江西	10455.93	13756.37	14852.74	18489.42
河南	7423.51	11326.29	11465.93	15475.95
湖北	11039.60	18201.64	20066.20	18606.55
湖南	9473.98	13903.61	14776.83	16053.23
总计	90016.03	125735.39	119759.15	136485.44

西部	小学	初中	高中	高等学校
内蒙古	14809.79	18692.30	20147.88	20745.84
广西	8661.75	11302.89	11903.01	15534.07
重庆	12993.00	17521.32	15370.42	16523.78
四川	11128.87	14972.07	13448.21	18180.67
贵州	11302.93	13622.45	14773.77	22834.59
云南	11707.28	14284.70	14514.60	16313.27
西藏	30341.19	36912.57	41728.42	58549.52
陕西	12961.78	19728.08	17941.68	17086.23
甘肃	12070.48	15143.77	14567.09	20314.47
青海	16313.88	20466.46	23378.89	36890.42
宁夏	11179.68	15024.62	14595.05	27558.47
新疆	13221.43	21949.75	18376.65	25715.14
总计	166692.06	219620.98	220745.67	296246.47

资料来源：《中国教育经费统计年鉴2021》。

表6-9　2020年东中西部地区普通小学、初中、高中、高等学校生均预算内公用经费

东部	小学	初中	高中	高等学校
北京	9974.53	17814.78	19742.13	27431.32
天津	4460.91	33800.87	7539.01	9528.61
河北	2186.30	11526.21	3976.40	6186.41
辽宁	2176.37	14738.63	3063.66	5978.27
上海	7059.70	42063.09	11514.08	18320.05
江苏	2528.31	23713.55	5353.74	8282.85
浙江	3587.46	21891.81	6114.69	10044.72
福建	2963.20	15991.56	3702.38	10136.86
山东	2155.05	14994.66	2312.44	5951.53
广东	2952.34	14861.53	3497.41	12032.91
海南	4206.24	16906.70	7256.74	12283.73
总计	44250.41	228303.39	74072.68	126177.26

中部	小学	初中	高中	高等学校
山西	2457.42	3129.63	3651.25	6108.07
吉林	2847.86	4004.84	3151.90	9353.70
黑龙江	2746.82	3459.96	2737.15	5584.23
安徽	3015.11	4487.78	3120.86	7634.13
江西	3840.03	5551.28	5521.51	8268.89
河南	2199.80	3446.62	3182.76	7509.69
湖北	3230.43	4684.07	6258.25	7819.96
湖南	2585.04	3569.45	3048.73	4975.59
总计	22922.51	32333.63	30672.41	57254.26

西部	小学	初中	高中	高等学校
内蒙古	3171.35	3979.01	5338.35	9060.58
广西	2482.22	3246.11	3440.24	9257.68
重庆	3245.26	4201.06	3836.34	7338.48
四川	2893.83	3684.06	2670.13	6002.46
贵州	2293.32	2625.97	3450.97	9609.50
云南	2038.29	2757.81	2675.83	5009.89
西藏	5951.06	6625.91	9180.85	18668.59
陕西	4155.56	5209.22	5213.25	8039.53
甘肃	2761.54	3325.02	2665.98	12085.57
青海	3475.48	4833.40	6488.72	27135.67
宁夏	3147.76	4421.92	3987.02	13254.24
新疆	2300.70	4168.16	3591.26	6908.67
总计	37916.37	49077.65	52538.94	132370.86

资料来源：《中国教育经费统计年鉴2021》。

（三）校际教育财政差距突出

教育资源配置的公平程度可以在校际教育经费差距中反映出来。在城镇地区，校际差距更为明显。在城市、县镇内部，重点学校、示范学校、薄弱学校、一般学校之间的办学条件都是不同的。这是由政府长期实行的非均衡发展政策所致，从 20 世纪中期开始的重点学校制度到现在的示范学校，毋庸置疑是政府政策选择的结果。在政策实行之初，重点学校制度的确大大促进了教育水平和质量的稳步提升，但在我国发展进入新时代的今天，其负面影响可能已经远大于其积极意义。

义务教育均衡发展的重点在于校际教育财政均衡配置。"择校热"问题实际上也正是由政府政策上的失衡以及名校的累积效应和政府对重点学校的投入倾向所造成的，这导致校际教育财政资源配置不均衡且校际教育财政差异高于区县间教育财政差异。示范学校、重点学校的办学条件本来就比一般学校好，但在招生计划和收费标准上又分省重点和省示范、市重点和市示范、一般学校，人为地又拉大了学校之间的差距，使得本来就十分困难的学校更加雪上加霜。

校际财政差异也存在于高等教育中。众所周知，在同一城市的高校中，有教育部直属院校、部委院校与地方院校，有重点院校与一般院校，它们之间的教育财政支出资金拨款悬殊，一般而言，"越是名牌高校，拿的钱越多"。虽然出于合理配置教育财政资源的目的，在教育财政资金拨款时区分不同发展水平的高校是无可非议的，但是必须在教育财政资金配置时构建一个以公平和效率为基础的财政资金配置机制。教育财政支出资金拨款差异过大且无法体现平等竞争，将对我国的高等教育事业改革与发展产生阻碍。"985""211"重点大学的发展水平并不能体现全国高等教育的发展水平，而一般高校却集中了极大数量的学生，要提高我国高等教育水平就必须提高高等教育的整体水平，就必须公平地对待所有类型的大学。

（四）高收入群体获得的公共教育支出收益大于低收入群体

有许多研究表明，"领导者法则"是我国城乡公共教育支出分配的显著特点，其主要表现为我国高收入群体的城镇居民相对于低收入群体能获得更高质量的公共服务和资源。据《中国统计年鉴》数据计算所得，2011年城镇居民最低收入、低收入、中等偏下收入、中等收入、中等偏上收入、高收入、最高收入群体的公共教育支出收益总额分别为 245 万元、465 万元、727 万元、1125 万元、1747 万元、2698 万元、5624 万元，占公共教育支出总额的比例分别是 1.9%、3.7%、5.8%、8.9%、13.8%、21.4%、44.5%，而具体到人均收益量，各收入群体人均公共教育支出收益量的比值为 1.9：3.7：5.8：8.9：13.8：21.4：44.5，高收入群体人均收益量是低收入群体人均收益量的 23 倍；我国农村地区居民低收入、中低收入、中等收入、中高收入、高收入群体的公共教育支出收益总额分别为 259 万元、428 万元、722 万元、1203 万元、3334 万元，可见农村居民高收入群体收益总量占比远高于其他群体的占比。与此同时，由于城乡间公共教育支出总量上的差距，农村各收入群体收益总量普遍低于城镇居民。[①] 必须构建更加公平合理的公共支出结构，努力向低收入家庭倾斜，保证低收入家庭的需要。随着我国政策的不断优化，公共教育支出结构趋于合理。

高等教育作为教育的最高层次，与人未来的经济收入和社会地位密切相关，越来越受到人们的重视和关注，所以这里以高等教育支出收益为例来说明高收入群体获得的公共教育支出收益大于低收入群体。根据国际上通行的做法，根据各个收入群体占总人口的比例与该收入群体大学生占全部大学生的比例，比较判断高等教育公共支出公平与否。如果二者相等，就表示公平；如果各个收入群体占总人口的比例大于该收入群体大学生占全部大学生的比例，就表示对此收入群体不公平。上海财经大学的研究表明，1/5 的高收入群体占有了超过一半的高等教育补助，而 3/5 的中低收入群体仅拥有不到 1/5 的公共高等教育利益。事实上，我国高等教育政府高补贴导致了利益从中低收入群体流向高收入群体，不仅没能体现社会公平，反而造成了更大的不公平。

第三节　教育财政公平政策的国际借鉴

在很多年前西方一些国家就开始探索促进教育财政公平的方法，这些西方国家通过多年的改革和实践，建立了符合其国情的教育财政体制。

---

① 朱浩源．我国公共教育支出受益归宿分析与不平等测度 [D]．硕士学位论文，天津财经大学，2014.

虽然西方发达国家在经济、政治、文化和社会等各方面都与我国存在不同，然而在谋求教育财政公平的实践中，有着很多我国可以借鉴的经验。从西方国家教育发展历程来看，我国教育发展过程中教育财政不公平的状况不是孤立存在的，类似问题在很多西方国家的教育发展历程中也曾普遍存在。为了解决此问题，各国政府积极采取有效措施，不断改革和完善教育财政政策，在促进教育财政公平方面取得了一定的成绩，许多政策和措施值得我国学习。

一　美国教育财政公平政策经验借鉴

（一）美国促进教育财政公平的政策

"平等优先，兼顾效率"是美国联邦政府始终坚持的价值理念。公平对于每个人来说都是相对于他人而言的，不同学生受到不同的对待，由此产生教育不公平的问题。因此，美国的教育制度将关注点分别放在了提高各州教育经费和贫困学生重点资助两个方面。

1. 美国的教育财政政策始终将教育公平作为不变的主题

美国联邦政府自20世纪60年代以来通过了《国防教育法》《民权法案》《初等和中等教育法》《残疾儿童教育法》《教育巩固与促进法》等一系列权利法案。20世纪70年代到21世纪初，美国将解决教育财政的公平与充足问题作为教育财政改革和发展的导向，着力于缩小州和学区间教育经费配置的差异。美国国会于2001年通过并于2002年开始实施《不让一个孩子掉队》（No Child Left Behind，NCLB）法案，该法案的实施代表美国将教育财政政策的重点由追求教育机会公平发展为追求教育结果公平。之后，美国又多次针对该法案在具体实施过程中出现的多种问题进行改革和完善，提出诸如"力争上游"（Race to the Top）计划等方法，这是美国当代教育财政政策的发展思路与导向。

2. 州政府促进教育财政公平的措施

（1）改革房产税率

过去将财产税作为美国教育（主要是学区）财政收入的主要来源，但是不同学区间财产税价值上的差异往往会导致不同学区间学生生均经费获得的差异和纳税人税负不公。实际操作证明，在不同学区中房地产价值越高，其所在学区的生均教育经费也就越高；反之，房地产价值低的学区，由于其往往反向抽取较高用于教育的房地产税率，教育财政不公的问题越发严重。因此，为了改善不同学区因财产价值差异所产生的教育经费的不均衡，需要对所属学区实行教育财政补助，实行补助的主要衡量指标有三个：第一，学区财产价值；第二，学区财产税率；第三，将学生数作为经费需求的基本参数。

（2）教育财政制度全面覆盖

以美国的基础教育为例，其使用的"追求效率，兼顾公平"的基础教育财政体制体现了教育制度对教育公平实现的保障。该体制的实行主要有两种途径：第一种是基础拨款公式法，即州政府确定一个生均经费水平，并对当地的财产税进行要求，要求当地税金担负一定的生均费用；第二种是税基法，指的是州政府保证每个学生对应一定的可操作的可征财产税的税基，政府将征收的税金部分用于教育经费，并适当调节资金空缺以保证每一位学生都能获得稳定的教育资金。从政策制定上比较稳定地保障教育投入资金的来源，政府的参与较少受到经济波动的影响，但仍不能彻底解决当前美国国内教育资源分配不均、差距过大的现状。

为保证教育的公平，针对不同条件的学生与学区出台具有针对性的政策。首先是水平拨款模式，也就是将学区内的学生数量作为实施标准，通过一次性人均补助的方式来支持地方教育，保证学生可以得到均等的拨款，其公式为：

$$A_i = FN_i$$

其中，A_i 是州政府对学区 i 的补助拨款总额，F 是一般补助水平，N_i 是学区 i 的学生总数。核定单位数（即学生数、教师数或教学单位数）相同的地区可以获得同样额度的州政府拨款，而地区教育财政能力不会影响其所获得的拨款数额。但事实上这种方式对教育财政能力强的富裕地区的学区更为有利，并不能真正缩小贫富学区之间的差距。

其次是基数补助模式，也叫"最低基金计划"，即在每一个地方学校计划之下有一个财政"基础"，该计划足以提供符合最低标准的教育计划。此计划类似定额标准的设定，即各州政府对本州各学区的学生生均教育经费设立一个标准，学区教育财政能力无法达到的部分由州政府进行补助。州政府则通过明确各个学区根据本州统一筹措的用于教育经费的税收收入，计算学区所需的教育财政经费与地方税收的差额，以确定某学区最终可以得到的州政府补助的数额。其拨款公式为：

每位学生州资助 = 每位学生基金支出 − (地方税率 × 每位学生地方财产值)

某一学区州总资助额 = 每位学生州资助 × 学区学生数

为保证纵向公平，州政府对经济条件较差或者有障碍学生较多的地区加大财政倾斜力度，从而保障这些特殊学生的受教育权利。

（3）制定相关法律

法律是保障教育公平与教育财政公平最有效的工具之一。以美国高等教育为例，美国于1965年制定的《高等教育法》经过后期不断的修改、授权，使得美国的教育财政不断适应时代变化，更好地保障各教育相关者的利益，也保证教育公平的进行。2008年最新修改的部分就包括教育支出的公开透明化、减少学生受教育成本、保障受教育者的物质水平不随经济水平波动发生变化、进一步增加对困难学生的资助等措施。其在法律层面体现了教育机会公平（包含入学机会的均等与教育成本的降低）、责任明晰权责到位的公正原则，体现了美国平等自由的精神。

（4）实施绩效财政拨款

在20世纪70年代末，美国就开始了针对高等教育绩效拨款的探索，并形成了美国的绩效拨款模型（Performance Based Funding，PBF），即一种建立在资源依赖理论上假设资源供给的改变将会威胁到组织，再加上激励政策使组织不得不采取必要措施保持和提高所能获得的拨款，进而逐步适应继续生存的工具。

对于不同的学生，也根据教育机构的特点和学生的背景类型进行加权计算，对处于弱势的群体加大补助力度，使用绝对数而不是相对数来衡量绩效。对于最终结果的评定，要把中间形态的产出也包含其中。

（二）美国促进教育财政公平政策的经验借鉴

1. 教育预算应有机衔接教育公平的政策目标

对一个国家来说，教育政策的最终目标还是实现预算资金的有效配置，但无论是哪个国家，其教育预算都受教育财政资源的制约，因此，有限教育财政资源的合理配置、财政支出绩效的最大化，是教育预算重点要解决的问题。教育预算和政府教育政策目标之间存在一个完整而紧密的关系链：政府确定教育政策目标—选择优先性项目—分配教育预算—预算单位使用教育资金—实现政府教育政策目标。因此，我国需要在教育预算方面做出以下改变。一是中央政府应将教育结果公平作为教育政策实施的最终目标，也就是说，在进行教育预算分配和政策设计时，应以提高学生学业成绩为核心，确定教育支出的优先方向，使教育支出切实做到为教育结果公平服务。二是改革我国目前投入型教育预算模式，关注教育投入的产出绩效，即教育服务的产出及结果公平效益。三是科学制定与教育产出绩效相适应的教育方案，使教育资金在教育活动中合理有效配置，保证教育预算的高效精准。

2. 建立激励型教育资金拨付制度，注重教育结果公平

目前，我国采用的教育经费拨款方式是通过财政转移支付实现对地方教育财政的拨款，但主要依靠专项转移支付项目的资金进行地方教育财政拨款，从某些方面来看，也制约了地方政府根据本地区的现实状况和实际需要做出与之相适应的决策的自主权。因此，地方政府需要中央给予更加充分的经费使用自主权，调动地方政府的积极性。为了保证地方政府经费使用的公平公正，我国建立了教育公平评价体系，但评价体系的公开程度与监督制度尚不完善，我国目前也在积极改善该方面的不足和缺陷。2007 年我国颁布了《政府信息公开条例》，公开了部分政府的预算；2014 年又颁布了新的《预算法》，明确规定了财政绩效、预算信息公开和公众监督等方面的措施。这一系列政策的改变和实施，提高了我国教育的公平公正性。

二　英国教育财政公平政策经验借鉴

（一）英国促进教育财政公平的政策

英国教育标准局（Ofsted）曾对英国的学校进行了一项调查研究，结果表明，虽然全国的教育水平得到了提高，但贫困、遭受剥夺以及处于不利地位的学生的学业成绩与平均水平之间的差距被不断拉大。由此可以看出，贫困、遭受剥夺以及处于不利地位是产生低学业标准、低期望和社会隔离的重要原因。因此，英国教育标准局为了解决这些学生的受教育问题，决定给予超出这些学校能力范围的实质性的扶持，"教育行

动区"（Education Action Zone，EAZ）计划、"城市卓越计划"等英国政府为处境不利地区学生缩小差距的重大教育计划便应运而生。

1. "教育行动区"计划及其办学实质

"教育行动区"计划，即英国政府为了提高教育薄弱地区的教育水平，在经济和教育相对落后的一些区域里，把20所左右的学校组合在一起，将学校的管理权面向社会进行公开招标，学生学业表现不佳的学校将由学校、家长、当地工商企业、地方教育当局和当地其他机构组成的联合体进行接管，并向教育大臣（即教育与技能部部长）提出申请。"教育行动区"计划要求英国政府针对每个行动区的年度拨款除日常预算之外，还要向其增加每年25万英镑的拨款，但同时也要求每个行动区每年从其他企业或商业单位中募集到同样数额的配套资金。这样做可以使薄弱学校获得新的管理方式、管理经验和更多的资金，进一步提高这些学校的教育水平，提升薄弱学校的学业标准，提高教育的社会全纳性。

2. 教育行动区的实践

教育行动区作为一个组织机构，其内部结构近似于一个政策网络，在整个网络中，"行动论坛"（Action Forum）掌握整个组织的决策权利，每个教育行动区均设立一个"行动论坛"来为加盟学校制订及实施计划，以及提供日常管理。与此同时，设置项目主任单独掌管教育行动区的日常活动，其他的论坛成员则可以通过"行动论坛"来对行动中的各项日常活动进行监督和管理。论坛成员代表着当地各方教育利害关系者的兴趣和利益，地方商业单位常常在论坛中占有重要地位。论坛成员的产生也秉持着公平公开的原则，主要由该区合伙人聘请或选举产生，通过一系列的甄选步骤，其成员通常由一些具有一定威望的教师、家长或社区人员组成。英国政府对于教育行动区的态度是积极扶持的，并出台了可以独立决定课程设置与安排、独立招聘校长和教师并独立决定其薪资水平等一连串的支持措施。"教育行动区"计划自实施以来效果显著，各薄弱学校的教学水平得到了明确的提高，而且为众多贫困、遭受剥夺以及处于不利地位的学生提供了更多受教育的机会，促进了英国教育的公平发展。

（二）英国促进教育财政公平政策的经验借鉴

1. 增强政府的责任

在"教育行动区"计划中，促进薄弱学校的发展是推动基础教育发展的重要手段，政府加大扶持力度，将政策向薄弱学校倾斜是非常有必要的。特别是在英国工党执政以来，其不仅在相关教育政策的制定方面，还在加大财政支持力度方面加强了对薄弱学校的扶持。英国政府不但持续加大对薄弱学校财政拨款的力度，还另外追加薄弱学校建设的配套资金。客观来说，国际上大多数国家改善薄弱学校发展状况的方法，都是加大政府资助和扶持力度，重视发挥政府的职能。

2. 程序规范、管理高效

教育行动区的运作是规范高效的，行动区是从一个清晰、具体、目标和结果都可测量的行动计划开始的。英国政府专门制定了一系列法律法规来指导行动区的运行，从薄弱学校的认定、举办申请到办学中的考核，整个运作过程都根据法规章程有序推进。教育行动区中设立了"行动论坛"，即拥有独立法人地位的管理机构，其在运行过程中的所有行动直接对教育与技能部部长负责，这样的运行模式有效地减小了中间部门的影响。行动论坛的成员主要由聘请或选举产生，遵循了公平公开的原则，而项目主任负责行动论坛的日常管理，这种组织和运行机制显著丰富了行动区的运营成果。

3. 基于多方参与的行动设计

英国"教育行动区"计划在实施过程中一直坚持"合作伙伴关系"的原则，它将家长、企业、学校和地方教育当局等组织联合起来，希望促进遭到社会剥夺的较为贫困的地区的教育发展。与此同时，行动区内的学校通过"行动论坛"将家长、企业、学校、社区、地方教育当局和宗教团体等紧密联系起来，构建了一个各方力量共同参与的组织网络和运行机制。教育行动区激励了家长、企业、学校和地方教育当局等各方力量积极参与到学校管理当中，合理地利用了社会的教育资源，是英国政府实施的"教育行动区"计划政策中的一个关键的经验借鉴。

4. 给予学校充分的自主权

为了进一步改善英国学校现存的管理体制、转变地方教育当局的职能，"教育行动区"计划便应运而生。"教育行动区"计划在具体的实行过程中，行动区学校在学校的人力资源管理、课程设置与安排、教育教学、教育经费的使用与配置等许多方面拥有充分的自主权。行动区的自主权体现在改变了之前地方教育当局主管学校的管理体制，可以使学校在运作过程中摆脱地方教育当局的束缚。学校在如何处理政府的一般性教育经费补助以及补充的配套经费方面拥有自主权，从而可以提高地方政府的管理效率。

第四节　促进我国教育财政公平的政策选择

习近平总书记在中国共产党第二十次全国代表大会上的报告中指出："办好人民满意的教育。……全面贯彻党的教育方针，落实立德树人根本任务，培养德智体美劳全面发展的社会主义建设者和接班人。坚持以人民为中心发展教育，加快建设高质量教育体系，发展素质教育，促进教育公平。"教育供给侧结构性改革作为新时代我国实现"公平而有质量"教育的有效路径，只有教育供给侧结构性改革有效落实、行为规范、严格按照相关程序或法律准则进行教育投入，才能真正通过教育供给侧的调整促进教育公平发展。

一　完善教育财政转移支付制度

财政转移支付制度是促进公平最主要的财政政策，其目标是平衡中央和地方财政及各区域之间的差异，从而保证不同区域间各项社会经济事业的协调、有序发展。我国的经济发展存在严重的非均等化，致使教育发展水平参差不齐，尤其是城乡义务教育差距显著，高等教育区域不平衡，教育财政资金的合理配置有待进一步完善，因此，建立科学有效的教育财政转移支付制度是保证教育事业公平发展的关键举措。

（一）遵循义务教育转移支付的公平原则

义务教育的财政转移支付是指为了保证义务教育的有效供给和发展，当下级政府发生义务教育财政不足状况时，上级政府需要给予下级政府财政补贴。在我国受多种条件制约的义务教育，其发展过程中始终存在义务教育阶段财政投入在不同区域间和城乡间不均衡的问题。导致义务教育财政投入在城乡间不平衡的一个主要原因就是：由于农村地区落后的经济水平和偏远的地理位置，农村义务教育在教育资金投入等方面受到不公平的待遇。

因此，为了使教育财政转移支付资金能够在区域间、城乡间、群体间得到合理的配置，我国在推进义务教育事业发展并扩大其发展范围时，要牢记以一般性转移支付为主、以专项转移支付为辅。一般性转移支付要以每个地区的经济发展水平、财政收入能力、义务教育成本等各个方面为考量，选择最为适合的转移支付方式，逐步建立一套科学规范、公开公平、定位精准的教育财政转移支付体系，以更好地发挥其调节区域、城乡教育不公平的职能。

（二）协调高等教育转移支付的区域不平衡

对于高等教育而言，高校间发展的不平衡，首先是因为中央和地方财力上的不同，导致教育部直属高校和地方高校的财政经费差异明显；其次是因为各地方政府的财力存在显著差异，导致不同区域间的地方高校所能获得的财政支持差异明显。与此同时，由于区域间发展的不平衡，在毕业时，大部分的高校毕业生会集中涌向发达地区，使得欠发达地区的高等教育投入收益大大降低。因此，需要通过财政转移支付制度来协调区域间教育财政投入的不平衡，调节不同区域间高等教育发展的失衡问题。在进行高等教育财政转移支付时，首先必须坚持公平的原则，无论是在支付程序还是在算法上都应以公平为导向；其次要对欠发达地区加大中央政府的纵向转移支付和省级政府间的横向支持力度；最后应该适当加大过渡性转移支付资金的投入力度，参照不同地区生均经费差异的实际情况，为各个地区高等教育的发展提供其必需的经费补偿。通过以上转移支付制度的有效实施，保证区域间、校际高等教育的公平发展。

（三）健全教育转移支付保障机制

为保障教育转移支付制度的有效实施，需要为其提供有力的保障，但目前，我国财政转移支付制度的法律体系不完善，转移支付过程也缺乏有效的监督，在预算和资金使用上尚未做到公开透明，甚至有些地区在实施过程中存在教育转移支付资金被挤占和挪用现象。因此，为了保障教育转移支付制度的效用和效力，必须建立规范完善的法律体系，同时应将法定职责落实到具体的职能部门，做到职责清晰，以此保证教育财政转移支付资金的有效落实。此外，建立相应的监督体系也是必不可少的，可以成立相应的监管部门对教育转移支付资金管理和使用等各个环节进行严格的监督，使其能够达到既定效果。

（四）构建科学的转移支付政策体系

通过完善专项转移支付制度来构建转移支付制度的科学体系。第一，在明确专项转移支付标准、充分筛选教育专项转移的条件下扩大专项转移支付的范围。第二，转移支付过程中既要对涉及的资金数额进行科学处理，又要为急需投资的项目提供发展资金，同时在转移支付资金的管理和使用过程中，政府应扮演好资金监管者的角色，建立转移支付资金监督检查机制，以有效地避免出现不正当使用教育资金的现象。同时，要把公平公正和效益贯穿教育转移支付制度的制定和执行中。①

二　建立教育财政公平政策审计制度、监管体系

为了实现促进教育公平的目标，必须合理配置教育财政资金。要建立相关的监测、监督和问责制度，充分调动财政部门、教育部门等相关机构的积极性，调动利益相关方的积极性，确保教育资金落到实处，支持和帮助经济落后地区的教育发展，促进教育公平发展。

（一）建立完善的教育经费审计制度

义务教育经费的监督审计应以国家审计为主，兼行社会审计机制。需要加大对中小学教育经费使用过程的管理力度，将对学校的审计渗透到学校的日常管理中，建立规范有序的审计程序，对于审计过程中发现的问题及时改正，严肃处理。如对于义务教育"两免一补"政策实施过程中的经费运用，必须建立有效的审计程序，确保经费的专款专用，真正将经费落实到具体的贫困学生的住宿问题上。教育部出台的《关于进一步推进义务教育均衡发展的若干意见》明确提出，加强对义务教育均衡发展的督导评估工作，对县域内义务教育资源配置状况和校际在相应方面的差距进行重点评估，对地方政府在投入保障等方面进行综合评估。我国在促进教育财政公平方面已经取得了显著进展，但仍需继续探索科学合理的教育财政公平审计制度，以深化有质量的教育公平，确保不同群体适龄儿童平等接受义务教育。

同时，高等教育预算资金在管理和使用过程中始终存在财政资金使

---

① 赵侃 . 推进城乡义务教育均等化的财政政策优化研究［D］. 硕士学位论文，湘潭大学，2015.

用效益偏低、管理体系不规范、缺乏审计监督等问题。这就需要学校在资金使用过程中科学计算教育成本，并对教育的经济和社会效益进行分析，提高资金的使用效益，同时还要完善学校内部的审计监督体系，保证高等教育财政资金的合理配置。政府也需要转变传统观念，加强对学校资金使用的外部监督。

（二）健全教育经费信息公开制度

教育经费的使用首先应保证它的公开透明，这是教育经费监督机制的重中之重，只有公开透明的经费使用才能保证经费的使用效力，才能实现教育财政公平，因此，应健全教育经费信息公开制度。为确保我国教育财政投入行为的合法性和有效性，教育部应按时向社会公示教育经费预算、管理和使用情况，并且时刻接受社会各界的监督；教育行政部门每年应向社会进行公告，接受社会各界的监督。同时，学校自身应建立健全财务信息公开制度，及时地向社会各界公开学校经费使用和收支状况，并接受相关政府部门、教育部门、受教育者和社会的监督。此外，在采集和统计后需要对教育财政资金投入的规模、结构和成效进行分析，并发布评估报告，从而确保教育经费投入的公平性。

三　完善教育资助政策

（一）制定切合实际的高等教育成本补偿标准

高等教育成本补偿标准的具体制定需要考虑到我国居民支付能力和高校生均培养成本的实际情况，在此基础上确定受教育者的成本分担比例，制定学杂费收取标准，既要保证受教育者可以公平地接受高等教育，又可以为高等教育的发展提供有力的资金支持。因此，应制定科学合理的高等教育成本核算机制来测算实际的高校生均培养成本，从而改变目前高校收费所表现出的无序状态。目前，我国尚未形成明确的教育成本核算机制，一般是参照教育经费的相关统计数据，以教育支出作为成本核算的主要依据。同时，高等教育学杂费的收取金额不宜过快增长，而是应综合考虑我国实际的经济发展水平和居民支付能力，稳步推进、逐步提高，将收费金额限定在受教育者可以承担的范围之内。

（二）注重教育资助结构的均衡性

可以制定相关政策增加政府教育资助投入，还可以将学校自身无形资产引入助学金，增加学生资助投入量，保证更多贫困学生可以获得教育资助。但是根据西方发达国家的经验和教训，教育公平问题仅仅依靠资助资金投入量的增加是无法得到有效解决的，因为仅仅依靠单纯的量的投入是无法完全改善教育资源分配的公平程度的，应主要依靠科学合理的学生资助体系来保证资助结构的均衡性。因此，政府和学校在增加教育资助资金投入总量的同时，还必须建立科学合理的资助体系，注重资助结构的均衡性，将资助的增量优先供给受资助不足的学校和地区，以逐步缩小不同区域和学校学生受资助水平的差距，实现学生资助的全覆盖和有效覆盖。

（三）完善家庭经济困难学生的认定方法

我国的学生资助在具体实施过程中存在的一个主要问题就是，资助资金尚未做到完全的精准帮扶，资助过程中始终存在该得而未得、不该得而得、该得多而得少、该得少而得多的状况。因此，如何让资助资金发放到最需要的学生手中，对受资助学生的认定尤为重要。首先，为了对受资助学生的具体情况有充分准确了解，在认定过程中可以对申报学生进行家访和家庭经济情况调查，准确了解申报资助学生的家庭资产和收入并进行科学评定、建立档案。其次，要对受资助学生进行回访，了解家庭经济情况的变化，适时对资助做出调整，从而保障资助工作的公平性和有效性。最后，对经济困难学生的认定不能在全国范围内采取统一标准，而是应结合不同区域的具体经济情况，建立差别化的资助认定体系。

小　结

教育财政公平是教育领域的财政公平，在不同时期不同理念下，其内涵、判断标准存在一定差异，教育财政横向公平要求相同学生同样对待、相同情况相同对待，其测度指标有全距、标准差、变异系数、泰尔系数、沃斯特根指数等。教育财政纵向公平强调关注学生差异，有些学生应该得到更多的教育财政资源。西方国家较早关注教育财政公平，并采取了一些实质性措施。就我国而言，我国教育财政公平存在地区间差异明显、城乡间教育经费差异较大、校际教育财政差距突出、高收入群体获得的公共教育支出收益大于低收入群体等问题。在新时代背景下，我国实施教育供给侧结构性改革，力图促进教育系统公平而有质量的运行，进而实现更加优质、均衡、多元的教育资源和服务供给。

第七章　激活教育资源配置潜力：教育财政效率政策

教育发展要遵循"公平优先，兼顾效率"的价值取向，教育财政效率是教育财政的核心问题，也是最具有现实研究价值的问题，主要研究教育财政在教育领域发挥的作用如何，是否实现了成本的最小化以及产出的最大化。但是由于受到多重因素的影响，要想实现教育财政效率的显著提高是十分困难的。因此，研究教育财政效率政策更具有现实的价值和意义。本章首先解释什么是教育财政效率，然后进一步提出教育财政效率的分析框架及教育财政的配置与运行机制，最后通过分析我国教育财政效率政策状况，找到新时代提高我国教育财政效率的优化路径。

第一节　教育财政效率及其测度

效率在经济学领域中指的是经济活动中投入与产出的比例关系，它在教育领域中也是一个极其重要的命题，效率、充足和公平是评价教育财政效率的三个标准，教育公平与教育效率在教育领域一直都是两个十分重要的主题。

一　教育财政效率的定义

提到教育财政效率的定义，就必须弄清楚效率、教育效率、财政效率等名词的内涵及其内在的关联性。

（一）效率

直到 19 世纪，"效率"（efficiency）才正式成为一个比较科学的概念，最早用于物理领域，指的是物体做的有用功率与总功率之比。19 世纪末 20 世纪初，"科学管理之父"弗雷德里克·泰勒通过研究如何提高生产效率，在工厂管理中提出了生产效率（productive efficiency）。[1] 此后，效率的概念在经济学和管理学领域得到了广泛的应用。

在经济学中，效率也被称为帕累托最优状态或帕累托效率，这是一种理想的资源配置状态，它指的是提高一部分人的利益而不会损害其他人的利益。效率可以分为两大类：一类是生产效率，另一类是资源配置效率。生产效率体现为投入与产出的关系，即效率追求的是成本最小化、利益最大化的原则，它要求以最少的投入来获得最多的产出；而资源配置效率表示的则是企业对资源利用和分配的情况，可以通过统计企业对不同资源的投入情况以及资源的损耗程度来获得。生产效率是在宏观层面体现企业的情况，而资源配置效率则是在微观层面体现企业的情况。

因此，在经济学上，效率主要包含两方面的含义：一是生产效率，即单位时间内投入与产出之比；二是配置效率（也称经济效率），即现有的生产资源与所提供的人类满足之间的比例。但是在管理学中，效率则更侧重于"效果"（产品质量）和"速度"（产品生产的速度）的概念，因此效率也可以说是这两者的乘积。[2]

（二）教育效率

从教育经济学的视角来看，教育效率是指教育投入与产出之比，即教育的资源消耗与教育的直接产出成果的比率。[3] 可以用毕业率、升学率、辍学率、教室利用率、图书利用率、生师比、生均教育经费等指标来对教育效率进行测量。

教育效率与教育投入和教育产出呈现的是一种反比关系，即当教育投入一定时，教育产出越多，教育效率越高；当教育产出一定时，教育投入越少，教育效率就越高。那么教育投入和教育产出分别指什么呢？教育投入指的是一国或地区在教育领域内投入资源的总和，即人、财、物的总和。[4] 因为教育具有特殊属性，所以教育产出并不只是包含学校

---

① 弗雷德里克·泰勒. 科学管理原理［M］. 马风才译. 北京：机械工业出版社，2013.
② 许丽英，袁桂林. 教育效率——一个需要重新审视的概念［J］. 教育理论与实践，2007（1）：18－20.
③ 褚宏启. 教育公平与教育效率：教育改革与发展的双重目标［J］. 教育研究，2008（6）：7－13.
④ 林荣日. 教育经济学［M］. 上海：复旦大学出版社，2001.

产出的数量和质量，还包含因劳动力素质提高而引起的社会劳动生产率的提高以及国内生产总值的增加。①

从教育管理学的视角来看，教育效率更加重视学校非资金性的投入与产出之间的关系，并且更加重视研究作为主要教育成果的学生学业成绩。有些学者认为，学校非金钱性（non-monetary）的输入（例如教师专业训练）与其输出功能进行对比，可以估算得到学校效能；学校金钱性（monetary）的输入（例如生均经费和教师工资等）与其输出功能进行对比，可以估算得到学校效率。②

对于教育效率的把握可以从宏观和微观两个方面进行：宏观层面是指站在国家全局或者某一地区的角度来分析教育效率，可以通过研究某一时期或某一区域中教育投入对国民收入以及经济增长的贡献来研究教育效率的高低，如果某一时期或某一区域的教育投入对当地经济的发展起到了积极的推动作用，那么就可以说教育效率是有效的，反之亦然；微观层面主要是分析各级各类学校的教育效率，可以是学校对经费的使用效率、教学效率对学校管理体系的影响等。但是由于各级各类教育对教育产出的界定并不明确，各研究者选取的评价指标也不同，因而对教育效率的计算也就不同。如高等教育领域的效率就有其独特性，高等教育效率不仅指对教育资源的利用效率，因为高等教育产出的是人才，并且其具有能动性，因此对于高等教育效率的衡量就必须考虑到人才的培养质量。

现代经济学对教育内部效率和外部效率进行了系统的研究，指出内部效率是对教育系统内部人力、财力、物力资源使用效率的衡量，不只考虑教育对经济发展的功效，更进一步注重教育系统内的投入和产出之比；而外部效率是指教育损耗的资源与其间接产出之比，是对教育的人才产出对劳动力市场需求的满足程度和对教育经济贡献的衡量。③

（三）财政效率

财政效率可以说明政府对资源的配置以及运行是否合理、有效。但

---

① 吴莹．从"教育效率优先"到"更加注重教育公平"[J]．教育探索，2010（11）：22 - 24.

② 郑燕祥．学校效能与校本管理：一种发展的机制 [M]．陈国萍译．上海：上海教育出版社，2002.

③ 林莉，周鹏飞，吴爱萍．中国高等教育效率损失的系统研究 [M]．北京：中国财政经济出版社，2012.

是不能仅仅把财政效率等同于经济效率，不能只是单纯地理解为财政的投入和产出之间的关系。财政效率相对于经济效率来说拥有更为广泛和特殊的内涵，简言之即财政资金收支过程的投入与产出的比例关系。而财政社会效率则是通过财政的运行来提升人们的生活质量、改善公众全面发展的社会环境，以实现社会的和谐发展，简言之就是指财政收支对社会公众福利改善的影响程度。通常财政社会效率要高于财政经济效率，财政本身就是为公众谋福利的过程，这是财政的出发点和目标。

财政效率也可以分为财政收入效率与财政支出效率。财政收入效率可以用财政收入规模占 GDP 的比例来表示，它可以衡量各个纳税人在财政收入政策中所处的地位是否公平，以及财政经费的配置和行政运行是否合理、有效。财政支出效率是指在财政支出根本目的得以满足的基础上支出的有效程度。① 提供公共支出和服务是政府最重要的公共职能，所以对财政支出效率的重视程度要大于对财政收入效率的重视程度。财政支出效率主要表现在财政资金在社会各个领域的配置结构是否符合科学的比例，财政资金从政府运行到生产单位的过程中效率有没有损失，以及在产品的生产过程中有没有将成本和产出控制在最优水平。②

（四）教育财政效率

1. 教育财政效率的含义

教育财政效率是财政效率在教育领域的应用，是以财政的出发点与结果为基础并根据公众的意愿，追求教育财政使用过程中的效率，是对教育财政资源进行有效分配，从而实现教育财政资源浪费现象减少和财政支出效率最大化。它包括教育财政配置效率、教育财政运行效率、教育财政技术效率等。③ 这三个环节是紧密联系、不可分割的一部分。若其中一部分出现效率损失，则会导致教育财政效率的降低。

林文达提出教育财政效率可以分为三种。一是同时增加教育支出和

---

① 栗玉香. 教育财政学 [M]. 北京：经济科学出版社，2009.
② 杜玲玲. 义务教育财政效率：内涵、度量与影响因素 [J]. 教育学术月刊，2015（3）：67–74.
③ 栗玉香. 教育财政学 [M]. 北京：经济科学出版社，2009.

产出，追求总投入与总产出的经济效率。若想实现这种效率，需要增加个人关于教育支出的选择性，并坚持帕累托效率，在不损害任何相关者利益的情况下，不断扩大支出，增加产出。二是在教育支出一定的情况下，通过引进新的管理技术，优化组合，以获得教育产出的提高。三是通过约束教育的支出，以保持一定的投入效率。[①]

林文达关于这个概念的理解比我们所要研究的教育财政效率更宏观，他从教育财政投入与产出的角度对教育财政效率进行论述，而我们研究的教育财政效率是从微观的视角来阐述，包括教育财政的配置效率、运行效率以及技术效率等方面。因教育财政水平在不同国家、地区和学校面临着不同的差异，所以实现教育财政效率最大化必须立足于当地的实际。栗玉香指出，面对教育财政资金投入不足的情况，增加教育财政资金的支出、扩大教育覆盖范围和优化结构是提高教育财政配置效率的需要；当教育财政资金的投入相对充足时，进行一系列的改革来提高教育财政技术效率是关键方向；如果教育财政资金面临过度满足、教育规模达到一定界限，对支出进行约束并保持投入效率的稳定是提高教育财政运行效率的重点路径。[②] 在不同情况下，应根据实际情况把侧重点放在教育财政资金从配置到产出不同环节的效率上。

2. 研究教育财政效率的意义

教育作为国家的战略性事业，各国都把其作为发展的优先级，不仅加大财政投入的力度，而且在教育财政体制、教育财政结构以及教育经费运行机制等的改革发展上投入了大量的人力、财力与物力，旨在提高教育财政的效率，进而促进国家教育事业的发展以及教育政策的落地。20世纪60年代，西方许多国家面临着教育经费短缺的困境，逐渐开始重视教育财政效率，此后诸多学者纷纷开始关注教育财政效率理论。

自改革开放以来，我国在政治和经济方面都取得了不菲的成就，教育事业发展取得了巨大的进步。在经济新常态下，社会经济快速发展并超额完成了1993年提出的"4%"的教育财政目标，但是我们要认识

---

① 林文达. 教育财政学 [M]. 台湾：台湾三民书局，1986.

② 栗玉香. 教育财政效率的内涵、测度指标及影响因素 [J]. 教育研究，2010，31（3）：15-22.

到，我国的教育财政体制机制并没有发生根本性的变化，教育财政的投入总量及其占比相对于其他国家来说仍旧比较低，教育财政资源的配置与利用效率不高，教育财政资源浪费现象严重。因此，清晰地了解我国教育财政效率的内在机制和运行现状，对其进行科学合理的分析，从而使教育财政的配置更加合理，对我国教育财政体制的健全具有重要意义。

二　教育财政效率的分析框架

前文主要介绍了教育财政效率的含义，那么从教育财政效率的含义出发来分析教育财政效率，就包括从教育财政资金的投入与产出的所有环节，即教育财政配置效率、教育财政运行效率、教育财政技术效率三个环节来进行分析。

（一）教育财政配置效率

1. 含义及分析

教育财政配置效率是财政资金配置于公共教育领域所形成的效率，它包括教育财政资金配置去向所产生的效率及配置结果的效应。[①] 教育财政资源配置的计划是由政治政策和经济政策决定的，它不仅是一个对财政资金进行合理分配的过程，更是一个政治过程与经济过程。在实践中，国家的教育财政政策主导着教育财政资源的配置，其预算和转移支付都会受到政策的影响，预算模式和转移支付模式的不同会导致支出效率的不同。[②]

教育财政预算在政府预算体系中属于部门预算，是规定公共教育活动收支情况的法律性文件，旨在为满足公共教育需求提供所需财力支持和保障，合理的教育财政预算能够在公众面前展示出政府教育政策目标实现的努力程度和教育优先重点发展之所在。教育财政预算涉及制定、公布、执行、审计与评估等环节，而每个环节所涉及的相关部门也较多，如果其中某一环节出现了偏差或失误，那么预算所带来的损失是不可估

① 栗玉香，冯国有. 我国教育财政效率的问题、影响因素、对策选择 [J]. 国家教育行政学院学报，2009（11）：44 - 48.
② 杜玲玲. 义务教育财政效率：内涵、度量与影响因素 [J]. 教育学术月刊，2015（3）：67 - 74.

量的，因此要对预算的各个过程实施更为严格的管理，尤其要防止其中腐败现象的发生。只有确保教育财政预算的稳定实施，才能确保降低教育财政配置效率损失。

教育财政转移支付制度是上级政府为了保障各地区间教育支出和教育发展水平的均衡，而将财政资金转拨给下级政府作为其教育经费的经费援助制度，旨在实现教育财政和教育服务的均衡化，最终实现各地区间教育的均衡化。[①] 教育转移支付是解决地区间教育财政问题的重要手段，包括在一般性转移支付中的教育转移支付，对于解决地区间教育条件的差异问题和教育均衡化问题的贡献度很小；而专项转移支付中的教育转移支付对学校的经常性经费的影响也很小，无法从根本上缩小各地区公共教育服务水平间的差距。[②] 教育财政转移支付制度的效率和教育财政支付的效率并不是等同的，前者指的是教育财政制度本身的合理性，而后者指的是制度实施后所带来的结果的有效性。[③]

教育财政支付模式的不同会对教育财政配置效率产生不同的影响，但是教育财政支付模式如何对教育财政配置效率产生影响必须根据当地实际情况来分析，不能通过猜测凭空而论。教育财政转移支付模式如图7-1所示。

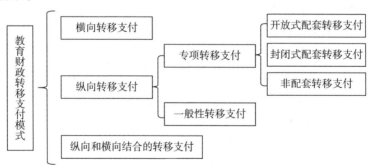

图7-1　教育财政转移支付模式

① 王善迈等.公共财政框架下公共教育财政制度研究［M］.北京：经济科学出版社，2012.

② 杜育红.中国义务教育转移支付制度研究［J］.北京师范大学学报（人文社会科学版），2000（1）：23-30.

③ 吴胜泽.中国政府间转移支付制度效率研究［M］.北京：经济科学出版社，2012.

2. 教育财政配置效率的影响因素

之前提到教育财政资金配置不仅是一个管理过程，更是一个政治过程。而影响政治决策和政治过程的因素有两个方面的参与主体：公众和政府。公众的参与和支持是教育财政资金得以配置的前提，教育财政资金配置的方向必须体现公众的意愿，当然在资金配置过程中也要保障公众的利益与权利；政府官员的执行力度决定着教育财政资金配置的效率，如果官员在执行过程中出现贪污腐败、态度懈怠、以权谋私的现象，那么势必会降低教育财政资金配置效率，进而降低政府公信力，降低公众参与程度。因此，在落实教育财政资金配置时政府要出台相关法律文件，杜绝各种贪污腐败现象，保障公民的权益，促进教育公平，提高教育效率与质量。

（二）教育财政运行效率

1. 含义及分析

教育财政运行效率，是指教育财政资金从政府部门配置到教育部门及各所需单位之间所发生的效率，即拨付资金过程中的效率。从理论上来说，财政运行模式遵循着以收定支的原则，在此情况下，在对教育财政资金进行分配后对财政资金的拨付就是一个执行的问题，但是现实情况并非如此，在进行教育财政资金拨付过程中还存在诸多的问题，这些问题直接影响着教育财政资金拨付时间的长短和拨付金额是否充足。

交易成本问题是影响教育财政运行效率的关键问题，交易成本是指为了完成交易所产生的各种与此交易相关的成本的总和。在教育财政资金运行过程中，交易成本的存在显著地增加了教育财政运行效率的损耗。降低教育财政运行过程中的交易成本是提高教育财政运行效率的关键。权力寻租现象的存在是交易成本居高不下的重要原因。在财政资金拨付过程中，教育财政资金的拨付方与被拨付方围绕资金的拨付产生了大量的额外交易费用。教育财政资金分配的体制机制不健全、不规范也是交易成本居高不下的重要原因。由于各类各项教育财政资金的分配与拨付缺乏统一明确的规范机制，各教育资金需求方为了获得更多的教育经费而付出了较高的交易成本。此外，腐败行为和权力寻租行为一样，都是单纯地改变资金配置而产生额外费用的活动。

2. 教育财政运行效率的影响因素

影响教育财政运行效率的因素主要有两个。首先，教育财政资金拨付环节过于烦琐。教育拨付资金需要经过中央、省、县多层级政府部门审批，拨付时间较长，拨付环节较多，而且各个环节都还伴随申请、审核、复核、划拨、支付等流程，可想而知其效率是低下的。其次，相关部门的不规范或者贪污腐败行为。拥有权力的拨款官员与资金使用单位间存在权力设租与寻租现象，并由此引发了一系列的贪污腐败行为，造成了公共财政资金的极大浪费，降低了教育财政资金的效率。相关部门官员对专项资金进行挪用、贪污的问题非常突出，例如用于西部地区建设的资金有时会被用于东部地区建设，这就使得原本应用于西部地区教育的资金被分流或发生损失，加剧西部地区教育的贫困与落后。人为原因是教育财政运行效率低下的最主要原因，相信在政府不断高压反腐的态势下，教育财政效率会得到逐步提高。

（三）教育财政技术效率

1. 含义及分析

教育财政技术效率是指教育财政资金使用单位（通常指学校）所获得的教育财政资金投入与教育产出之比。因此，分析教育财政技术效率其实就是分析某一学校的教育财政资金使用情况。[①]

对于教育财政技术效率的分析可以从两个方面入手：一是从局部出发分析学校内单个教育投入所带来的效率，这样可以根据数据分析得出在某一学校内所应投入的重点指标；二是从整体出发分析学校教育财政的投入与产出情况，与周边不同类型的学校进行比较，找出与其他学校在哪些指标上存在差距，进而加大对这方面的投入，或者从更宏观的层次着手，即从全国、省、市、县等层次进行教育产出的分析，以寻找影响教育财政技术效率的因素。

2. 教育财政技术效率的影响因素

影响教育财政技术效率的因素比较复杂，主要有学校规模、学校资金的获得方式、学校内部要素投入的比例等。学校规模需要控制在一个

---

① 栗玉香，冯国有. 我国教育财政效率的问题、影响因素、对策选择［J］. 国家教育行政学院学报，2009（11）：44－48.

合理的区间内，学校规模过小会无法保证基本教育服务的条件与质量，规模过大则会产生管理、沟通、协调等问题。在学校资金大部分来源于政府投入的情况下，学校缺乏自主性和灵活性，缺少提高财政资金使用效率的内在动力。教育作为以学校为生产单位的生产过程，在分析教育投入与产出的比例关系时，在识别和测量教育投入方面已经取得了很大进步。[①] 因此，不同的教育投入指标和产出指标也是影响教育财政技术效率的重要因素。如 Adams 选取 1992 年《美国新闻与世界报道》发布的排名前 25 位的高校和前 25 位的教学型学院为样本，采用 DEA 模型分析方法，以 SAT 平均成绩、具有博士学位的教师比例、师生比、生均教学和一般性支出、生均学费作为投入变量，以毕业率、新生留级率作为产出变量进行研究，并得出简要结论：25 所大学中 7 所有效率，而效率排名与其公布的排名不一致，教学型学院也是如此。[②]

三　教育财政效率的测度

上文对教育财政效率进行了详细分析，基于对教育财政配置效率、教育财政运行效率及教育财政技术效率的定义及其影响因素的分析，本部分主要论述了教育财政配置效率、教育财政运行效率、教育财政技术效率的测度指标，还有一些常用的教育财政测度方法。

（一）教育财政效率的测度指标

1. 教育财政配置效率的测度指标

教育财政配置效率的测度主要看教育财政支出是否能为实现教育目标提供充足的资金支持，以及教育经费的支出结构是否合理。根据教育财政支出结构以及生均经费指数，可以对教育财政的配置效率、教育财政的支出结构进行评价，而差异系数、利益归属度、满意度、满足度等则是测量教育财政配置效率的主要指标。

差异系数是指相关受教育主体占有政府配置的教育财政资金的差异度，它的变动情况能够反映财政配置效率的情况。根据差异系数的大小，

---

① 郑磊，杜玲玲，董俊燕. 公共财政转型中的中国高等教育财政——制度变迁、研究进展与改革方向 [J]. 教育学术月刊，2014（3）：32 – 39.

② Edward Ralph Adams. The Effects of Cost, Income, and Socio-economic Variables on Student Scholastic Aptitude Scores [D]. Ball State University, 1994.

可以衡量财政配置是有效率还是低效率（或者无效率）。例如，对某地区的教育财政配置效率进行考察，需要分析本年度该地区内各区域间、城乡间、学校间教育经费的差异系数，然后将计算出的结果与上一年度的数值进行对比。如果数值变小，则表示财政配置有效率；反之，则代表低效率或者无效率。

利益归属度是指财政资金在相关主体上实际分配的占比程度，它等于享用资源的实际人数与应享用资源的总人数之比。假如教育财政分配的资金全部用于相关主体，则利益归属度为100%，教育财政配置有效率；假如教育财政分配的资金只有部分（例如50%或者更低）用于相关主体，则教育财政配置低效率或者无效率。

满意度是指人们对教育财政配置的满意程度，群众的满意程度能够反映出教育财政配置效率的优劣状况。教育财政的满意度，是指人们对教育财政投入在国内生产总值中所占比重及变化趋势的满意程度，以及对教育财政配置的比例及方向的满意程度。群众的满意度情况可以通过各种调查统计获取，较高的满意度对应着较高的教育财政配置效率，较低的满意度则对应着较低的教育财政配置效率。

满足度是指教育财政的专项资金对其所对应项目或者相关主体的实际资金需求的满足程度。满足度如果高于100%，表示资金配置过度，将导致浪费和低效；低于100%，则表示资金配置不足，将导致低效或者无效。[①] 例如，某学校一个项目所需要的专项资金为8万元，而教育财政划拨的专项经费恰好是8万元，则满足度为100%；如果其需要的专项资金为8万元，而财政分配的专项资金为10万元，则满足度超出100%（10/8 = 125%），资金配置过度；如果其需要的专项资金为8万元，而财政分配的专项资金少于8万元，则满足度低于100%，资金配置不足。

2. 教育财政运行效率的测度指标

栗玉香指出，迟效指数和交易成本是度量教育财政运行效率的指标。教育财政运行效率的高低与迟效指数的大小和交易成本的多少有着直接的联系。[②]

①　栗玉香. 教育财政学［M］.北京：经济科学出版社，2009.

②　栗玉香. 教育财政学［M］.北京：经济科学出版社，2009.

迟效指数＝延迟拨付时间/延迟拨付金额，迟效指数越大，则教育财政运行效率越低，反之亦然。一般而言，虽然政府对于教育财政资金什么时候拨付、拨付多少都有较为详细的预算，但是在执行过程中总会出现延迟拨付或者缺额拨付资金的情况。在拨付专项资金给所需教育单位时，有些主管单位会延迟发放资金，有些甚至缺额拨付资金，这种情况在教育欠发达地区表现得更为严重，尤其是在农村、偏远山区等。这会给教育单位的教学进度和教学质量带来严重的影响，使学生的学习受到影响。

交易成本（交易费用）也是影响教育财政运行效率的一个重要因素，交易成本占拨付资金的比重（交易费用指数）越大，那么教育财政运行效率越低。科斯在1937年有关企业性质的分析中认为，交易是稀缺性的，其成本和收益也是可以计量比较的。在《社会成本问题》中，他论述了"市场交易成本"的概念，认为交易成本应该包括测度、界定和保障排他性权利的成本，发现交易对象与交易价格的成本，讨价还价和订立交易合同的成本，监督契约履行的成本等。[①]威廉姆森继承并发展了上述理论，他从契约维度入手，从"事前的"和"事后的"交易费用进行了分类研究和分析。

关于交易费用的度量，则是从教育经费支出中推算出交易费用，采用的是自上而下的总值估量方法。我国教育投资的结构如图7-2所示。

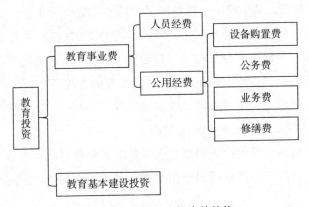

图7-2　我国教育投资的结构

---

① 杨克瑞. 教育交易费用及其度量［C］. 中国教育经济学年会会议，2007.

人员经费和教育基本建设投资都是教育直接成本，并不是交易成本。所以，教育交易费用应指除直接投资（如设备购置费）之外的教育公用经费总额中的公务费、业务费（含招待费）、修缮费及其他费用之和。

3. 教育财政技术效率的测度指标

教育财政技术效率指标的测度，主要是指在教育财政投入一定的情况下所带来的教育服务产出和所产生的教育结果的测度。教育服务产出可以用学校开设的课程量、授课时长、教师职业水平、考试成绩、学生留级率和重读率等来反映。若除学生重读率之外其他指标值越大，则说明教育财政技术效率高。学生重读率越小，则说明教育财政技术效率越高。[①]

（二）教育财政效率的测度方法

1. 综合指标体系评价法

综合指标体系评价法简称指标法，它是在明确财政支出绩效评价对象的基础上建立科学的绩效评价指标体系。这个体系中的指标可分为总量指标、相对指标和平均指标。总量指标反映的是某一对象某一时间段内总数量的绝对数，相对指标反映的是两个对象的对比，而平均指标反映的是对象总体内各单位的平均值。指标体系的建立一般需要依据特定的准则，需要将短期效益和长期效益相结合，需要将定性和定量相结合，需要将统一指标和专门指标相结合。

常用的指标有效益系数、生均经费、生均培养成本、升学率、辍学率、生师比、生均图书册数、全国财政性教育经费占 GDP 比例的实现程度、预算内教育拨款增长率、利益归属度、满意度、人才培养质量、投入产出比等。在评价各级政府时，指标法比较适用，但当指标法运用在评价学校效率上时，由于学校效率的条件和环境比较复杂，而指标法则比较简单，只能体现其局部效率，无法反映约束条件和环境的差异影响，具有很大的局限性。

---

① 埃尔查南·科恩，特雷·G. 盖斯克. 教育经济学（第三版）［M］. 范元伟译. 上海：格致出版社，上海人民出版社，2009.

2. 基于教育生产函数的"教育增值法"

对教学效果和效率的评价，一般会主要把学生的成绩和学校的升学率作为评价指标。但是，学生成绩高低的影响因素是多元的，除学校的影响外还有许多其他影响因素，所以不能将其单纯地作为评价学校效率的标准。而"教育增值法"就是通过运用相关的统计分析方法，把学校对学生成绩的影响因素分离出来，将其他影响学生成长的因素剔除，以对学校教育服务的"净"影响进行评价。"教育增值法"比较强调生源因素的控制，而且非常关注学校环境的影响。

"教育增值法"一般涉及两个方面的统计技术：一是等值技术，二是多层线性模型。目前，基于 IRT 较主流求等值系数的方法主要有对数对比等值法、Haebara 等值方法、Stocking-Lord 等值方法、基于 LOGISTIC 模型的 ms 和 mm 等值方法、余弦准则等值方法等。[①] 而多层线性模型是一种对多个层次的因素进行全面分析的模型，其计算结果更加接近学校的实际绩效，但是其模型比较复杂，数据的获取也存在一定的难度，而且它计量的是学校效率，不太符合教育财政的标准，在评价教育财政效率时具有局限性。

3. 前沿效率分析法

前沿效率分析法是通过前沿生产函数对效率进行测算的方法。传统的线性回归模型在计量学校效率上存在较大的缺陷，它只反映了各投入与平均产出之间的关系，即平均生产函数；而前沿生产函数则反映了各投入与最大产出之间的关系，让经验分析与理论中的生产函数的性质相一致，其研究方法可分为参数方法和非参数方法。[②]

随机前沿分析方法（SFA）是比较常用的参数方法。它首先根据假设确定或建立一个具体的生产函数形式，然后对函数中各参数进行计算和估计。它的误差项一般有两种：一种是对称分配的随机误差，代表该单位无法控制的外在干扰因素；另一种是单边分配的随机误差，代表该单位的无效率因素。[③] 这种方法通过参数估计来生成生产边界，

---

① 范晓玲，王俊. 教育增值评价综述 [J]. 科学导报，2014 (11).
② 陈笑妍. 中国义务教育财政效率评价研究 [D]. 硕士学位论文，湘潭大学，2013.
③ 丁建福，成刚. 义务教育财政效率评价：方法及比较 [J]. 北京师范大学学报（社会科学版），2010 (2)：109－117.

在投入等条件一定时，分析学校的实际产出与最大可能产出的关系，通过评价学校的评估结果和生产边界的关系，找出具有更大产出的学校。[①]

（三）基于 DEA 模型的教育财政效率测度

数据包络分析法（DEA）是比较常用的非参数方法。该方法是在 Farrell 的基础上，以单输入单输出的效率概念为基础发展起来的评估具有多输入多输出同类型决策单元相对有效性的效率评估体系。[②] 这种方法是用来评价同类型单位的相对效率的工具方法。

当涉及的单位拥有多项无法统一的投入和产出时，就可以利用数据包络分析法来进行计算分析。例如，计算学校的投入产出比，其输入可以是生均经费、硬件设施、师资等，其输出可以是升学率、学生成绩、科研成果等。数据包络分析法会将结果中效率最高的学校筛选出来，然后计算其他学校距离边界点的值，最后得出各学校的效率结果。而这种方法是测度其他学校相比于效率最高学校的相对效率，它要求各学校各单位的需要具有相同的性质，在实际操作中需要选取同类学校作为样本。而且，DEA 不能对投入作用于产出的具体影响进行分析，不能反映出各项投入与产出的具体作用关系。DEA 的模型形式包括 CCR、BCC 等。

对于每一个决策单元 DMU 都有相应的效率评价指数，即：

$$h_j = \frac{u^T y_i}{v^T x_j} = \frac{\sum_{r=1}^{s} u_r y_{rj}}{\sum_{i=1}^{mn} v_i x_{ij}}, j = 1, 2, \cdots, n$$

以第 j_0 个决策单元的效率指数为目标，以所有决策单元的效率指数为约束，构造下面的 CCR（C^2R）模型：

$$模型（1）= \begin{cases} \min \theta_j \\ \text{s. t.} \sum_{j=1}^{n} x_j \lambda_j + s_j^- = \theta_j x_j \\ \lambda_j \geq 0, j = 1, 2, \cdots, n \\ s_j^- \geq 0, j = 1, 2, \cdots, n \end{cases}$$

---

① 杜玲玲. 义务教育财政效率：内涵、度量与影响因素［J］. 教育学术月刊, 2015（3）: 67－74.

② 丁建福, 成刚. 义务教育财政效率评价：方法及比较［J］. 北京师范大学学报（社会科学版）, 2010（2）: 109－117.

C^2GS^2 模型如下所示：

$$
模型(2) = \begin{cases}
\min \delta_j \\
s.t. \sum_{j=1}^{n} x_j \lambda_j - s_j^{+} = y_j \\
\sum_{j=1}^{n} \lambda_j = 1 \\
\lambda_j \geq 0, j = 1, 2, \cdots, n \\
s_j^{+} \geq 0, j = 1, 2, \cdots, n
\end{cases}
$$

其中，θ_j、δ_j 分别表示第 j 个决策单元的综合效率和纯技术效率；s_j^{-}、s_j^{+} 分别表示投入冗余和产出不足。设 $\eta_j = \theta_j / \delta_j$ 为第 j 个决策单元的规模效率，根据模型（1）和模型（2）有 $\theta_j \leq \delta_j$，因此 $0 < \eta \leq 1$。若 $\theta_j = \delta_j$，则称该 DMU 规模有效。若 $\theta_j < \delta_j$，如果 $\sum_{j=1}^{n} \lambda_j < 1$，决策单元为规模效益递增，$\sum_{j=1}^{n} \lambda_j > 1$ 表示决策单元规模效益递减。若某决策单元的 θ 值接近 1，则表明该 DMU 具有较高的投入产出比，资源配置效率较高。

教育可以说是一项复杂的活动，需要大量的教育财政投入去实现高等教育的正常运行。教育投入主要包括人力资源投入形式、财力资源投入形式、物力资源投入形式，其中，财力资源投入被认为是基础、根本。以 2020 年河北省高等职业教育投入产出效率评价为例，构建教育投入产出效率评价 DEA 模型时，投入指标主要包括生师比、"双师型"教师占专任教师比例、生均校内实践教学工位数、生均教学科研仪器设备值与生均拨款水平，产出指标包括就业率、专利申请数量、技术生产效益与毕业生本省就业比例。

以投入指标与产出指标作为 DEA 各评价模型的输入与输出，得到河北省高等职业教育投入产出样本共 24 个，包含 2020 年的输入、2021 年的产出。运行 DEAP 2.1 软件，对投入产出数据进行了以投入为导向的 CCR 模型和 C^2GS^2 模型分析，结果如表 7-1 所示。通过纯技术效率，我们可以测度出某一高校的投入是否达到了产出最大化；综合效率可以表示其整体运作是否处于最佳的状况，可以作为其他 DEA 非有效高校改进的参考对象。教育可能处于规模报酬递增无效状态，也可能处于规模报酬递减无效状态。

表 7-1　2020 年河北省高等职业教育投入产出效率评价 DEA 模型

决策单元	综合效率	纯技术效率	规模效率	规模报酬
1	1.000	1.000	1.000	—
2	1.000	1.000	1.000	—
3	1.000	1.000	1.000	—
4	0.972	1.000	0.972	递增
5	0.983	1.000	0.983	递增
6	1.000	1.000	1.000	—
7	1.000	1.000	1.000	—
8	0.986	1.000	0.986	递增
9	0.908	1.000	0.908	增减
10	1.000	1.000	1.000	—
11	1.000	1.000	1.000	—
12	1.000	1.000	1.000	—
13	0.990	1.000	0.990	递增
14	1.000	1.000	1.000	—
15	0.916	1.000	0.916	递减
16	1.000	1.000	1.000	—
17	0.964	1.000	0.964	递增
18	0.983	1.000	0.983	—
19	1.000	1.000	1.000	递减
20	0.840	0.847	0.992	—
21	1.000	1.000	1.000	递增
22	0.843	1.000	0.843	递增
23	1.000	1.000	1.000	—
24	0.992	1.000	0.992	递增
均值	0.965	0.982	0.982	

第二节　我国教育财政效率政策的执行情况

教育财政效率是保障教育效益的前提，也是教育财政政策改革的基本价值取向。在新时代背景下，随着教育供给侧结构性改革的推进，我国的教育财政效率政策进一步健全，同时由于我国国情、体制和发展阶段等因素的制约，在教育财政效率方面还存在一些不足和问题。本节主要通过阐述我国教育财政效率政策实施现状、教育财政效率政策取得的成就与执行中存在的问题三方面内容来探讨我国教育财政效率政策的执行情况。

一　我国教育财政效率政策实施现状

当前，随着教育财政制度建设进入新时代，追求高效率高效益的教育财政政策成为我国在有限的财政资源下提高教育质量的必由之路。教育财政效率是考察教育事业发展情况的重要指标，是教育优先发展的战略保障。为了提高教育财政效率，我国于 1993 年提出在 20 世纪末财政性教育经费占 GDP 的比例达到 4% 的政策目标。2010 年，《国家中长期教育改革和发展规划纲要（2010—2020 年）》提出，到 2012 年实现财政性教育支出占国内生产总值的比例达到 4% 的目标。2012 年，我国教育财政投入占比达到了 4.28%，进入了"后 4% 时代"。根据《2021 年全国教育经费执行情况统计公告》，2021 年国家财政性教育经费达到45835.31 亿元，占 GDP 比例连续 10 年保持在 4% 以上。虽然中间出现了小幅的下降但均在 4% 以上，教育财政的整体效率较以前有了明显提升。

此外，针对中西部贫困地区和农村学校基础设施落后、师资力量薄弱、教师待遇差等问题，教育财政效率政策加大了对这些地区和学校的扶持力度，以减少因资源不足而造成的教育财政低效甚至无效现象的发生，尤其是在义务教育中，针对这些问题的政策举措越来越多。目前，各地义务教育阶段的学校得到的政府投入可以分为人头费、公用经费和基础建设经费，在义务教育阶段实施生均综合金额拨款政策，目前正在积极探索义务教育财政投入是否会直接影响教育资源的供给与配置。新时代下的教育供给侧结构性改革便是从教育资源的供给入手，旨在提供更加优质的教育资源，并对教育资源的配置方式进行优化，以提高教育财政的效率，提供更加优质的教育服务，增加教育成果的产出。

在高等教育财政的拨款上，我国先后采用了"基数加发展""综合定额加专项补助""基本支出预算加项目支出预算"等模式，这些模式在效率和效益等方面都存在很大的缺陷。2011年开始实行"生均拨款加专项补助"的拨款模式，这种拨款方式的指标单一，高校为了获得更多的财政拨款，会不断扩大招生规模，而同时高校的配套师资和硬件设施等又都需要相应的资金投入，这又变相地增加了学校的财务负担，相应配套资金的投入不足会导致财政效率以及教育质量的低下。

二　我国教育财政效率政策取得的成就

（一）教育财政效率政策有效执行，义务教育全面普及

公共教育财政投入经费绝对量增加和相对量的较快增长，为教育财政效率政策的落实与执行提供了经费支持。2015年，覆盖1.4亿名学生的义务教育已经被全方位地纳入公共财政保障体系内，九年义务教育普及的攻坚战终于完成，义务教育的战略目标终于达成。2022年，我国小学学龄儿童的净入学率达到了99.96%，而同年的义务教育巩固率达到了95.2%。九年义务教育为我国整体国民素质的提高做出了巨大的贡献，在此战略性政策的作用下，我国即将成年的国民的受教育年限达到了9年，劳动力素质获得普遍提高，对各产业和经济社会的发展影响深远；对于高中阶段的教育，2022年我国此阶段学生的毛入学率达到了91.6%，并在城镇基本普及了高中阶段教育，有效衔接了义务教育的发展；在职业教育方面，我国也取得了巨大的进步并取得了不菲的成就，统计数据显示，2022年我国中等职业教育在校生数量达到了1339万人（见表7-2）。在办学规模和覆盖人数上，我国职业教育已经分别占到高中阶段教育和高等教育的一半左右，已经形成世界上规模最大的职业教育。

表7-2　2012年与2022年我国各级教育发展情况对比

单位：%，万人

指标	2012年	2022年
义务教育阶段		
小学毕业生升学率	98.3	99.96
初中毕业生升学率	88.4	102.5

续表

指标	2012 年	2022 年
高中阶段		
毛入学率	85.0	91.6
在校生人数	4581	4053
其中：普通高中	2467	2714
中等职业教育	2114	1339
高等教育阶段		
毛入学率	30.0	59.1
在学总规模	3325	4655
研究生人数	172	365

资料来源：根据《全国教育事业发展统计公报》《中国统计年鉴》整理。

（二）教育财政效率政策推动高等教育大众化水平进一步提高

在教育财政效率政策的大力支持下，高等教育获得了突飞猛进的发展。自 1999 年以来，针对高等教育的发展，我国先后出台了《面向 21 世纪教育行动振兴计划》《中华人民共和国高等教育法》等一系列的政策文件，我国的高等教育由此迈入了一个规模快速扩大的高度发展阶段。2020 年，我国高等教育的毛入学率已经达到 54.4%（见图 7-3），截至 2022 年已经达到 59.6%，在学总规模已经有 4655 万人左右，是世界范围内规模最大的高等教育。2010 年以来，我国高等教育的规模呈不断扩

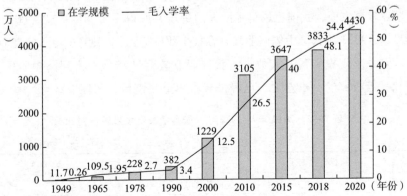

图 7-3　1949～2020 年我国高等教育在学规模和毛入学率

资料来源：《中国教育统计年鉴》。

大的趋势。在招生人数上，2020 年的招生人数为 967.45 万人，是 1978 年的近 20 倍，近年来虽然变动幅度不大，但是仍然处于稳步增长状态。而高等教育的毕业生规模也在不断扩大。相较于 1978 年我国 16.5 万的毕业生人数，2010 年以来我国的毕业生规模扩大了几十倍，从 2010 年的 631 万人扩大到 2020 年的 874 万人，我国高等教育毕业生人数仍然以较平稳的速度在增长。

随着本科教育人数的增长，研究生的人数也在逐年增长。根据相关统计数据可知，在 20 世纪 80 年代，我国研究生的招生数量大概只有 1 万人，而随着经济社会和高等教育的发展，2010 年我国研究生招生人数已经达到了 53.8 万人左右。其中，2011 年和 2012 年是中国研究生高速扩招的阶段，到 2012 年我国研究生的招生人数已然达到 59.0 万人，是 20 世纪 80 年代的 50 多倍。2020 年，我国研究生招生规模达到 110.65 万人，其中，博士招生 11.60 万人，硕士招生 99.05 万人，招生逐渐趋于理性。在推进供给侧结构性改革的背景下，我国教育财政需要更深层次的变革和调整，为我国从人口大国向人口强国蜕变提供物质基础，为迎接新时代的新挑战做好人力储备。

（三）教育财政效率政策推动教育整体效率和规模效率的提高

近年来，随着我国经济社会的发展，国内生产总值不断增长，财政收入日益增多，对教育的财政投入也逐渐增多，教育财政配置政策趋于合理，对各地区各级各类教育的财政投入更加科学，教育财政投入政策更加注重优化资金分配结构，更加追求整体效率和规模效率的提高。

截至 2015 年，全国所有的县均实现了九年义务教育，惠及 1.4 亿多学生。2017 年，我国已有 29 个省（区、市）的 13.7 万所学校实行了营养改善计划，覆盖的学生超过 3360 万人。除了义务教育，教育财政政策对高中阶段教育的扶持力度也很大。截至 2020 年，高中阶段毛入学率为 91.2%，比上年提高 1.7 个百分点。对九年义务教育和高中教育发展的政策支持，使得我国现阶段 15 岁以上人口的平均受教育年限超过 9 年，进一步推动了我国受教育人口结构的优化。[①] 此外，我国政府也重视高

---

① 刘国余. 基于教育社会收益率的我国教育财政投入研究 ［D］. 博士学位论文，东北财经大学，2014.

等教育的发展，在教育财政政策上对高等教育给予了较大力度的扶持，不遗余力地支持高精尖人才的培养。《2020 年全国教育事业发展统计公报》显示，2020 年，我国共有普通高校 2738 所，高职（专科）院校 1468 所。各种形式的高等教育在校生规模达到 4183 万人，比上年增加 181 万人。高等教育毛入学率为 54.4%，比上年增加 2.8 个百分点。研究生招生 110.66 万人，比上年增加 19.00 万人，增长 20.74%。招生规模进一步扩大。

此外，由于我国长期存在的地区经济差距和城乡差距，偏远落后地区和农村的教育资源比较匮乏，教育水平比较落后，教育的整体效率不佳，且其规模效率受损。针对这种教育不均衡现象，国家教育财政政策近年来逐步加强对中西部偏远地区的教育财政资金配置，不断增加农村的教育财政资金投入，优化农村基础设施建设，改善办学条件，在一定程度上缩小了地域和城乡间的差距。

三　我国教育财政效率政策执行中存在的问题

（一）教育财政效率政策中财政资金的配置机制不合理

教育财政效率的高低直接体现在教育财政政策制定的科学性与合理性，以及政策执行与落实的力度强弱上。[①] 教育财政资金配置规划不合理、比例和方向有问题，将直接导致配置效率低下。

我国教育财政配置效率低下主要体现在以下几个方面。一是教育规划缺乏配套资金，导致政策难以落实。例如，在普及九年义务教育的过程中，许多地方政府缺乏相应的配套财政支持，导致"普九"目标延迟达标，过程中质量问题突出。二是教育财政配置方向偏离公众和社会的需要，教育财政资金存在配置低效乃至无效现象，使教育得不到改善，无法有效满足公众和社会更高水平的教育诉求。三是缩小教育财政资金配置差异的力度较小。我国地区间、城乡间、学校间的教育资源配置失衡情况较严重，各地区教育财政配置差异较大，师资力量差距大（见图 7-4），硬件软件设施差距较明显，部分中西部和农村的教育水平还比较

---

① 栗玉香. 教育财政效率的内涵、测度指标及影响因素 [J]. 教育研究，2010，31（3）：15 – 22.

落后，低于发达地区的教育水平，教育财政的配置效率较低，且一直没有得到明显的提升。

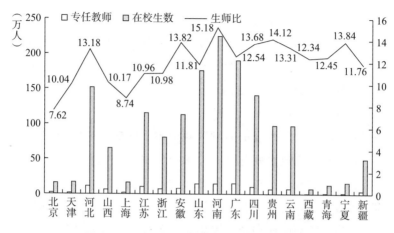

图 7 - 4　2020 年部分地区普通高中师生情况

资料来源：《中国统计年鉴 2021》。

（二）教育财政效率政策关于资金运行机制的构建不完善

从理论层面来说，在以收定支的财政运行模式下，在充分的分析、探究基础上形成教育财政资金配置规划以后，教育财政资金的拨付只需要程式的操作，不管是国库集中支付还是政府采购，对教育单位资金需求合理性的满足是应有之义。① 但是在实践中却经常存在许多问题，阻碍着教育财政运行效率的提高。

我国教育财政运行效率损失主要表现在以下几个方面。一是教育财政资金被挤占、挪用。当地方可支配财政不足而造成财政紧张时，一些地方政府会挤占、挪用教育财政，以缓解其他方面的资金需求。二是地方和学校存在设租寻租现象。设租寻租的存在极大地增加了教育财政的交易成本，造成了严重的浪费。三是贪污腐败。我国不完善的体制机制和教育领域的特殊性，极易使教育财政方面的贪污腐败现象高发，并直接或间接引发了严重的教育财政效率损失。

---

① 栗玉香，冯国有. 我国教育财政效率的问题、影响因素、对策选择 [J]. 国家教育行政学院学报，2009（11）：44 - 48.

（三） 教育财政效率政策中资金的利用机制陈旧僵化

教育财政效率问题不仅存在于教育财政的配置和运行环节，作为教育财政资金流动终端和输出教育成果的基本单位，学校也存在教育财政技术效率低下的情况，它直接影响教育服务和产出的质量。我国教育财政效率政策中关于教育财政经费需求方对财政资金利用的指导规范还不够完善，而且学校财政经费使用的灵活性和自主性也受到一定的限制，存在许多教育财政利用效率的问题。

我国教育财政效率政策中的财政利用效率问题主要体现在以下几个方面。一是学校缺乏追求教育财政技术效率提高的内在动力。因为学校特殊的资金来源方式，其忽视了教育成本的降低，盲目而不计代价地进行采购、建造以及其他花费。二是学校内部经费的投入比例不合理。许多学校对于经费的分配使用缺乏科学合理的规划，在人力等必要投入方面分配的资金较少，而在形象工程等方面则开支巨大，造成了教育经费使用的低效率。三是受工资制度的影响，教师劳动供给不完全。长期存在的固化的教师工资制度和学校收入分配制度，抑制了教师的劳动供给，导致教学效率的低下。四是我国教育缺乏规范性的毕业质量标准。我国大部分学校存在"宽进宽出"的现象，许多学生在毕业时并没有达到应有的素质水平。五是高等教育就业率偏低。我国高等教育的专业设置与经费投入存在不合理的现象，专业重视程度的不同导致专业间经费差异巨大，重点专业因获得的资源过多而导致浪费，非重点专业则因资源不足而导致产出不足，且其教育产出与社会需求错位，导致教育财政利用效率偏低。

第三节　教育财政效率政策的国际借鉴

教育财政效率政策在世界各国教育领域都占据着重要的战略地位，各国都或多或少地针对教育财政效率的提高对教育财政体制进行过改革。"他山之石，可以攻玉"，汲取教育发达国家的经验，对于提高我国教育财政效率有重要意义。本节旨在通过研究美国和英国在教育财政效率方面的改革，对比我国教育财政体制现状，寻找对我国教育财政体制改革有益的经验，为我国教育财政效率政策的制定提供参考。

一　美国教育财政效率政策经验借鉴

（一）美国提高教育财政效率的政策改革

1. 美国 20 世纪 80 年代义务教育改革背景

20 世纪 80 年代，美国国内的政治与经济环境发生重大变化，国民经济出现危机，政府财政紧缩，教育财政资金的投入受到影响，被波及的教育质量也出现降低的现象。而且在这一时期，国际上科技与人才的竞争逐渐加剧，新技术革命浪潮来袭，知识与信息经济在国家实力对比中的地位逐渐凸显，知识密集型产业逐渐代替劳动密集型产业成为国家经济的核心竞争力。在国内与国外的综合因素作用下，国家对于人才和技术进步的需求越来越强烈，提高国民整体科学文化素质势在必行，加大教育投入、提高教育质量成为美国这一阶段的迫切要求，而与此时的教育战略相对应的教育财政体制的改革也更加注重教育财政效率与教育质量。

1983 年 4 月，经过各界精英人士的论证，征求了大量民众的意见后，关于美国教育质量的报告《国家处于危机之中：教育改革势在必行》发表，该报告指出了美国教育质量下降的现象，在美国社会引起强烈的反响，社会各界对国家的教育问题都开始加大关注力度，许多官方及民间组织开始进行深入分析研究。经过一系列的深入调查与分析，美国社会对于提高教育质量有了高度共同的认知。

2. 美国 20 世纪 80 年代义务教育改革措施

20 世纪 80 年代初，美国联邦政府缩减财政开支，对教育的财政投入大幅度减少，而州政府此时则加大了对地方义务教育的投入力度。随着经济社会以及教育的发展，义务教育的拨款方式也在发生改变，追求高效率的教育财政成为此阶段的主要目标。

在 20 世纪 80 年代，美国社会经济低迷，联邦政府连年出现预算赤字，教育财政投入不足。同时，里根上台后推行"还权于地方"的策略。1981 年的《综合预算调整法》，把联邦政府各专项教育拨款通通合并为一揽子拨款，下拨后的分配及使用权归州政府所有，州政府在权力扩大的同时，承担的教育责任也相应增加了。州政府对地方义务教育的投入不断增加，1989 年的投入是 1980 年的 10 倍左右，1983 年之后的 5 年内州教育经费投入增加了约 21%。许多州进行了财政体制改革，通过提高销售税和所得税的税率来增加财政收入，借以增加教育财政资金的投入。例如，阿拉斯加州将这两种税率提高了 1 个百分点，多获得了15400 万美元左右的财政收入，并将这些资金注入教育领域。① 此外，州政府还制定了各种政策来鼓励社会资本对教育进行投资，以减轻州政府的教育财政负担，充分提高教育财政的配置与利用效率。

20 世纪 80 年代，美国联邦政府的拨款多采用块型拨款的方式，这种根据人数来进行资助的方式提高了地方学区的自主权，给予了地方教育单位更多的灵活性和自主性，调动了其提高教育财政效率的积极性。州财政对地方教育资金投入的增加主要是通过对各学区的补助来进行的。由于各州都拥有较大的自主权，所以各州的教育补助方式不尽相同、各有特色，并没有一个固定的统一的资助模式。每个州会根据各自不同的情况，制定符合自身地域特色的资助模式，所以此阶段美国各州教育资助模式呈现多样化的趋势。

（二）美国提高教育财政效率的经验借鉴

采用灵活的拨款方式，适当扩大地方政府的权力，充分调动地方的积极性，是一条提高教育财政配置与利用效率的尝试路径。在义务教育财政资金的配置和使用上，美国联邦政府将权力下放给州政府，鼓励各州因地制宜发展自己的教育资金拨付方式、多样化的教育资助模式，结合各地区的需求与财政差异，充分调动地方政府和学区的积极性。

在教育财政经费的配置和运行上，美国逐渐形成了灵活的教育财政资金拨付模式，各州可以根据自身情况制定适宜的资助方式，教育财政资金的配置效率和运行效率大大提高。在我国，层级条块复杂的财政资金拨付方式则过于僵化死板，基本上完全按照教育财政资金预算拨款制度的要求进行财政拨付，地方各级政府在教育财政的申请上需要层层上报，申请、审核、拨付的流程非常复杂，教育财政效率损耗严重。而且我国的教育财政拨款方式比较单一，无法较好地适应多种多样的教育资金拨付需要，无法体现地域广阔而各地区情况复杂不一的国情，不能有效满足各地的教育财政需求。因此，灵活的教育财政拨付方式，并适度地将财权下放，对于

---

① 闫福甜. 战后美国义务教育财政改革及启示 ［D］. 硕士学位论文，陕西师范大学，2006.

我国教育财政效率政策的制定与执行具有重要的借鉴意义。

二　英国教育财政效率政策经验借鉴

（一）英国提高教育财政效率的政策改革

1. 英国 1988 年教育财政改革

20 世纪 70 年代，受福利国家政策的影响，英国的基础教育质量开始变得低下，进而导致了 1988 年的英国教育改革。本次教育改革是在加强国家在教育领域统一领导的基础上，倡导市场原理。在教育财政制度方面，英国对教育财政拨款制度进行了改革。这次改革把学校的教育财政经费与学生数相关联，主要通过公式拨款的方式以学校的学生数量为基准进行拨付。此次改革还下放了财权，扩大了学校的财政自主权，学校拥有了大部分教育财政经费的使用权，可以结合本校实际，自由灵活地调配这部分教育经费。除此之外，这次改革还推行直接拨款公立学校制度，直拨学校的教育财政经费将由中央政府全额下拨，学校拥有这些教育经费的自由支配权。

1988 年的教育财政改革，引入了市场原理，激发了学校间的竞争活力，更加注重提高基础教育的质量，提高了教育财政效率，但也引发了一系列的负面影响，为之后布莱尔政府的改革埋下了伏笔。

2. 布莱尔政府的教育财政改革

1997 年上台执政的新工党政府对教育财政制度进行了进一步的改革，其出台的《1998 年学校的标准和框架法》引入了新的基础教育财政拨款制度，之后又出台了《2002 年教育法》对其进行完善。在这次改革中，中央政府对地方教育财政的控制进一步增大，以确保学校经费的长足增长，且为了保证学校教育经费的增长与国家教育经费投入增长保持一致，确立了最低学校预算标准，并在 2003 年提出学校预算最低保证。此外，布莱尔政府的此次改革还进一步扩大了学校的财政自主权，并将大部分的直拨学校改为了基金学校，地方教育当局的教育财政预算权基本上给予了学校，由学校根据自身实际自主调配。①

---

① 沈卫华. 兼顾公平与效率：英国基础教育拨款政策的调整 [J]. 教育科学，2007（4）：93－96.

在这一轮改革中，布莱尔政府为提高教育财政效率，进一步推进了1988 年改革中扩大学校财政自主权的策略，并加大了中央政府的干预力度，这对于保证教育财政的运行效率和利用效率有着积极作用，进而促进了整体教育财政效率的提高。

（二）英国提高教育财政效率的经验借鉴

从英国社会的宏观情况来看，如何提高效率是整个社会面临的挑战。而对于学校这种成员整体素质比较高的组织，授予并扩大其预算与经费使用权是一个值得尝试的选择。通过改革教育体制，对学校下放财权，让学校成为自治、灵活的教育实体，改变教育财政经费的支出及利用方式，从而提高教育财政经费的使用效率。直拨学校与基金学校是英国扩大学校财政自主权策略的代表，政府放弃了对这两类学校的一部分控制，给予了学校更多的自主权。

随着我国步入新时代，教育财政体制改革成为一项紧要课题，适度地下放财权给学校，协调政府与学校的关系，对我国教育财政体制改革的路径选择具有重要的借鉴意义。在我国的教育资源配置中，政府扮演着主导者的角色，对于教育资金的使用拥有很大的决定权，而政府部门往往无法清楚地掌握各个学校的实际情况，无法具体为各个学校的发展制定规划，这就导致"千校一面"问题的出现，各个学校的教育资金就无法真正得到满足，资金的使用也就不能较好地适应本校的发展现状，这就需要适度扩大学校的财政自主权。而英国基础教育财政体制改革的核心目标也在于财政效率的提高，改革政府与学校的关系，扩大学校自主权，重心向教育的供给方偏移，通过对教育财政体制进行改革，提高教育财政的效率，这对我国改革教育财政体制有重要的参考价值。

第四节　提高我国教育财政效率的政策选择

教育财政效率低意味着社会公平的丧失与效率损失，教育资源配置与利用的低效率将不可避免地带来教育资源的浪费，因此，建立合理的教育财政政策是提高教育资源配置效率及充分利用教育资源的重要一环。在新时代供给侧结构性改革的大背景下，如何制定与选择教育财政政策，结合国家经济形势，改善教育供给侧环境、优化教育供给侧机制，通过改革制度供给，从教育财政的供给端入手，提高教育财政效率，充分激发教育资源活力，是摆在我们面前的重要课题。

一　健全教育财政效率政策的资金配置机制

（一）健全教育财政效率政策的资金调配和保障机制

教育财政配置效率，也是教育财政效率的重要组成部分。健全教育财政效率政策的资金配置机制，科学合理地对教育财政资金的使用规划、分配方向、分配比例进行配置，是从起始端保证教育效率的关键步骤，在提高我国的教育财政效率时必须在宏观上对它加以重视。

健全教育财政资金配置机制还要从供给端解决好经费的筹集和配置问题，优化供给机制，确保经费配置的合理、充分、有效。政府在制定教育政策规划时，需要首先进行教育财政资金的需求预测，计算所需要的资金与财政能够提供的资金之间的差距，制定相适应的财政供给侧结构性改革措施。从提高教育财政配置效率的角度来看，政府的教育规划要实事求是、具体、可操作，要拥有充足的资金保障，以确保教育财政资金配置到位，从供给端入手保证教育财政效率的提高。

（二）构建投资主体多元化的教育经费筹集机制

在强化公共财政的公共教育投入主体地位的基础上，进一步创新体制机制，大力推动教育投入主体和经费来源的多元化，也是健全教育财政效率政策的资金配置机制的选择之一。政府的财政投入是学校资金的主要来源，而过分地依赖政府财政资金的供给，可能会产生资金配置不均衡且难以补充的现象，学校也容易缺少追求教育财政效率提高的内在动力。教育投入的供给侧结构性改革应形成一种更开放、更广泛意义上的"公私合力"机制。在激发社会资金活力的基础上，要完善社会办学条件和投入机制，形成有效的社会捐赠和教育融资体系，激活社会资本在教育领域的作用。公私合营模式就是教育财政政策供给侧结构性改革激发社会资本活力的一种值得探索的途径。这种模式对我国教育财政效率的提高来说是一种值得尝试的选择，可以加强 PPP 模式在教育财政领域的应用，引入社会闲置资金和市场资源，使教育财政政策在企业的参与下更好地落实和执行，提高教育财政的配置效率。

二　完善教育财政效率政策的资金拨付机制

（一）精简教育财政运行机制，减少拨款环节

"稀释"教育财政拨款过程的公共权力，减少拨款环节，是减少教育财政经费在拨付过程中的效率损耗、完善教育财政效率政策的必由之路。在政策实践中，我国教育财政经费拨付的环节比较繁多，而由此导致的挤占与挪用资金、设租寻租以及贪污腐败等现象也屡见不鲜，受此影响，教育财政的效率也受到了相应的损失。而西方国家在教育财政探索中建立的教育经费拨款委员会制度、多样化竞争的教育经费拨款机制已经有了比较成熟的模式，我们需要借鉴它们的经验，结合我国教育现状进行探索和实践。

（二）建立多元灵活的教育财政拨付体系

灵活、丰富的教育财政资金拨付方式，是完善教育财政政策的一项重要的路径选择。我国教育财政体制遵循"统一领导、分级管理"的原则，中央政府控制着大部分教育财政资金的配置，而层级众多、条块复杂的财政体制导致财政资金拨付模式过于僵化死板，基本上完全按照教育财政资金预算拨款制度的要求进行财政拨付，地方各级政府在教育财政的申请上需要层层上报，申请、审核、拨付的流程非常复杂，教育财政效率损耗严重。而且我国的教育财政拨款方式比较单一，无法较好地适应多种多样的教育资金拨付需要。这就需要建立一套可以体现我国地域广阔而环境复杂的特殊教育国情，可以应对各地区情况复杂不一的教育现状的资金拨付体系，使其能够有效满足各地的教育财政需求。因此，灵活的教育财政拨付方式是我国教育财政体制改革需要关注的一个方面。

（三）加强教育财政政策中资金的监督管理

对教育财政资金的投入方向、使用及效果实施严格的监督管理是教育财政效率的重要保证，是教育财政效率政策有效执行与落实的保障。上级政府部门需要对下级政府部门教育财政经费的预算编制及执行情况进行监督，并进行经常性的反馈和改进。此外，社会监督和审计也是教育财政监督管理中的重要组成部分，将教育财政经费的使用公开化、透明化，引导公众力量和社会舆论对教育财政进行监督，提升民众在监督

中的作用和参与度。此外，还要建立教育经费的审计制度体系，将学校、社会以及国家审计体系结合起来，对教育财政经费的配置、拨付和使用进行定期的审计、报告，防止教育财政经费的挤占、贪污现象，保证教育财政经费的配置和使用科学、合理、高效，保障教育经费的全额、及时拨付。

三　创新教育财政效率政策的资金利用机制

（一）适度下放财权，扩大学校自主权

教育的供给侧结构性改革，要对教育行政部门进行改革，推进教育财政资金的使用权逐渐下放，同时追求更加具体灵活、因地制宜的财政资金利用方式，这是提高教育财政效率的重点。例如，对义务教育财政进行调整，建立地方教育拨款委员会，由其主管教育财政资金的拨款预算。除此之外，还可以在各区域建立各自的学区教育委员会，在国家总体教育政策的指导下，专门负责本学区教育发展规划和教育财政资金利用规划，监督学校办学，政府将从直接介入学校办学逐渐变成服务办学，避免教育财政资金使用规划的"一刀切"。

学校作为一个教育提供主体，需要拥有一定的行政权力和财务权力。无论是学校内教育财政资金的配置与利用，还是教育提供方式的规划，都会影响教育财政的效率。每所学校都应该根据自身实际，制定适宜的教育财政资金利用规划，这就需要树立一个更加自主、更有活力的学校形象。教育行政部门应该给予学校更多的办学自主权，给予学校更多的财务自主权，使其以更符合教育规律的方式来管理学校，通过合理配置学校的教育资源，从教育的供给端来提高教育的质量和效率，进而提高教育财政的利用效率。

（二）完善学校财政效率的绩效评估体系

对学校教育财政效率进行绩效评估是教育财政效率政策监督评价的关键环节，它为学校教育财政效率的评价提供了依据，可以促使教育资源的利用更加科学、合理、合法、有效。教育财政效率涉及政府和社会公众的利益，政府需要对学校教育财政效率进行定期评估，将评估结果向社会公众公布，以增强外部监督。此外，还可以将学校财政投入与其财政效率状况挂钩，不断督促学校关心教育产出，激励其提升教育财政

效率。在学校教育财政支出绩效评估上，我们可以参考美国的经验，普遍建立中小学基础和核心课程的州级考试制度，建立教育绩效公众报告制度。[①] 目前，我国教育财政效率评估体系还不完善，需要结合我国实际，建立起一套符合我国国情的教育财政效率评估体系，以确保对教育财政资金供给、配置与利用效率的及时有效评估与反馈。

小　结

教育财政效率是教育财政的核心问题，也是教育供给侧结构性改革中的重要一环。本章介绍了测度教育财政效率的多种有效方法，并从教育财政效率的分析框架入手，解释了教育财政效率政策如何运行，提出了目前我国教育财政效率政策中存在的诸多问题。教育财政配置效率低下、教育财政运行效率损失、教育财政技术效率问题突出，直接影响了教育财政效率。因此，本章提出新时代健全教育财政效率政策的建议，即发展高质量教育。

---

① 蒋云芳. 20 世纪 80 年代以来美国联邦政府以促进公平为核心的基础教育改革研究 ［D］. 博士学位论文，西南大学，2012.

第八章　扩大教育有效供给：教育财政充足政策

一国教育发展的程度在一定程度上由经济发展水平决定，自党的十八届三中全会以来，伴随我国经济持续增长的态势，从"接受教育"到"接受优质教育"的教育观念越来越被大众认同。党的二十大报告提出，坚持教育优先发展，坚持以教育高质量发展为主线，以提高教育公平为核心，保障教育财政经费投入。我国的教育发展水平随经济水平的提高而提高，而财政政策的实施影响着这一发展过程，其中，教育财政政策决定着教育投入充足程度。分析其量与质的发展结构，对我国教育财政充足的现状进行研究，有助于解决教育财政发展过程中存在的各种问题。

第一节　教育财政充足及其测度

教育财政原则上包含效率、公平以及充足三个要素。长期以来，我国的教育财政政策在制定时欠缺对教育充足的测算与筹划，把更多的注意力放在了公平与效率上。而教育充足这一原则是既考虑教育公平又关注教育效率。本节阐述了教育财政充足问题的发展历史、基本概念以及教育财政充足的测度。纵观美国教育财政的演进过程，教育财政充足的概念最早出现于20世纪90年代，目前以教育财政充足为出发点的教育财政规划已是有关部门用来优化资源配置、升级财政结构以及促进教育质量提升的重点方法。

一　教育财政充足构成

（一）教育财政充足问题的发展历史

1. 美国教育财政充足问题提出的背景

教育财政充足最开始是从为了得到平等的学习资格的弱势群体处得来的。当"隔离但平等"这一原则在1896年被落实后遇到了诸多阻碍。

但在 1954 年，有些州已经有黑人起诉者对其受教育权利无法获得充足的法律保证进行了申诉并获得了胜利。后来诉讼案的关注焦点也从可测量的黑人与白人学校物质条件相同的诉求转为不能测量的教育影响。美国联邦最高法院在著名的"布朗案"中指出，即便是学校内白人与黑人所享受的物质资源比较类似，可由于依旧存在种族学校，种族间依然存在隔离，容易导致黑人产生自卑心理，影响其心智的健全发展。所以，法院将"隔离但平等"的原则判为违宪。在对受教育权的获得与保护中，群众慢慢发现在教育公平中，学生在学习和相处阶段的公平是不可或缺的，而不仅仅是被物化的物质条件的公平。在实践阶段，虽然权利在法律上的隔离被消除了，但是学校间种族的隔离是很难消除的。因此，教育充足问题得到了人们的关注。

自 19 世纪以来，"免费的公共教育"这一概念逐渐兴起，关于到底多少钱是充足的问题在学者和法院以及政策制定者之间引发了激烈的讨论。到了 20 世纪 70 年代，教育财政的诉讼数量快速增长。早期的诉讼多集中在教育公平这一概念，就是将物质资源更加公平地分给学生，但是当今的诉讼更多的是关注充足这一概念，就是为了达到制定的教育目标而提供足够的教育资金。

2. 我国教育财政充足问题提出的背景

在教育财政经历了不断的改革以后，现如今国内教育财政的支持水平已有非常大的提升，提高教育充足在教育财政中的受重视程度在一定程度上是存在现实基础的。但是与在理论基础、现实实践上都很充分的美国相比，我国对教育充足的探索仍处于起步阶段，应多参考美国的成功做法，进行大量理论与实践方面的科学性研究。

世界银行 2020 年数据显示，从国际比较的角度来看，目前发达国家的教育公共投入占 GDP 的比例较高，平均为 5.7%，我国在 2021 年财政性教育经费支出占 GDP 的比例达到了 4.04%。但教育投资总量仍不足，结构依旧不合理。需要在教育体制改革过程中注重教育财政投入量的增加，完善监督评价机制，保障教育投资的足额及时到位，促进我国教育财政充足相关政策的制定。

（二）教育财政充足问题的基本概念

教育领域中充足作为教育财政研究的基本维度之一，教育财政一般要遵循公平、效率以及充足的原则。在教育财政中引入充足的一般内涵，于是便有了教育财政充足的含义。自研究教育财政以来，我国在制定相关财政政策方面以及在相关研究领域都优先关注教育效率与公平的发展，而缺少对教育财政充足的研究和探讨。

所谓充足，是指达成既定教育目标所需的最低教育经费投入。[①] 而教育财政的充足性是用于衡量政府教育投资程度、评判其履行教育职责的重要指标，同时也是衡量教育财政公平与否的重要尺度。当学生获得了充足的教育资源并且能达到既定的学业成绩标准时，那么财政投入的公平性也就随着资源的充足供给而实现了。[②]

我国相关教育学者和专家很早就提出了教育财政充足问题，并且在宏观层次上，我国的充足性研究已取得许多成就。自 20 世纪 80 年代以来，就有学者对教育充足的概念、教育的财政性支出占各级政府财政性支出的比重和教育支出占 GDP 的比重这些问题进行了广泛的探讨，使我国对教育财政有了更加深入的了解，对我国教育的改革与发展起到了一定的推动作用。目前，国内教育的发展离不开对各地以及各级教育的综合性数据分析。

二　教育财政充足的测度

（一）教育财政充足的度量

教育财政充足的概念较早出现在基础教育领域，它是用来衡量政府对学校的拨款水平，通常分为事前的充足和事后的充足。教育财政事前的充足要求政府为学生提供足够的资源，使他们能够获得适当的教育，通常是要求投入资源至少达到特定的标准。教育财政事后的充足一般要求提供的财政资源使得每个学生达到一些特定的教育结果，比如入学率、学业成绩是衡量教育结果的常用指标。教育财政充足还根据不同主体的特征，分为横向充足（Horizontal Adequacy）与纵向充足（Vertical Adequacy）。横向充足要求对相同或类似的学生无差别地进行资源配置；而纵向充足指对不同教育需求的学生设定不同的充足性标准，比如给予家

---

① 雷万鹏，钟宇平. 教育发展中的政府作用：财政学思考［J］. 教育学报，2002（1）：49 - 52.

② 李文利，曾满超. 美国基础教育"新"财政［J］. 教育研究，2002（5）：84 - 89.

庭贫困学生相对更高的资助。由于研究生教育是较高层次的专业化教育，所以相对于基础教育领域，研究生阶段的教育财政充足概念存在一些差别。

目前，学界对教育财政充足度量的研究仍然很少。美国在20世纪90年代将关注点从教育财政公平转向了教育财政充足，由于教育财政充足问题在法律诉讼中频繁出现，越来越多社会各界专家学者对教育财政充足给予了关注。教育财政充足的思想是以最低拨款模式为依据，此依据是学区教育财政充足的一个标准。美国在很久以前就开始按照学生的需求来调整州的教育经费拨款，在那时不同地区享受优质教育所支付的费用并不一样的说法被较多地提出。1966年，美国提出了"科尔曼报告"，要求相关政策的制定者和研究人员加强对家庭背景影响学生的重视程度，同时减少因家庭的经济地位不同而引起的成本。《不让一个孩子掉队》这一教育法是在2002年出台的，从那时起，许多公立学校实施了财政政策改革计划，由重视学生成绩变为向更多学生提供公平的受教育机会。学校对教育经费拨款制度进行了改革，以学校的需求为财政重点，建立了"学生需求驱动的州教育财政拨款公式"。这种公式主要用于补充家庭环境会给学生造成影响的假设，该公式把财务杠杆作为基础，提出利用财务杠杆能营造一个较为平等的学习氛围，即使是所处环境有差异的学生一样可以拥有既公平又充足的教育。

（二）教育财政充足的测量方法

2000年，美国的奥登和匹克斯提出了一个度量教育财政充足的指标，叫作 Odden-Picus 充足性指数（OPAI）。Odden-Picus 充足性指数能粗略地表示学校或者学区支出处于"充足性"水平上的学生比例。Odden-Picus 充足性指数的计算方法如下所示。第一，确定一个充足的教育经费标准；第二，确定支出高于此标准的学生或者学区所占比例；第三，对低于此标准的学生或者学区计算麦克龙（McLoone）比率；第四，计算两项之和（即第二步与第三步计算结果之和）。[①]

以纽约州为例，纽约州公立教育财政充足性的主要问题集中在对资

---

① 艾伦·R.奥登，劳伦斯·O.匹克斯.学校理财——政策透视［M］.杨君昌等译.上海：上海财经大学出版社，2003.

源需求多的学区。资源需求多的学区集中了贫困学生和有特殊需要的学生，他们要求得到更多的教育资源来达到与富有学区学生一样的教学水平。只有当高需求的学区和富有的学区都有了充足的资金，才可能真正解决教育问题。

统计数据表明，在高需求的城市学区和其他学区之间存在学生成绩和经费之间的差距，而经费又是与学生成绩相联系的。学生成绩之间的差距随着各学区资源情况的差异而拉大。高需求的城市学区指的是纽约市、扬克斯、锡拉库扎、罗彻斯特和布法罗。五大城市学区的教育预算是由市政当局决定的，也就是说，学区不收税，但是依靠市政税收，同时还有州政府的教育补贴，这个补贴计入该市的财政账户，而不是学区账户。①

1999~2000学年，纽约州平均税率为每1000美元不动产征收17.34美元财产税。在五大城市学区中，只有罗彻斯特征收了每1000美元不动产24.05美元的税，高于州平均税率。另外四大城市学区的税率较低。州生均教育支出平均水平为10021美元。纽约市和锡拉库扎的生均教育经费低于州平均水平，而扬克斯和布法罗的生均教育经费趋于平均水平。

在新泽西州，宪法要求为公立学校的学生提供"彻底和有效率"的教育，还试图用财政法庭的裁定来决定符合"彻底和有效率"的财政充足性的标准，以平息此方面的法律争端。美国教育政策研究联盟（CPRE）的研究者已经选择了一种"高成绩"模型来衡量新泽西州幼儿园到12年级学生的教育财政充足性。研究者建立了一个拥有稳定的学生规模、教职工人数和其他与高学业产出相关的投入的示范学区。

1998年，新泽西州设计了"让所有的孩子都能成功"（Success for All/Roots and Wings）项目，用于改革其公立学校系统。新泽西州是全美第一个要求在贫困学区进行此项学校改革的州。同时，新泽西州实行了对核心课程内容标准、全州评价和学校报告卡、校本预算、班级规模削减、3~4岁幼儿的早期教育、校本管理以及教学设备的拨款。

根据统计数据，新泽西州生均教育支出标准在全美是最高的。1999年为8667美元，当时全美的生均教育支出水平为6408美元。在《教育周刊》的财政公平性评价中，新泽西州得到了B+评级。假设生均9000

---

①　Regents 2001 - 02 Proposal on State Aid to School Districts ［R］. p. 27，December 2000.

美元被认为是充足的，那么 1999～2000 年 Odden-Picus 充足性指数就是 0.897。这个指数表明，如果再增加充足性标准的 10.3% 的经费分配给未达到经费充足性水平的学区或学校，那么所有学区或学校的生均教育支出都可以上升到充足性水平。[①]

1998 年，怀俄明州进行了教育经费充足性研究，以验证怀俄明州学校财政系统能够为每个孩子提供"适当"教育的平等机会的假设。适当的教育就是能够为孩子提供怀俄明州法律规定的"一篮子"教育服务。研究结果显示，该州已经为每个学生提供了充足的资源，以保证他们得到这样的受教育机会。

根据《教育周刊》的评估，怀俄明州 1999 年生均教育支出为 7853 美元，比上年增加了 15.7%，财政充足性评价的总成绩为 B－，低于新泽西州，高于纽约州和得克萨斯州（见表 8－1）。以下还有一些怀俄明州教育财政充足性的信息：1996～1997 学年，98% 的学生享有等于或者高于全国生均教育经费水平中值（4600.97 美元）的生均支出，72% 的学生享有等于或者高于全国生均教育经费水平均值（4874.28 美元）的生均支出；1998 年，每 1000 美元的州总产值中有 37.29 美元用于教育；1998 年，60.7% 的年教育经费用在了教学上。

表 8－1　纽约州、新泽西州、怀俄明州、得克萨斯州教育财政充足性的度量

州	1999 年生均教育支出（美元）	与上年相比变动比例（%）	1989～1999 年生均经费的年平均变动率（%）	1998 年用于教育的税收所占比例（%）	评级
纽约	8174	4.1	0.20	4.0	C＋
新泽西	8667	－1.5	0.90	4.3	B＋
怀俄明	7853	15.7	0.60	3.7	B－
得克萨斯	6034	3.8	1.60	3.7	C＋

资料来源：Education Week, Quality Counts 2001 [J]. American Education's Newspaper of Record. Volume XX, No. 17. January 11, 2001. 2001 Editorial Projects in Education. http://www.edweek.org/sreports/。

---

① Allan Odden. The New School Finance：Providing Adequacy and Improving Equity [J]. Journal of Education Finance, 25 (SPRING 2000), 2001, p.474.

得克萨斯州教育局（TEA）数据表明，1999 年其生均教育收入为
6228 美元，生均教育支出为 6304 美元。《教育周刊》对其公共教育财政
充足性的评价是 C +。教育政策研究联盟用一个经济学的成本函数测算
了得克萨斯州教育充足性的支出水平。利用回归分析，这个成本函数将
确定一个能保证学生达到一定成绩标准的生均支出水平。它运用本州所
有学区和学校的数据，分析了学生的不同特征及其他与学区和学校有关
的因素对教育经费的影响，研究出一个合理的教育经费充足性标准。这
个标准是学生数和学生的种族、性别等特征处于该州所有学区的平均水
平下的教育经费水平，并且随着对学生成绩的不同要求而有所调整。通
过成本函数研究，教育政策研究联盟的研究确定了得克萨斯州教育达到
充足的支出水平。这个水平接近当时教育经费支出水平的中值。[①]

假设充足性的生均支出为 6029 美元，也就是 1999 ~ 2000 学年支出水
平的中值，那么 Odden-Picus 充足性指数为 0.9454。这意味着，如果收入
增加充足性水平的 0.546%，而这些收入用在支出水平低的学校和学区，
则全州的学校和学区都可达到充足性水平。[②]

目前，教育财政充足性的定量研究方法主要有五种，包括成本函数
法（Cost Function）、示范学校设计法（Successful School）、专家评判法
（Professional Judgment）、询证法（Evidence-Based）和高质量教育学校模
型法（Educational School Model）。

1. 成本函数法

教育成本的含义是受教育者在接受教育时所消耗资源的价值，这一
概念是随着教育经济学的产生而出现的。成本函数法是通过建立回归模
型用回归分析的方法来进行估算的，包含两个变量。生均支出是模型的
因变量；学校、教师和学生是影响生均支出的三个因素，代表着模型的
自变量。

成本函数法的计算过程是运用教育产出和成本两个因素构建一个函
数模型，再通过线性回归分析方法计算生均教育支出的边际产出系数。

① Andrew Reschovslcy, Jennifer Imazeki. Achieving Educational Adequacy through School Finance Reform [J]. Journal of Education Finance, 2000, 26 (4): 373 – 396.

② 曾满超，丁小浩. 效率、公平与充足：中国义务教育财政改革 [M]. 北京：北京大学出版社，2010.

以 Reschovsky 和 Imazeki 的研究为例，其具体模型如下：

$$S_{it} = g(X_{it}, Z_{it}, F_{it})$$
$$E_{it} = f(X_{it}, P_{it}, e_{it})$$

其中，S_{it} 表示学校产出水平向量，X_{it} 表示学校教育投入向量，Z_{it} 和 F_{it} 分别表示学生特征和家庭、学区特征向量。E_{it} 表示生均支出，P_{it} 表示教育投入的价格向量，e_{it} 表示学区一些无法观察到的特征。[①]

成本函数法的最大优点在于因地制宜，可以相对精确地计算出标准数值。同时成本函数法也存在诸多的问题。首先，这一方法在计算时需要高质量的数据作为支撑，但获得较为准确的数据很困难。其次，缺少一种被广泛认可的方法来估算学区提供教育的效率。再次，没有一个固定的方程形式，通过不同的回归方程可以得到不同的结果。最后，虽然这个方法可以帮助研究者确定达到教育充足的水平，但是无法确定资源的配置问题，决策者因为不懂原理很难根据测算结果制定政策。[②]

2. 示范学校设计法

示范学校设计法是指通过规范的投入及产出标准，并在本地区有一套量化的标准方法，使用这种方法需要充足的数据。示范学校设计法以一所高性能学校或综合学校为模范单位，采用配料成本法提取完成教育计划所需的不同配料。分别计算每个因素的成本，以确定每所学校的适当支出标准。示范学校设计法与成本概化法有一些相似之处。这两种方法都是先提取学校为了取得高绩效结果必须投入的教育生产要素，然后分别赋值，最后计算出财务充足程度。不同之处在于，成本概化法倾向于"实证"计量，突出实践中教育绩效最好的学校的支出结构和水平，而示范学校设计法的充足标准更多地依赖于研究者和决策者人为的"规范"设计，反映出高绩效学校的教育产出和支出结构。[③]

---

① Andrew Reschovsky, Jennifer Imazeki. The Development of School Finance Formulas to Guarantee the Provision of Adequate Education to Low-Income Students [A]. In Development in School Finance [M]. Washington: U. S. Department of Education, National Centre for Education Statistics, 1997, pp. 121 – 148.

② 于爽. A县小学教育财政充足度的考察 [D]. 硕士学位论文，南京师范大学，2015.

③ 黄斌，钟宇平. 教育财政充足的探讨及其在中国的适用性 [J]. 北京大学教育评论，2008（1）：139 – 153.

示范学校设计法是利用出勤率、辍学率和学业成绩这些产出指标，计算证明某个学校是否达到规定的示范学校的要求。当教育的产出指标达到了规定的平均教育支出标准时，才能够被认为实现了教育经费的充足。除此之外，示范学校设计法还要考虑资源配置因素，通常情况下，研究者会根据学校使用资源的方式剔除一部分样本。当学校或地区具有特殊情况时，即学校资源配置的模式具有特别低的支出但是有特别高的产出，这种类型的样本将从示范学校设计法的数据中剔除。

3. 专家评判法

专家评判法是衡量教育经费是否充足的最常用方法。自怀俄明州使用专家评判法以来，至少有 13 个州使用了专家评判法，包括怀俄明州、俄勒冈州、南卡罗来纳州、马里兰州、堪萨斯州、内布拉斯加州、科罗拉多州、密苏里州、肯塔基州、北达科他州、华盛顿州、蒙大拿州和纽约州。纽约是目前使用专家评判法最突出的地区之一。①

在对教育财政充足的成本进行测量时，要使用相对科学的方法确定政策投入合理的标准。在实践过程中，可以将具备经济、管理和教育方面知识的专家组成一个专业的评判小组，对教育充足的成本进行科学的评判，进而最终确定投入的规模。从理论上讲，专家评判法能够相对准确地确定教育充足的成本。对教育财政充足的学校规模和班级大小以及资助金额、教学材料、学校的运营等因素进行假设，再结合现有的社会经济发展状况进行量化，进而来计算成本。

与前面的方法相比，专家评判法对客观数据的要求进一步降低，教育投入与产出之间的数量关系研究被专家主观评估代替。各级政府倾向于用专家评判法确定教育经费投入的原因有两点：一是这个方法的简单易行性，二是专家评判法能更加直观地反映教师的想法。但是，这种方法同样存在一定缺陷。首先，专家评判法具有一定的主观性，教育资源的多少依赖专业人员的偏好。其次，这个方法忽视了教育系统流动性的因素。再次，专家评判法对教育财政的投入预算重视不够。最后，由于

① American Institutes for Research（A. LR.）and Management and Planning, Inc.（MAP）. Providing All Children with Full Opportunity to Meet the Regents Learning Standards［R］. New York Adequacy Study, 2004.

最终的结果缺乏同学生成绩的联系，所以结果的准确度不高。①

4. 询证法

询证法又称基于证据的方法，是一种资源成本模型，最早由 Odden 和 Picus 提出。美国肯塔基州、阿肯色州、亚利桑那州、怀俄明州、华盛顿州、威斯康星州等普遍采用这一方法，例如阿肯色州和怀俄明州立法机关采纳了询证法的政策建议，重新配置了州内学校的财务结构。

这种方法通常包括以下三个步骤。首先，它选择和确定提供教育服务所需的资源，包括教师、基础设施、时间等；其次，计算资源的价格和不同地区（或学校）之间的价格差异；最后，通过对各种教育资源的价格和数量的汇总，得出提供服务的总成本。②

询证法具有结构清晰、敏感度低、结果直观的特点，强调的是教育资源导向，而不是产出导向。在运用询证法进行测算时大多是政策制定者进行人为的设计，用来表示怎样进行教育的投入和支出分配才能实现学校的高绩效。但是询证法同样具备一定的缺点，包含的内容缺少结果或学习成果超出了规范学校，所以，询证法的有效性受到了一些学者的质疑。此外，运用教育系统中每一名学生的数据来计算经费充足度的耗费过大。因此，该方法不适用于微观学校间的充足度考察。③

5. 高质量教育学校模型法

在结合示范学校设计法和专家评判法的基础上，Guthrie 等在俄勒冈州教育财政改革的研究中提出了一种强调教育结果的"混合模型"——高质量教育学校模型。④ 这个模型具备四个先决条件：一是主要由地方和州政府来负责教育财政的投入；二是实现学校财政经费的均等化；三是制定一个标准化的评估体系，使测评教育结果有所参考；四是建立关于学校层级上的教育支出统计报告制度。在这个基础上，他们还创建了

① J. Augenblick, J. Myers. Calculating the Cost of an Adequate Education in Colorado Using the Professional Judgment and Successful School Districts Approaches [R]. Prepared for the Colorado School Finance Project, 2003.

② 卜紫洲，侯一麟，王有强. 中国县级教育财政充足度考察——基于 Evidence-based 方法的实证研究 [J]. 清华大学教育研究, 2011, 32 (5): 35 – 41 + 67.

③ 于爽. A 县小学教育财政充足度的考察 [D]. 硕士学位论文，南京师范大学, 2015.

④ James W. Guthrie, et al. A Proposed Cost-Based Block School Finance [R]. Management Analysis & Planning Associates, L. Grant Model for Wyoming L. C, 1991.

一个追求高质量教育水平的充足性模型，即：

$$高质量教育学校模型 = 高质量教育目标 + 原型学校的$$
$$构成要素 + 质量指标 + 预定的绩效标准$$

与专家评判法相同的是，这种充足性模型在一种最佳的学校规模条件下，明确了组成教学体系的各种教育元素（例如资助金额、教学材料、学校的运营等）以及不同的教育元素包含的各种成分，在此基础上建立了各个教育层次的"原型学校"。与专家评判法有差异的地方是，Guthrie 等提出的充足的标准包括三部分内容：首先，在俄勒冈州全部学校的资助水平的基础上构建"原型学校"；其次，以 90% 以上的学生达到或超过州政府要求为标准来构建"完全执行模型学校"（Full Implementation Prototypes）；最后，在构建模型学校时分成不同的阶段来进行。通过分析可以发现，随着社会的发展和需求的不断提高，教育财政规划会越来越复杂，达到教育财政充足需要的财政资金投入也会越来越多。

第二节 我国教育财政充足政策的执行情况

充足的经费是教育规模得以扩大、教育质量得以提高的重要保障。2012 年国家财政性教育经费占 GDP 比例达到了 4% 的目标，4% 目标的实现是我国教育财政的一个里程碑，代表着我国教育财政进入了一个新的阶段。我国在教育财政充足方面取得了很大的成就，但同时也伴随一定的问题。

一 我国教育财政投入的概况

通常情况下，教育和社会经济发展是密切相关的，社会经济发展水平决定着教育的发展水平，二者相辅相成、相互促进。而反过来，一国教育发展的程度推动了经济的发展。[①] 21 世纪，公共经济所属的范畴及其所涉及的一系列问题开始广泛进入社会大众的视野，公共经济发展迅速，进而带动教育的发展。中国经济整体规模在不断扩大，在政府政策

---

① 柯文静. 近年来教育与经济发展的关系研究评述 [C].第三届全国农林院校教育科学类研究生学术论坛，2011.

和市场的共同作用下，经济结构也在持续优化升级。教育在经济角度被提起，一般体现为教育财政。在新时代的背景下，各个层级的政府和相关主管部门根据法律法规以及社会的意见，依法向我国的公立学校提供教育经费、教学设备和专业人员等方面的支持。教育财政充足的程度在一定程度上反映了一国经济的发展水平，教育与社会经济发展密不可分。

综合来讲，教育投入的工作不是一个机构单方面的责任，需要国务院和地方人民政府共同负责，要从"精英配置"向"弱势补偿"转变，对弱势群体以及贫困地区要投入更多的关注，对他们的教育投入也要适当增加，利用"弱势补偿"这一方法增强其教育的充足性。对于财政投入的重心向城市以及重点学校偏离的趋势一定要加强防范，保障教育经费分配的正确性。坚持优化教育财政转移支付制度，建立与教育扶贫有关的专项基金，并且明确规定各级政府应当负责的转移支付的分担比例。①

从整体上看，我国教育财政支出的绝对规模不断扩大，然而相对规模却未达到法定水平。从结构来看，满足公众基本教育需求的财政充足状况有所改善，但并未从根本上得到改善。总体来看，教育财政没有达到充分充足。我国教育财政充足性水平不仅低于世界平均水平及同等经济发展水平国家，而且与我国经济增长和政府财政收支增长并不相称。教育财政充足的实现需要在教育改革过程中拓展新的发展思路。

自 2010 年以来，我国教育财政支出的绝对规模呈现不断扩大的态势，2010 年财政性教育经费为 19561 亿元，截至 2022 年末，财政性教育经费持续增长，上升至 48472.91 亿元。但从图 8 - 1 中可以明显看出，2011～2020 年财政性教育经费的增长率整体呈下降趋势，2011 年为增长的最高点，达到 26.7%。此后，经费虽然增长，但增长率呈下降态势，2014 年财政性教育经费同比增长率为 7.9%，2015 年小幅上升，同比增长率为 10.6%；2016 年又有所下降，同比增长率为 7.4%；2017～2019 年稳定在 8% 附近；2020 年增长率有所下降，同比增长率为 7.1%。总的来看，我国教育财政支出的绝对规模是扩大的，但增长率呈下降态势。

2010～2020 年，我国国内生产总值从 401202 亿元增加到 1015986 亿元，GDP 增长率一直呈下降态势。2015 年 GDP 增速下降至 6.9%，2020 年

---

① 吴玲. 基础教育资源配置问题研究［D］. 硕士学位论文，山东大学，2012.

图8-1 2011~2020年中国教育经费及财政性教育经费增长变动

资料来源：国家统计局。

受新冠疫情的影响，GDP增长率仅为2.3%，但是在这11年间，财政性教育经费占GDP比例整体上呈现增长态势，在2012年首次突破4%的比例后，至2020年已连续9年维持这一水平（见图8-2）。从统计数据来看，国家财政性教育经费占GDP比例在2012年曾一度达到4.28%，不过之后稍有下滑，2015年为4.24%，2016年为4.21%，2017年为4.11%，2018年为4.02%，2019年为4.04%，2020年实现回升，为4.22%。

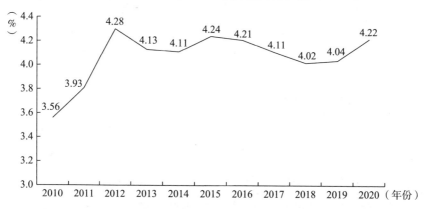

图8-2 2010~2020年财政性教育经费占GDP比例

资料来源：国家统计局、历年《全国教育经费执行情况统计公告》。

如图8-3所示，财政性教育经费增长率整体上高于教育经费的增长率。2011~2012年，教育经费的增长率一直低于财政性教育经费的增长率。而2013~2014年教育经费的增长率则高于财政性教育经费的增长率。同时，财政性教育经费占总教育经费的比例在 2012 年处于明显增加状态，而自 2012 年后，财政性教育经费增长率基本上处于下降态势。整体上财政性教育经费占总教育经费的比例处于稳定小幅上升状态，从 2011 年的 77.87% 上升到 2012 年的 80.78%，之后下降至 2014 年的 80.54%，而在 2015 年所占比例小幅上升至 80.88%，在 2016 年所占比例小幅下降至 80.73%，2020 年所占比例达到 80.90%。财政性教育经费占总教育经费的比例总体呈现增加趋势，财政作为教育投入的主要措施的价值得到充分体现。

图 8 - 3　2011～2020 年财政性教育经费占教育总经费变动情况
资料来源：国家统计局、历年《全国教育经费执行情况统计公告》。

二　我国教育财政充足政策取得的成就

经济结构和教育结构的关联在现代化的大生产情况下是相互依存、共同进步的。在一定程度上经济结构决定教育结构，而教育结构又对经济结构产生服务的反作用。整体上，我国教育结构可划分为初等、中等和高等三级教育。经济的发展和国家政策制度对于各级各类教育的发展是极为重要的。近年来，在落实《教育法》规定的"三个增长"情况下，各级教育生均公共财政预算教育事业费支出情况与各级教育生均公共财政预算公用经费支出情况都呈现增长的态势。

表 8 - 2 显示了我国 2010～2020 年各级教育生均公共财政预算教育事业费支出情况。各级教育生均公共财政预算教育事业费支出总额均总

体增加。以 2012 年为例，在全国各级教育生均公共财政预算教育事业费支出方面，普通小学为 6128.99 元，比上年增加了 23.42%，其中，农村为 6017.58 元，比上年增长 26.30%；普通初中为 8137.00 元，比上年增长 24.38%，其中，农村为 7906.61 元，比上年增长 27.38%；普通高中为 7775.94 元，比上年增长 29.61%；中等职业学校为 7563.95 元，比上年增长 23.03%；普通高等学校为 16367.21 元，比上年增长 17.94%。

表 8-2　2010~2020 年全国各级教育生均公共财政预算教育事业费支出情况

单位：元

年份	普通小学	普通初中	普通高中	中等职业学校	普通高等学校
2010	4012.51	5213.91	4509.54	4842.45	9589.73
2011	4966.04	6541.86	5999.60	6148.28	13877.53
2012	6128.99	8137.00	7775.94	7563.95	16367.21
2013	6901.77	9258.37	8448.14	8784.64	15591.72
2014	7681.02	10359.33	9024.96	9128.83	16102.72
2015	8838.44	12105.08	10820.96	10961.07	18143.57
2016	9557.89	13415.99	12315.21	12227.70	18747.65
2017	10199.12	14641.15	13768.92	13272.66	20298.63
2018	10566.29	15199.11	14955.66	14200.66	20973.62
2019	11197.33	16009.43	16336.23	15380.52	22041.87
2020	11654.53	16633.35	17187.02	15625.03	20919.17

资料来源：历年《全国教育经费执行情况统计公告》。

以 2020 年的数据分析表 8-3 可以看出，在 2020 年各级教育生均公共财政预算公用经费支出方面，普通小学为 2873.43 元，比上年的 2843.79 元增长 1.04%，其中，农村为 2586.72 元，比上年的 2548.73 元增长 1.49%；普通初中为 4183.59 元，比上年的 4012.45 元增长 4.27%，其中，农村为 3633.56 元，比上年的 3513.97 元增长 3.40%；普通高中为 4305.29 元，比上年的 3945.10 元增长 9.13%；中等职业学校为 5489.56 元，比上年的 5509.59 元减少 0.36%；普通高等学校为 8119.51元，比上年的 9162.17 元减少 11.38%。各级各类生均教育经费可以反映出教育经费支出与社会经济变量之间的关系，比较客观地反映了政府教育财政支出结构的合理状况，也有利于各项生均教育经费之间的比较。

2012 年，我国高等教育进入大众化阶段，从表 8 - 2 和表 8 - 3 中也可以明显看出，高等教育生均费用在各级教育中均为最高。

表 8 - 3　2010～2020 年全国各级教育生均公共财政预算公用经费支出情况

单位：元

年份	普通小学	普通初中	普通高中	中等职业学校	普通高等学校
2010	929.89	1414.33	1071.78	1468.03	4362.73
2011	1366.41	2044.93	1687.54	2212.85	7459.51
2012	1829.14	2691.76	2593.15	2977.45	9040.02
2013	2068.47	2983.75	2742.01	3578.25	7899.07
2014	2241.83	3120.81	2699.59	3680.83	7637.97
2015	2434.26	3361.11	2923.09	4346.94	8280.08
2016	2610.80	3562.05	3198.05	4778.79	8067.26
2017	2732.07	3792.53	3395.59	4908.30	8506.02
2018	2794.58	3907.82	3646.99	5205.53	8825.89
2019	2843.79	4012.45	3945.10	5509.59	9162.17
2020	2873.43	4183.59	4305.29	5489.56	8119.51

资料来源：历年《全国教育经费执行情况统计公告》。

在义务教育财政发展层面，相关政策也在推动教育公平的实现。从 2017 年春季学期开始，统一城乡义务教育"两免一补"政策，中央财政适时提高国家规定课程免费教科书补助标准。[①] 虽然我国社会经济发展水平一直处于提升的过程中，但作为教育大国，我国财政性教育经费占 GDP 比例目前应以达到国际平均值为目标，4% 的投入水平相对于我国经济发展水平仍然较低，仍需加大对教育的财政投入，优化教育投资结构。在供给侧结构性改革下的转型期间，不仅要强调"量"的增加，更要强调"质"的提高，我国教育财政充足面临严峻考验，需要大力推动教育财政投入体制的改革。

三　我国教育财政充足政策执行中存在的不足

在新的发展阶段，我国教育财政投入仍然存在不充足问题，其原因

---

① 国务院关于进一步完善城乡义务教育经费保障机制的通知［A］.2015 - 11 - 25.

存在于多个方面，有教育财政支出规模较小、区域经济梯次发展严重、法规监管不完善等多种原因。

（一）教育财政资源供给不充足

近几年，随着社会经济的快速发展，我国正逐年加大教育投入力度，我国的教育水平也在逐步提高。但不可忽视的是，我国的教育财政投入始终没能达到教育发展的现实要求，教育财政资源仍旧面临短缺问题。本森提出，教育投资评价的内容主要有三点，即公平、效率以及充足。教育经费投入不充足会给我国教育财政投入带来直接或间接的影响，导致教育财政投入的不均衡，并且直接对我国的教育发展产生不利影响和限制。

当前，我国的财政性教育经费包括预算内教育拨款、由政府征收用于学校的税费、企业所办学校的经费拨款以及校办产业、社会服务所得收入用于教育的部分等。财政性教育经费占国内生产总值的比重是用来验证一个国家教育财政支出水平的常用标准。按照瓦格纳法则，财政支出的规模随着经济发展的改变而改变，同理，财政性教育经费支出情况也适用于这一法则。但是，伴随我国每年人均国内生产总值的增加，财政性教育经费支出占国内生产总值比例的增速反而较为缓慢。

（二）区域间教育财政投入不均衡

区域经济梯次发展是造成我国区域间教育财政投入不充足问题的一个重要原因。罗斯托（Rostow）在1960年提出了经济发展的阶段论，他将社会发展分成了六个经济成长阶段（起初提出了前五个阶段，1971年加入了第六个阶段），即传统社会阶段、起飞准备阶段、起飞阶段、成熟阶段、大众消费阶段以及追求生活质量阶段。罗斯托提出，在开始的经济发展阶段，像起飞准备阶段或者是起飞阶段，政府会把大量资金用于基础设施、劳动密集型产业以及法律法规等领域，这一时期政府投资在社会总投资中所占的比例比较高。伴随社会经济发展逐渐成熟，私人投资稳步增加，社会保障以及教育会逐渐成为政府投资新的侧重点。用在社会保障以及教育上的公共支出将会快速增加，这一增速甚至高过国内生产总值的增速。从罗斯托的经济发展阶段论来看，英国是在1850年步入经济发展的成熟阶段，美国步入经济发展的成熟阶段是在1900年，日本经济是在1940年走向成熟。我国当前也已经开始迈进这个阶段，可是因为我国区域梯次发展的经济特点，各个经济区域无法同时步入这一阶段，导致各个区域显示出鲜明的梯次特征，尤其体现在公共支出对社会保障以及教育的结构与范围作用上。

（三）教育财政法规及监督机制不完善

近几年，我国为了保证教育经费的拨付额，陆续出台了一些相应政策。但是从立法的角度来看，我国对教育的重视程度远远不够，要想从法律的层面保障教育资金投入的充足存在一定难度。并且引发我国教育财政投入不充足的一个重要原因就是目前我国对教育资金的监管仍有诸多不足之处。我国当前的教育财政支出和教育财政投入主要还是靠规范性文件进行约束。例如，农民工子女教育奖励办法、公用经费管理办法、校舍维修基金管理规定等，各级教育管理部门每年发布大量的这类文件，但是当中真正在法律范围内的并不多，大部分的文件其实只是起到对法律存在的不足进行弥补的作用，形成大范围适用的约束机制和行为规范有很大的难度。

第三节　教育财政充足政策的国际借鉴

教育经费充足是一个投入方面的概念，虽然我国在教育财政充足上已取得一定的成就，但与国外进行比较，由于国情、体制和发展因素等条件的制约，政策上仍然存在很多问题。本节主要阐述了美国和英国促进教育财政充足的相关政策以及对我国教育财政充足政策的经验借鉴。

一　美国教育财政充足政策经验借鉴

（一）美国促进教育财政充足的政策

1. 联邦政府的复苏与再投资政策

作为一个教育财政分权的国家，美国的教育经费是由联邦、州和地方学区三方共同承担的。美国各级政府的教育经费投入比例也不尽相同，其中联邦政府仅占了 8%，州政府占了 50%，地方政府占了 42%。除此之外，联邦政府对于 K-12 阶段教育的重视程度逐渐提高。2002 年，美国颁布《不让一个孩子掉队》（No Child Left Behind）的法案，以标准化的考试为手段对美国基础教育进行了改革创新，目的是提高学生的各科成绩，进而缩小劣势和非劣势学生群体之间的差距。这一法案提出，要在 2014 年使所有州的三到八年级学生通过年度测试，并且在数学和阅读方面达到所要求的水平。美国联邦政府为提高教育领域的标准采取了一系列的改革措施，也为教育经费的充足提供了良好的前提。在这个基础上，为了使每个学生都能达到联邦政府所要求的标准水平，教育财政为所在地区的所有公立学校提供了充足的教育经费投入，而且还为需要特殊教育的学生提供了额外的教育资源，促进学生质量的提高，提高教学水平。

在 2008 年国际金融危机爆发的背景下，美国各种产业都受到了严重的冲击，教育事业作为公共服务体系也难以幸免。由于各级政府大力削减教育经费开支，很多学校的办学经费紧缺，影响了整体的办学水平。2009 年，美国联邦政府及时出台并实施《2009 美国复苏与再投资法案》（American Recovery and Reinvestment Act），以应对国家经济危机和保障国家经济安全。这一法案针对减税、教育科研投入、交通运输和健康医疗等方面，预计投入 7872 亿美元，并在 2009 ~ 2019 年的 11 年内完成。其中，在 2009 年将投入 1849 亿美元，占 2009 年名义 GDP 的 1.3%。美国联邦政府投资总额中有 1150 亿美元用于教育事业，在美国专项投入计划中所占的比例最高。这项投入的内容覆盖广泛，包括了从基础教育到高等教育的方方面面，对教育经费的投入和使用都做出了明确的规定。

2. 联邦政府实施教育专项拨款政策

联邦政府在公共教育上的投资基本上是专门用于促进教育卓越发展和增加公平接受教育的机会，为学生取得更高成就和参与全球竞争做好准备。永久补助金和自由支配补助金是联邦教育预算拨款的两种类型。常设授权拨款与我国的法定支出类似。在每年的预算中，要求自由支配拨款与其他政府部门竞争。教育部在部门预算的竞争中处于有利地位。联邦教育部每年为大约 1.6 万个学区、10 万所公立学校和 3.5 万所私立学校提供服务。根据不同时期不同的社会背景和不同的人群，联邦政府对重点项目实施了专项财政支持。以大学研究为例，美国政府向大学分配科研经费是依据项目和科研人员的质量，而不是学校的声誉，并通过同行评议来决定科研经费的分配。为了解决学生贫困问题、增加学生受教育的机会、实现充分和公平的教育，美国联邦政府提出了《不让一个孩子掉队》的"标题1"项目，即为地方学区提供资金以改进不利地位孩子从出生到12年级教育的转移支付项目，政府为教育划拨专项财政资金，项目数量多达数百个。

（二）美国教育财政充足政策的经验借鉴

1. 建立动态教育质量评价体系，确保学校经费充足

根据美国促进教育财政充足的政策，我国尚未对各级各类教育的经费投入数量有明确的规定，对充足性经费标准的研究尚未成熟。通过研究美国的经验可以为我国政府增加教育经费提供参考。目前，我国教育经费投入大多采用"基数法"的模式，教育经费投入根据上一年度的投入水平进行增减，导致区域间、学校间经费的划拨出现问题。针对这一问题，可以参考美国教育财政充足政策，通过将各州的教育经费标准、学生学业成就标准、学校办学条件标准等写入法案，按照最低标准对部分薄弱学校进行补助，并且要求严格执行相应的标准。

2. 建立充足性教育经费拨款方式，避免经费划拨的主观性

我国教育经费拨款是一种"以收定支"的传统教育经费预算模式，不是以学校和学生的需求为指标，而是以上一年度为依据，且受财政收入的影响很大。美国在教育财政充足政策实践过程中，通过等额补助模式、基准补助模式、保障税基计划和基准补助与保障税基组合计划这四种转移支付拨款模式对学区进行补助，州政府通过制定规范的公式来确定教育经费投入，这种财政拨款模式可以避免教育财政经费拨款具有较大的主观随意性。我国可以借鉴美国的充足性教育经费拨款公式，科学计算教育财政充足性生均经费标准，保障教育横向公平。对贫困生和规模较小的学校给予额外的专项资助，满足薄弱学校和非典型学校的发展需求，这体现的是一种纵向公平。

二 英国教育财政充足政策经验借鉴

（一）英国促进教育财政充足的政策

1. 实施教育优先政策

工业革命以来，英国经济发展迅速且一直处在世界领先的地位。在教育财政改革方面，英国同样做了许多积极的努力，将教育放在优先发展的地位。通过教育财政改革，英国认识到了优先发展教育的价值，并

且把教育财政改革作为政府的一个重点项目。政府提供了充足的教育资金投入，全面提高了教学质量，满足了人们的受教育需求。[1]

虽然英国在工业革命后发展迅速，成为一个教育事业相对完善发达的国家，但是内部地区间经济发展水平差异大、教育资源分配不均衡、办学条件不一致等问题也同样存在，影响着教育事业的发展。因此，英国政府为此做了很多努力，先后推出了相关计划，如设立"教育优先区"、发展"追求卓越的城市教育"等；更加重视贫困地区的教育发展，提供更加充足的教育经费投入，鼓励更加灵活的办学模式，如政府通过财政补贴推动私有企业和个人投资办学。英国在教育财政投入上采取多种形式，满足了学校的经费需求，提高了学校的教育质量。

2. 完善助学贷款和助学金体系

以前，英国在学生每次入学时收取相关费用，如学费、住宿费等，这种收费方式会给贫困家庭的孩子带来受教育的压力，进而影响他们受教育的机会。针对此问题，英国政府改革教育模式，设立了助学贷款和助学金体系，允许学生先上学后付费。政府为使学生接受公平和充足的教育，提出学生的学费可以通过助学贷款和助学金解决，学生毕业后再加以偿还。

1989年英国保守党政府提出了助学贷款制度，但是当时的制度内容还不是很完善，存在一定的问题，例如学生必须签订定期定额还款的相关协议，这使很多贫困的学生和毕业后没有工作的学生背上了沉重的债务，并没有达到预期的效果。随后，英国政府对教育财政政策进行了改革，助学贷款的还款方式由原来的定期定额还款改成了附加税的还款方式。如果学生毕业以后收入高于规定的限额，政府的税务部门就会从超出的部分中扣除一定的金额用来偿还助学贷款，直到还清全部贷款。除此之外，英国政府鼓励灵活的助学贷款制度，推动企业为高校设立助学项目，解决学生的各方面开支。这减轻了贫困学生的经济压力，也控制了政府教育财政投入的成本，大大降低了违约经济风险。

3. 建立最低拨款保障制度

英国政府建立了最低拨款保障制度，目的是保证各个学校的生均拨

① 孙霄兵. 推进教育优先发展政策与制度建设研究［M］. 北京：教育科学出版社，2010.

款可以逐年增长，同时避免拨款制度改革带来的不公平对一些学校的财政经费收入造成负面影响。最低拨款保障制度提出，要以学生数量为基本参考而不是看以往的费用支出，由国家和地方两级教育经费的拨款系统进行拨款。当两所学校在同一个地区时，学校的教育特点相似，学生的人数又相当，那么教育经费应该保持同等水平，进而实现教育充足。除此之外，在计算教育经费时还要考虑一些其他的因素，例如两个地区的经济发展水平和消费水平有所不同，教育费用的支出也会不同。在计算学校教育经费时，政府会使用"地区消费调节系数"来进行调控。

英国政府从教育的总体规划和教育行动计划方面对学校进行干预管理，在干预的同时也没有忽略市场经济、学校和教师的主体作用，相反提高了教育教学的自主性。与传统社会主义不同，英国政府的教育改造政策更加注重市场经济的作用，并且把私有化和市场的规则引入了教育领域，其改革措施主要有三个方面。第一，推动私有企业、个人通过多种形式建立民办学校，例如采取社会捐款和发放基金等方式，使教育供给的方式更加灵活。第二，为学生提供更多样的教育选择，进一步推动特色学校的发展，学生可以根据自身的爱好选择特色课程，促进学生的全面发展。第三，使学校得到更多的自主管理权力，例如在学校的教学人员、土地使用和校舍建造方面更具有发言权。将市场经济引入传统社会，促进了教育经费投入的多样化，更加满足了学生的教育需求，推动了英国教育事业的进一步发展。

（二）英国教育财政充足政策的经验借鉴

1. 政府保证教育经费的充足

教育事业和其他一般产业有所不同，它能够为社会创造价值，是一种消费事业。教育事业的发展需要决策者具有一定的战略眼光，重视教育在国家和社会发展中的独特作用。英国针对初等教育实行了相关的法案，在1870年提出了要普及初等教育的目标，但是政府在教育经费方面的投入不够使这一目标没有实现。真正实现普及初等教育的目标是在1891年，英国政府的补助金逐渐增加，教育经费投入不断提高。英国普及初等教育的举措带给我国教育财政充足政策的经验借鉴就是，教育事业的发展是以政府提供必要的经费保障为前提的。

相比英国，我国在1985年提出了九年制义务教育，并在此基础上确立了"基础教育由地方负责、分级管理的原则"。这表明将义务教育的投资下放给地方政府，地方财政对义务教育的投资负有全部的责任。这样的投资方式存在诸多的缺陷。我国地域广阔，各地区间的经济发展水平参差不齐，使得义务教育的发展受到各地经济发展和收支情况以及地方政府领导认识水平的影响。在很多贫困地区，政府无法为义务教育提供更多的财力支持，必定实现不了教育经费的充足。因此，我国应学习英国的普及义务教育政策，提高对义务教育普及的重视程度，在保证地方政府地位的同时，中央政府应当给予相应的补助来保证教育经费的充足。

2. 建立社会参与机制

自 20 世纪 80 年代以来，英国和其他西方国家的教育改革都朝着扩大社会参与和增加教育经费来源的方向发展。与此同时，我国经过长时间的实践，也认识到单纯靠国家投资教育无法全面促进教育事业的发展进步。所以，借鉴英国的教育财政充足政策，我国应建立社会参与机制，鼓励各大高校加强与企业的合作，通过校企合作实现教育、科学研究和生产的有机结合，学校从中获得更多的资金来保证其活力，企业从中获得转让的技术和专利，互利共赢，从而实现教育事业的进一步发展。

第四节　实现我国教育财政充足的政策选择

在大力推进高质量教育发展的今天，教育财政充足性研究在我国具有非常重要的现实意义。从财政学视角来解读，教育财政充足是指，为达成一定教育目标所需的最低投入。要想使教育供给侧的需求得到满足，就要提高教育投入的基本标准，而这一标准的提高必然是基于教育财政充足的。目前，我国各级各类教育的发展都面临着新的趋势，即质量导向。在这种刺激和压力面前，仅仅靠教育投入力度的加大是不够的，相应地，覆盖各级教育的生均经费拨款标准也要加快制定出台。

一　新时代我国教育财政充足的现实选择

《国家中长期教育改革和发展规划纲要（2010—2020 年）》提出，在财政资金安排中优先保障教育投入，在公共资源配置中优先满足教育和人力资源开发的需要，只有这样才能以教育的优先发展支撑经济社会又好又快发展。教育改革的基本发展方向和最终发展结果也越来越明朗地呈现在大家面前。学生作为公共教育服务的主体，既是消费者，也是最终的体验者。政府作为主导者，对基本教育公共服务的质量、资源供给情况具有一定的影响作用，决定着教育政策和治理方式的供给。使用问题导向、原因导向的解决方法，是处理当下教育领域顽疾的必然选择。推进教育的供给侧结构性改革，不断提升教育质量，继续促进教育公平。解决现存的教育供需矛盾，是教育供给侧结构性改革的重点所在，利用改革来促进结构的调整，由目前单一结构转变为多元化、丰富性、可选择的供给结构，这就要求相应供给质量的提高，由此才能为大众创造出高质量、多样化的教育服务，使群众不同层次的教育需求得到满足。供给侧结构性改革在教育领域的实施，首先要对教育供给的质量进行效率和创新性方面的提升，要让教育供给更加符合学生的消费习惯和需求，既要和未来社会发展的需求保持一致，又要满足学生自身发展的个性需求。其次应使教育供给的结构更加丰富，让学生可以享受的教育资源更加丰富多元，有更多的选择，原有培养模式过于单一、考试评价结构过于僵化、课程资源太过统一的问题必须解决，这样才能形成新的供给侧结构，创造良好的教育服务模式。教育供给侧结构性改革要不断发展，就不能忽视教育财政的充足问题，既要提高教育供给的效率，达到既定的目标，又要兼顾公平，保证教育供给的质量。

二　实现我国教育财政充足的政策建议

当前我国正在努力构建和谐社会，研究教育财政充足对于我国来说有很大的现实意义。进行充足性的研究虽然仍有一些局限性，但所有的研究都不可能一蹴而就，对充足性的研究亦是如此，从开展到反复尝试直至推广要经过一段长时间的历程。为了切实做到教育投入的增长快于财政收入的增长，可采取以下政策措施。

(一)　增加教育财政资源供给，保障教育财政充足

2012 年我国财政性教育经费占国内生产总值的比重为 4.28%，同 2011 年的 3.93% 相比，增长了 0.35 个百分点。这也是 1993 年《中国教育改革和发展纲要》提出国家财政性教育经费占国内生产总值比例应达到 4% 以来，我国的教育投入第一次"过线"，这也标志着中国教育投入

后4%时代的到来。随着我国教育投入后4%时代的到来，人们关注的焦点也由不断促进教育投入的持续稳定增长转移到了对教育投入的合理分配与使用上。对发展教育事业来说，国家财政性教育经费占国内生产总值比例达到了4%，才刚刚达到了"及格"而非"优秀"标准。相较发达国家而言，我国民间资本投入所占比重远远小于发达国家，所以未来我国不只要加大政府教育投入，也要加大民间资本的教育投入。同时，我国教育投入长时间处于低水平盘旋状态，各级教育目前依然有着上千亿元的旧账，教育投入不能只是创造新高，还应该填补窟窿。就算是4%目标自身，其稳定性的确立也需要一个长效机制来进行保障。正是由于教育财政充足的实现具有长期性与艰巨性，我们无法同发达国家一样，实施先保障充足而后进行优化的发展策略，所以我们必须兼顾教育投入的增长与优化，实行在促进增长的同时搞好优化的发展策略。

2022年，我国财政性教育经费占GDP的比重达4.006%。与世界平均水平相比，我国目前的教育财政投入占GDP的比重还有很大的差距，在增加财政性教育投入的问题上已经达成了广泛共识。一方面，在预算安排上，要将《教育法》中关于教育经费的"三个增长"问题落到实处，在这一基础上结合经济发展现状，尽可能多地把超收部分的财政收入投入教育领域，从而使教育支出保持稳定的增长；另一方面，要切实转变政府职能，对财政支出结构进行科学合理的调整，在一定的财力状况下，优先考虑、确保教育支出。

教育能否达到预期效果在很大程度上取决于教育财政的充足性，保证教育财政均衡的基础就是充足的教育财政投入。因此，要不断增加财政性教育投入，提供更充分的教育财政资源，以保障教育财政的充足。

（二）制定统一标准，发挥中央和省级政府宏观调控作用

在全国范围内以省为单位，将生均经费、生均公用经费处在我国平均水平的省份的标准作为参照标准。依照这一标准，各省份选定达成这一标准的时间，中央财政应适当降低对那些超过参照标准的省份的投入，对未达到参照标准的省份，可利用正规的转移支付制度进行一定的倾斜保护，从而实现教育财政充足。

学校间在办学条件方面的明显差异主要是由于地区与地区之间、城市与乡村之间投入要素的不同。为缩小这种差距，地方政府要结合当地的社会经济情况和真实的教育需求，从问题最严重的学校入手，坚持不懈地进行教育标准化建设。对于地方政府来说，设定本地的办学指标条件非常关键，较为薄弱的学校在建设、完善新学校时都应参考此标准，办学标准不可以低于指标的标准，但是也不可以大幅超过这一标准，使本地区学校的办学标准在一定程度上保持一致。国家标准是强制性的标准，也是最基本的标准，是各地区都需要达到的标准。在开展各地区标准化建设的同时，国家还应该建立具有长远性、可行性的办学标准。各地在参考国家办学标准的同时，也要考虑到社会经济发展状况的变化，及时进行修正。对于教育财政资源在地区与地区之间、城市与乡村之间存在的分布不均衡的情况，中央应该运用全国范围内的资源调动手段，在推动教育协调与财政充足方面体现出更加强大的调节作用，从宏观的角度看待教育财政资源分配不合理问题，利用"增减平衡"的手段来促进教育财政的平衡，降低对经济发达的东部地区的教育财政投入，增加对中西部等经济不发达地区和贫困乡村的投入，从而推动实现教育财政充足。

（三）吸收社会资金，完善教育税收优惠政策

近年来，我国教育规模不断扩大，教育质量逐步提高，但教育经费的短缺问题也应运而生，这一问题不同程度地存在于各级财政当中。为解决这一问题，新修订的《教育法》对大范围吸纳社会资金来弥补教育经费不足的手段表示了肯定与赞同。所以，要主动引导、鼓励企业和社会力量以及个人向各地的困难学生伸出援手、贡献资金。为了将教育财政公平落到实处，推动教育财政充足的实现，可以将目前教育发展的重点作为参考对象，把其中的一些资金当作教育财政的区域调节资金，这项资金的用途是为财政投入比较少的地区提供一定资金上的帮助，实现缩小区域之间的教育投入差异的目的。其来源主要有社会捐赠、发行教育公债、发放教育彩票等。

从微观的角度来说，学校可以通过帮捐赠者实现一定社会荣誉的方法来获得捐助。从宏观的角度来说，政府可向捐赠者提供一些税收优惠政策，尤其是向西部等一些贫困地区进行捐赠，更要提高税收优惠的程度。现如今，我国实施的税收优惠政策对教育捐赠的积极影响具有很大的局限性，税收激励政策亟须改变，可用捐助免税或财政奖励的方式，积极号召社会对我国教育事业进行捐助。

当国家财政性教育经费无法达到教育发展需求标准时，以国家财政收入做担保，面向国内外发行教育公债，可以解决教育经费不足的问题，为解决教育财政不充足的问题提供财力支持。发放教育彩票也是筹措教育资金的一个有效方法。现如今，我国的彩票主要是福利彩票、体育彩票，教育彩票在国内并无起色。转移支付制度是我国财政体制的重要组成部分，是在财政体制确定的情况下，为了保证各级政府行使职能而采用的一项辅助性财政制度。在我国的市场经济体制与公共财政的前提下，建立和完善教育财政转移支付制度，对提高教育财政转移支付效率、促进教育财政充足有着很大的意义。

（四）建立与完善关于教育财政的法律法规和监管机制

要使教育财政资源均衡地分配，需要相关法律法规的保障，站在立法的角度确立各级政府在推动教育财政充足方面应履行的职责，建立教育经费的监督检查机制，对教育经费的拨付、管理以及使用状况实施监督，可以有效地防范少拨、挪用、挤占和套取教育经费现象的出现，保障国家的教育经费投入。建立健全财务信息公开制度，正确管理学校经费，让公共财政更透明，以确保教育投入的公平、公正。另外，建立责任追究制度也很有必要，利用强有力的监督措施以及问责追究方法增强各级政府在教育财政方面的责任与义务。

当今我国在保障教育财政投入上并没有相应的法律法规，在现实当中主要根据具体的政策来实施，一些地区虽出台了推动教育发展的政策、制度，但也只是其中的部分提到了教育财政投入方面。现如今，国内缺少教育财政投入方面的法律法规，在立法层面也就缺少制约的手段。由此来看，出台推进教育财政充足的法律法规迫在眉睫。一是要对目前存在的法律法规进行调整，对教育财政充足方面的具体方案进行扩充或改动。二是要针对教育财政充足制定有针对性的专门的法律法规，科学地划分各级政府在教育财政充足中的权力和责任，清晰明了地对各级政府的出资范围和出资方式进行界定，用法律的手段均衡地分配教育财政资源，使学生经费、学校设施、教师费维持适当的平衡。上级政府部门需要对下级政府部门教育经费的预算编制及执行情况进行监督，对于不依法履行教育投入义务的做法，必须运用相关办法对其进行处理，建立教育经费问责制度以预防或减少此类事件的发生。各级人大的监督作用也应充分展现出来，积极解决教育经费执行中的重大问题，帮助处理政府在教育经费保障问题上的难点，依法进行执法检查活动，保障教育经费的全额及时拨付，促进教育生均公用经费定额标准全面提高。

总而言之，要想使教育均衡发展、促进教育公平的落实，就要把教育财政的改革方向同保障教育充足性联系起来。由此，相关部门要加快制定相应的法律法规，统筹规划办学标准，制定出更高的学业产出标准。使用立法手段对政府进行约束，在划拨教育资源时要充分考虑学校和学生的切实需求，要以需定支。为了使全体学生享受到法定标准以上的学业产出质量服务，要求保证每一所中小学所拥有的教育经费必须充足。有了教育财政充足的保障，学生产出质量高，学校运行状况好，教育公平的程度也会相应提高。

小　结

我国提出，在财政资金安排中优先保障教育投入，在公共资源配置中优先满足教育和人力资源开发的需要，如此才能以教育的优先发展支撑经济社会又好又快发展。2022 年，我国财政性教育经费占 GDP 的比例达到 4.006%，但教育投资总量仍不足，结构不合理。在测算充足性水平的方法方面，研究者和有关部门可使用成本函数法、示范学校设计法、专家评判法等，使用当前数据，测算出不同层级的教育财政投入充足性水平，并对用不同方式得出的结果进行互相验证，反复改进与完善教育财政充足性测算方法。

第九章　提供优质多元的选择：教育财政选择政策

面对前所未有的机遇和挑战，我国的教育发展与国家经济社会发展和人民群众接受良好教育的要求还不能完全适应，深化教育改革、提供多元的教育选择成为全社会的共同心声。同时，各国政府为了满足公众多样化的教育选择需求，也都纷纷进行了教育财政选择实践。本章将分四节来阐述教育财政选择政策，即教育财政选择、我国教育财政选择政策的实践、教育财政选择政策的国际借鉴以及推进我国教育财政选择的政策路径。

第一节　教育财政选择

教育财政选择与教育选择有着密切的联系，教育选择对教育财政的选择有直接的影响。因此，本节主要从理论上对教育选择以及教育财政选择进行阐述。

一　教育选择

（一）教育选择的含义

教育选择理论源起于西方发达国家，20 世纪 90 年代初，该理论才被系统、全面地论述。1991 年，美国著名学者、教育经济学家亨利·莱文发表了《教育选择经济学》，埃德温·韦斯特发表了《公立学校和过重的负担》，这标志着教育选择理论已经成熟，成为指导美国及其他西方国家择校及教育私营化的主要理论依据。[①] 该理论是在全球经济市场化、文化生活多元化、个人需求多样化以及居民生活水平不断提高而公共教

---

① 廉枫. 城市家庭对子女的教育选择与影响因素分析 [D]. 硕士学位论文，山东大学，2006.

育质量日趋下降的形势下产生的。

教育选择，顾名思义，即为教育而进行的选择。从家庭层面来说，教育选择指的是家庭为子女接受教育而做出的选择，主要特点是家庭自主地进行教育选择。从政府层面来说，教育选择指的是政府为满足社会公众的教育需求，给予家长为子女选择教育的形式和场所的权利，同时还给家长提供一定的资金保障，使家长能够自由选择教育的形式和场所。

随着政府对学校管制的放松，许多学校在课程、教学方法、教育项目等方面有所创新，教育质量也大大提高，同时学校的特色教育也有所发展，教育供给实现了多样化。这些都将使家庭的教育选择范围有所扩大。

（二）教育选择的原则

其一，个人利益与公共利益兼顾。教育在满足个人发展需求的同时，更重要的是要促进国家长远发展、培养出大批优良的社会公民。前者是个人层面，后者是国家层面。无论何时，个人利益和国家利益总会有相互矛盾的时候，因此二者必须兼顾，在满足自身利益的同时不能损害国家的利益。政府要保障个人教育选择自由的权利，同时个人在进行教育选择时必须充分考虑国家和民族的利益。当个人的教育利益与国家和民族的教育利益发生无法缓和的冲突时，应以国家和民族的教育利益为重。

其二，自愿与强制兼顾。自愿选择教育是学生个人及其家长拥有的一种权利，但这种权利是有条件的，并不是无条件的绝对权利。若公民在行使教育选择权利时损害了国家或民族的利益，政府及有关组织机构就有权对这种自愿选择的权利进行限制，实施强制选择。[①]

其三，愿望与能力兼顾。政府应当充分尊重个人教育选择的自由和愿望，但个人自身能力是实现个人教育选择愿望的前提条件，所以个人在进行教育选择时一定要量力而行。[②]

（三）影响教育选择的动因

家庭为子女进行教育选择的动因是多方面的。

---

① 廉枫. 城市家庭对子女的教育选择与影响因素分析 [D]. 硕士学位论文，山东大学，2006.

② 曲恒昌. 西方教育选择理论与我国的中小学入学政策 [J]. 比较教育研究，2001 (12)：42-46.

第一，受教育价值理念的影响。由于各种条件的影响，不同国家、地区、家庭的父母的教育价值理念一定会存在千差万别。譬如在西方国家的公立、私立以及教会学校之间的教育价值理念，也都存在很大的差异，所以父母一般会为子女选择同自己教育价值理念相吻合的学校。因此，家庭传统及父母的教育价值理念会影响子女将会在什么类型的学校接受教育。

第二，受家庭对子女个性禀赋发展认识的影响。每个人都有自己独特的个性和禀赋，对教育有着不同的需求，因此即使在同一类型的学校中，家长也会从中选择最适合他们子女特殊教育需求的学校，而学校及班级规模的大小、课程设置及教育方法、教师教学能力水平、学校特色教育项目等就成了父母为子女进行教育选择的因素。

第三，受家庭经济条件的影响。家庭进行教育选择时通常是比较理性的，因此他们会根据自身的支付能力以及未来的教育收益来进行教育选择。

第四，受学校教学质量水平的影响。由于公立学校、私立学校等的办学形式和经营理念存在较大差异，所以其教学质量也存在很大差异，家长更愿意将子女送到教学质量好的学校接受教育，所以学校的教学质量高低是家长教育选择行为的重要依据之一。

（四）教育选择的形式

随着教育选择形式的多样化和教育选择的不断发展，许多国家开展了教育选择实践，其中美国是最活跃和最有代表性的国家。因此这里仅以美国的教育选择形式作为参考。

第一，公开招生和"磁石学校"。这两种教育选择形式在 20 世纪六七十年代得到了一定的发展，在很大程度上体现了公共选择的精神。这两种选择的出现打破了学生只能在居住地入学的这一传统，使得学生可以在更大的公共教育系统范围内进行教育选择。[①]

第二，学券制。简单地说，学券制度是发放给受教育者的一种担保，受教育者可以用它在政府批准的任何学校支付学费和其他费用。从 20 世

---

① 曲恒昌. 西方教育选择理论与我国的中小学入学政策 [J]. 比较教育研究，2001（12）：42 – 46.

纪90年代开始，美国的代金券制度在一定程度上得到了发展，许多州都大规模地实施了代金券制度。尽管各州的教育券票面价值标准各不相同，但大多数与每个学生的平均成本有关。此外，每个州对领取代金券的要求也不一样，有些州只要求低收入家庭的学生领取代金券。

第三，特许学校。特许学校看似是一种公共教育的选择，但实际上是一种公立学校的私立运营形式，具有很强的市场选择性质。具体做法有：教育公司或个人志愿者团体与当地教委签订合同，接管并经营质量较差、家长不满意的学校；教育主管部门根据当地生均教育经费标准，向承包人提供经费支持，并提出办学质量要求；承建商制定教学计划和质量指标，并全面负责学校的管理，包括选择教师、确定课程、教学内容和方法，以及学校的日常管理。目的是通过引入市场机制来提高公立学校的质量。[①]

第四，学费税收减免。在美国，有一些州规定，当纳税人为其上私立学校的孩子缴纳学费时，可以申请一定数额的税收减免，以支持其教育选择。[②] 这种减免的依据一般是纳税人的收入税，所减数额占学分的比例是固定的，但有一个上限，至于每家上私立学校的儿童数量没有限制，也就是说，每家有几个儿童上私立学校就有几份减免。

（五）教育选择理论的类型

教育选择理论的类型包括教育公共选择理论、教育市场选择理论和教育私营化及市场化主张。

1. 教育公共选择理论

教育公共选择学派主张的不是改变传统公共制度的基本形式，而是通过制度改革为学生和家长提供更多的选择，包括在学校内提供更多的课程，提供更多的学校选择。[③]

2. 教育市场选择理论

按照教育市场选择学派的观点，他们认为，教育的社会目标与个人

① 曲恒昌. 西方教育选择理论与我国的中小学入学政策 [J]. 比较教育研究, 2001 (12): 42 – 46.

② 曲恒昌. 西方教育选择理论与我国的中小学入学政策 [J]. 比较教育研究, 2001 (12): 42 – 46.

③ 翟静丽. 西方教育选择理论述评 [J]. 外国教育研究, 2006 (2): 28 – 32.

目标是一致的，假若每个家庭都能实现自己的教育偏好，学校教育的社会目标自然就会实现。因此，教育市场选择学派主张通过教育券制度建立广泛的教育市场，让每个家庭都有机会为自己的孩子选择教育服务。[①]

3. 教育私营化及市场化主张

这一学派主要由经济学家组成，他们相信古典经济学理论，对亚当·斯密关于自由市场这只"看不见的手"在教育中可以发挥作用的观点深信不疑。在学校教育中，市场化运作意味着由家长支付的学费将涵盖大部分的教育成本。政府资助无论是直接给学校的拨款还是给家长的代金券，都将消失。[②]

（六）有关教育选择的争论

公众对教育有着不同的需求，因此其教育选择是多样化的，所以这难免会导致有些学校人满为患，而有些学校却门可罗雀，这种巨大的反差使得人们对教育选择有很多争论。

第一，学校应该提供多样化的教育选择还是提供一致的教育选择。支持提供多样化的教育选择的人认为，多样化的教育选择可以满足受教育者多样化的个性需求，促进学校内部的课程改革及办学特色的形成，以吸引更多的学生。支持提供一致的教育选择的人认为，社会成员需要有共同的经验以适应社会发展的要求，学校教育承担着这一责任，应该尽量追求统一而不是多样化。

第二，教育选择范围仅仅是公立学校还是应扩展到私立学校。认同教育选择的范围应该扩展到私立学校的人认为，私立学校的办学效率和教学质量都优于公立学校，在私立学校比较发达的地区，教育选择就是在私立学校中进行的。[③] 认同教育选择范围为公立学校的人认为，过去公立学校和私立学校的学业成绩的确相差较大，但近年来两者存在很小的差距，并且这种差距可能是由测量的误差和学校选择样本不同造成的。

第三，教育选择导致了公立学校生存危机还是促进了其长远发展。反对教育选择的人认为，教育选择范围扩大，将会使私立学校的学生人数增

---

① 翟静丽. 西方教育选择理论述评 [J]. 外国教育研究，2006（2）：28 - 32.
② 翟静丽. 西方教育选择理论述评 [J]. 外国教育研究，2006（2）：28 - 32.
③ 李绍飞. 公办转制学校的发展历程研究 [D]. 硕士学位论文，中央民族大学，2013.

加，使公立学校的学生人数减少，从而使公立学校的生存受到威胁。而支持教育选择的人认为，教育选择范围的扩大在给公立学校带来生存压力的同时也促进了公立学校的成长。另外，对部分家长来说，优质的公立学校一直是他们的首选，私立学校只是他们为了避免其子女到不满意的公立学校而做出的选择。随着公立学校改革的进行和政府加强对私立学校的资助和规范，私立学校和公立学校的差距越来越小，到时选择哪类学校都一样。所以，教育选择只会促使公立学校和私立学校的良性发展。

第四，教育选择能否促进教育公平的实现。支持教育选择的人认为，扩大教育选择范围能够促进教育公平的实现。学生及家长教育选择权的扩大不仅提高了教育质量，还能够避免只有富人才有的选择权，使穷人和富人拥有同样的选择权，从而使社会更加公平。反对教育选择的人认为，虽然教育选择对富裕家庭来说并没有多大影响，整体上并没有加剧社会分层，却使中等收入家庭和工人阶层家庭的教育差距拉大。

虽然关于教育选择的争论有很多，对政府教育政策的制定和实施以及家庭的教育选择有一定的影响，但各国的教育选择实践仍然在有条不紊地开展，政府的教育选择政策在不断深化和发展，家庭的教育选择范围也在不断扩大。

二　教育财政选择

（一）教育财政选择的含义

教育财政选择是政府为满足公众的教育选择权而进行的教育财政配置方式的选择，也是学生及家长对财政投入经费使用去向的自主选择。换句话说，教育财政选择就是政府将部分教育财政资金由政府的直接支出转变为由学生及家长自主支出，扩大学生及家长对教育财政资金的支配权。[①]

为满足公众的教育选择需求，政府将一定数额的财政资金以凭券、资助或贷款的形式发放给每名学生，让学生自主选择学校就读而不受学区的限制，学校凭收集到的凭券到政府兑换成现金作为办学经费。[②] 这实际上是将市场竞争机制引入教育领域，刺激学校进行改革，提高办学

---

① 栗玉香. 教育财政学［M］. 北京：经济科学出版社，2009.
② 郑机. 基础教育阶段择校现象的理性思考［D］. 硕士学位论文，福建师范大学，2009.

质量和效益，同时也扩大了受教育者的教育选择权，受教育者的满意度便成了学校生存和发展的重要依据。

（二）教育财政选择对不同主体的意义

1. 家庭成了教育财政配置决策的主体

教育财政配置有了家庭的参与，才能更好地反映家庭对教育财政的利益诉求。但在政府直接配置教育财政资金的情况下，家庭对教育财政资金的配置决策是在被动中接受的，所以家庭参与决策的权利十分有限，而且其教育财政利益诉求得不到很好的满足。教育财政选择使家庭拥有部分教育财政资金配置的决策权，他们可根据自己的意愿配置教育财政资金。在教育财政选择条件下，家庭拥有了很多以前没有的权利，例如，家长可以根据自己对学校的满意度来决定是否选择该学校。

2. 扩大了学校办学自主权

过去，学校的资金由政府直接拨付，生源都是政府直接划定的，学校只需要负责实施教学活动。于是学校便出现了只对政府负责不对家庭及受教育者负责、运作成本高但产出效率低的现象。教育财政选择使学校失去了对政府财政资金的直接依赖，学校只能靠自身教学质量以及家长对学校的满意程度来获得政府的财政支持。这样一来，政府虽然触动了学校的既得利益，给那些过于依赖政府财政拨款、教学质量一般且缺乏创新能力的学校带来了挑战，但同时也扩大了学校的自主权，使那些能够很好地适应教育市场，并且勇于创新、努力提高教学质量的学校获得了更大的收益。

3. 打破了政府独享教育财政资金配置决策权的格局

在教育财政选择框架下，政府的教育财政选择将更多地反映社会公众的利益诉求，政府的各项决策也将更多地反映公众的意愿。教育财政选择改变了教育财政资金的配置方式，在政府失去部分教育财政资金配置决策权的同时，家庭获得了部分教育财政资金配置决策权。这有利于调动家庭参与教育活动的积极性，有利于教育质量的提高。

4. 降低了教育财政支出的交易成本

教育财政选择可以提高教育财政资金支出的效率。因为在政府自上而下的逐级拨款体制中，由于某些政府官员的寻租行为，教育财政支出的交易成本提高。而教育财政选择将一部分教育财政资金配置决策权转移到家庭手中，减少了很多中间环节，减少了权力寻租机会，也就减少了教育财政资金支出过程中的资金外流，从而降低了教育财政支出过程中的交易成本，最终提高了教育财政支出的效率。[①]

（三）教育财政选择的基本理念

1. 教育财政选择并非改变教育财政资金的公共性，也并非教育的市场化

教育财政选择与教育市场化有着根本的区别。教育财政选择只是改变了教育财政资金的配置方式，并没有改变教育财政资金的公共性，教育财政选择必须建立在满足公众教育需求的基础上，以更好地体现教育财政的公共性。教育市场化是指教育的生产、消费完全通过市场进行交易的行为，其结果是政府放弃教育财政支出的责任、学校高收费却无人管束、家庭教育支出不断攀升。教育财政选择的确把市场竞争机制引入了教育领域，但不能因为市场的介入，教育财政选择就缩减政府教育财政支出的规模。所以教育财政选择与教育市场化没有必然联系，教育市场化完全是我国部分学者和政府官员对西方国家教育财政选择实践的误读和曲解。[②]

2. 教育财政选择并不等于取消政府教育供给，更不是推卸政府教育财政投入责任

在教育财政选择实践中，政府与家庭、学校的关系都发生了变化：政府不能直接干预家庭对教育财政资金的配置，家长和学生真正成为教育财政资金的消费和决策主体，他们决定着教育财政资金在各类学校间的配置。政府也不能直接干预学校的教学活动，而应该以行政合同来处理与学校的关系。但政府与家庭、学校关系的改变并不意味着取消政府教育供给，更不是推卸政府教育财政投入的责任。[③]

从国内外实践来看，教育财政选择的目的是要改变过去公立学校僵化的管理体制、解决低劣的教学质量和办学效率问题，改变政府过多干预学校教学事务的局面，由市场代替政府行使部分职能，而不是完全按照市场原则运作。[④]

---

① 栗玉香. 教育财政学 [M]. 北京：经济科学出版社，2009.
② 栗玉香. 教育财政学 [M]. 北京：经济科学出版社，2009.
③ 栗玉香. 教育财政学 [M]. 北京：经济科学出版社，2009.
④ 陶夏. 美国义务教育财政诉讼对教育公平的促进作用研究 [D]. 硕士学位论文，华中师范大学，2016.

第二节　我国教育财政选择政策的实践

教育财政选择多样化是当今时代发展的潮流，是各国教育的必然选择。为促进我国教育财政选择的多样化，我国也进行了一系列的探索，其中以教育券和公立学校转制最为典型。

一　我国教育选择的现状

随着我国居民家庭收入的提高以及消费需求的多元化，家庭的教育选择权应该有所扩大，但实际上并不是很理想。我国家庭被剥夺了教育选择的主动权。目前，我国实施"就近入学"的政策，虽然政府给予了家庭一定的教育选择权，但由于学校的教学质量存在较大的差异，家庭的教育选择也是不得已而为之，因而可以说家庭的教育选择权被变相地剥夺了。

家庭的教育选择权是"虚置"的，没有实质意义。我国非均衡的教育财政投入导致了我国教育发展水平的不均衡，优质教育资源极其短缺，优质学校的学生名额是有限的，而且额外收费也很高，所以即便我国完全放开了教育选择的范围，由家庭自由选择学校，但对于低收入家庭来说，他们仍负担不起高额的费用。因此，教育选择权实际上是"虚置"的，失去教育财政资金支配权的教育选择权是缺乏实质性意义的。即便家庭的教育选择权有所扩大，但家庭对教育财政资金的自由支配权得不到真正落实，这种扩大的教育选择权也是毫无意义的。

二　教育券

（一）教育券的含义及其发展

1. 教育券的提出及含义

教育券又称学券或教育凭证，是政府为所有适龄儿童提供的用于购买教育服务的有价证券，学生以此部分或全部冲抵学杂费，学校则凭借从学生手中收取的教育券到政府换取相应的经费。[①] 教育券的理念可以追溯到 1776 年亚当·斯密的《国富论》及 1791 年托马斯·潘恩的《人

---

① 栗玉香.教育财政学［M］.北京：经济科学出版社，2009.

的权利》。亚当·斯密主张政府对于公民的教育除了必要的引导，应尽量避免直接的干预。①

不论是在他们居住的地区、城市还是在州，教育券可以在任何一个愿意接收子女的学校使用，由此家长获得了更多的教育选择机会；同时，对于公立学校而言，教育券也迫使它们通过收取学费来自筹办学的经费，进而使得公立学校之间甚至是公立学校同私立学校之间为争夺经费而展开激烈的竞争，从而能够激励学校提高自身办学水平，进行特色办学，以吸引更多的学生就读。通俗来讲，教育券制度的做法就是政府不再把教育经费层层下放给学校，而是给学生发放教育券，家长及其子女凭借此券自由选择学校，并且向学校支付教育券以冲抵学杂费，学校争取到学生以后凭借此券向政府兑现办学经费。

2. 教育券的发展

教育券理论最初经美国经济学家弗里德曼提出后发展为两种理论模式。一种是"无排富性"模式，即政府给所有适龄儿童面值相等的教育券，由其自由选择就读学校，教育券达不到所就读学校收费标准的由家长自行承担。② 该种教育券旨在把教育选择权归还家长，即教育消费者能自由选择他们所就读的理想学校，这样公立学校体系就引入了竞争机制，进一步促进了学校教学质量的提高，同时通过教育券的流动来实现学校的优胜劣汰。弗里德曼的教育券就属于这一种。另一种是"排富性"模式，即主张政府只给低收入或有特殊需要的家庭特殊的补助。③ 政府会对参与该计划的学校及学生的资格进行严格的限制，也会严格控制教育券的发行数量。英国经济学家皮科尔和怀斯曼对弗里德曼的教育券理论进行修正，以保证弱势群体能够享受高质量的教育，他们的理论就属于这种理论模式。

（二）我国为何要发行教育券

教育券是教育财政选择的一个重要手段，是实现教育供给侧结构性改革的一种路径。当前在我国进行教育券改革具有一定的现实需要和意义。

1. 多样化教育供给以提高学校教育质量

通过发行"教育券"，打破了政府提供教育的垄断模式，激发了教

---

① 栗玉香. 教育财政学［M］. 北京：经济科学出版社，2009.
② 王增伟. 关于教育券制度在我国的实施［J］. 中国职业技术教育，2008（11）：47-48.
③ 王增伟. 关于教育券制度在我国的实施［J］. 中国职业技术教育，2008（11）：47-48.

育系统内部的发展创新动力；增加了学校类型，有利于学校教育质量的提高。教育券的实施，能够有效地将公共教育资源的所有权与经营权分离；教育服务实现多中心提供，并且将公共事务引入了内部市场机制；为新型私立学校的产生打下基础，进而形成"广阔的新市场"，这对提高教学质量起着极其关键的作用。[①]

学校的生存和发展不再靠上级领导的认可，而是靠为受教育者提供优质的教育服务。为了获得学生手中的教育券，学校就必须下功夫拿出其物超所值的教育服务来，而当学校提供的教育服务不能真正满足学生及其家长的需要时，学生就会转学。这将导致学校收入的减少，限制学校的持续发展，严重的还可能导致学校关门。同时，通过教育券实践所表现出来的教育公平与效益，会吸引更多人从事和投资教育事业，这直接促成了学校多样化和优胜劣汰的学校竞争机制。[②] 因此，这也从另一方面保证了教学质量。

2. 引导学校之间的有序竞争

教育券的出现，是教育供给侧结构性改革的需要，它使学校之间能够进行有序的、良性的竞争，打破了教育机构的一元性特征。国家既有责任支持教育，也有理由对教育进行干预，把选择学校的权利交给学生和家长，使学校之间能够进行良性竞争。只有那些办学特色突出、培养出的学子受市场欢迎的学校，学生才会选择就读，学校才能够获得更多的教育券及其代表的经费。教育券的使用使学校在经费供给和师资配备上不再依赖政府部门。

（三）我国教育券改革实践

教育券一经提出，各国便开始探索适合本国国情的教育券模式和政策取向。我国最早的教育券实践是浙江长兴县 2001 年实施的教育券改革，在此之后国内其他地区也相继进行了教育券实践活动。湖北监利、浙江嘉善、吉林长春、山西左权等地也开展了相关的试验，并取得了一定的成果。2007 年 9 月，香港成为我国首个对学前教育采用"教育券"

---

① 刘芳，雷鸣强. 教育凭证制度在我国的预演——长兴县发放教育券的制度经济学分析 [J]. 全球教育展望，2003，32（7）：20–25.

② 陈姣姣. 我国发行"教育券"的必要性和可行性研究 [D]. 硕士学位论文，四川师范大学，2007.

资助形式的地区。

在我国教育券实践中以浙江长兴县的教育券改革最具代表性，对我国今后的教育券改革具有较大的借鉴意义。

1. 浙江长兴县的教育券改革

长兴县的教育券改革共经历了两个阶段。从 2001 年 9 月起，在民办学校和职业技术学校就读的学生分别可领取面值 500 元和 300 元的教育券，学生在学校可以通过教育券冲抵等额的教育费用，学校得到教育券后可以去教育局兑换等额的现金经费。

2002 年上半年，长兴县教育局除向民办学校和职业技术学校学生发放教育券外，还将教育券的使用范围扩大到义务教育领域，向义务教育阶段的贫困学生发放教育券。同年 9 月，长兴县教育局共发放教育券给 3220 人，其中，义务教育贫困生 361 人，民办学校学生 25 人，职业技术学校学生 2834 人，共计 156 万元。长兴县教育局计划将教育券推广到高中，试行时间为 2003 年 9 月至 2005 年 7 月，主要向薄弱学校提供补助；2005 年 9 月后，将全面实施教育经费拨款制度的重大改革，以激励学校提高教学质量和教学水平，届时将发放 1000 元或更高面值的教育券，让持券学生自主选择学校，以促进公立学校与民办学校、普通高中与职业高中之间的竞争。① 总之就是在试验成功的基础上，积极稳妥地在义务教育阶段全面实施教育券，争取让每个适龄儿童都有机会上学。

2. 浙江长兴县的教育券改革中存在的问题

第一，家长及学生的教育选择权是不完整的。家长及学生在使用教育券选择学校的时候，并不是所有的学校都能选，而是只能在指定的学校里做选择。②

第二，没有实现教育资源公平分配的预期效果。长兴县推行教育券是为了促进公办和民办学校间教育资源的公平分配，但是在实践中，长兴县推行的教育券面值较小、次数少，更为不足的是，其所发教育券金额并不是以生均成本作为核定标准的，因此其在促进教育资源公平分配方面作用不大。

---

① 徐静. 我国实施教育券制度的可行性研究［D］. 硕士学位论文，陕西师范大学，2005.
② 刘复兴. 教育券制度的政治学分析——以浙江长兴县的教育券改革为例［J］. 教育发展研究，2003（9）：35 - 38.

第三，对教育质量提升作用不明显。发行教育券的目的是通过赋予家长和学生教育选择权来促进学校之间的竞争，在推行教育券的实践中，长兴县对教育券的功能定位忽视了教育过程和教育结果，因此，这一政策难以为学校之间营造必要的竞争环境。长兴县推行的教育券是在体制内的教育券方案，受到了严重的干预，在很大程度上影响了其提升教育质量的作用。

第四，对参与计划的民办学校的监管制度不完善。在长兴县推行教育券的实践过程中，参与计划的民办学校开始部分地享有公共资金并承担对应的公共性义务，但是仅仅依靠民办学校的自觉性是远远不够的，还必须依靠政府的监管。关于怎样介入对民办学校的管理、如何保证民办学校办学质量等众多问题，长兴县政府部门没有提出具体有效的措施。这也是长兴县教育券改革成效不明显的重要原因之一。

虽然中国的教育券实践是借鉴美国的教育券实践，但中国的教育券实践从一开始就显现出了中国特色。我国的教育券实践一直都是在较小的范围内进行的，基本上都是以县为试验主体，教育券的金额占教育经费的比例很低，内容设计上以职业教育、特殊教育、贫困生帮扶为主，只是为了解决某一个具体的如生源、财政经费等问题，而未涉及基本的教育体制。

教育券制度作为一种新兴的教育财政选择方式有其积极的一面，但是这种制度并不完善，存在一些弊端。教育券只是教育选择的一种方式，片面地注重教育券的效率作用或公平作用是难以达到教育券制度的预期效果的。教育券制度也并非一成不变的，其实施应立足本国国情，不能照搬照抄别国的制度经验。教育券的发展需要一个过程，不可能一蹴而就，必须有计划、分阶段开展，在实践过程中不断完善和发展，这样才能使教育券发挥出应有的作用。

教育券制度是市场经济国家进行教育体制改革的一种尝试，教育券改革在我国虽然没有得到大范围的推广与应用，但其给我国教育体制的综合改革提供了借鉴和启发，对促进我国教育事业的发展有较大的意义，尤其是在教育供给侧结构性改革的背景下，教育券实践将会对我国的教育做出更大的贡献。

三　公立学校转制

（一）公立学校转制的内涵

随着市场经济体制改革的深化，我国公共产品呈现民营化、市场化的态势，于是教育的民营化、市场化也成了人们关注的焦点，公立学校转制便在这种背景下应运而生。公立学校是针对学校的经营方式而言的，目前我国学校的经营方式按照经营主体的不同可分为三种形式：国有国营、私立私营、国有民营。公立学校转制加速，建设薄弱学校，激发我国公立学校的活力，使学校所有权和经营权分离。承办校长或学校董事会负责筹集资金及教师工资发放，学校运行机制效仿经济运行机制，采取民办模式进行管理。[①]

（二）我国公立学校转制实践

1. 我国公立学校转制的背景

我国的公立学校转制兴起于 20 世纪 90 年代中期，当时的市场经济体制改革得到进一步的深化和发展，已有的教育形式满足不了公众对优质教育资源的需求，西方国家采取了多种方式对教育进行改革并取得了一定的效果，于是我国政府为了增加优质的教育资源供给、满足公众多样化的教育选择需求，吸纳社会资金投入教育，以减轻政府教育财政不足的压力，便开始探索公立学校的改革之路，努力构建新型的政府公立学校治理模式。

2. 我国公立学校转制的动因

在转制前，公立学校的教育经费由政府提供。转制后的公立学校面临着自负盈亏的风险。然而，仍有许多公立学校承担风险，将资源转移到该系统。在内部，一些较好的公立学校转制是为了通过引入市场机制来促进学校更好发展，而较差的公立学校也想转制，希望转制能给学校带来新的机遇。在外部，私立学校的迅速发展影响了公立学校的转制。当时我国的民办教育正处于一个快速发展的时期，规模大，学校质量也大大提高，政策也逐渐向民办教育倾斜，而且有很多民办学校获得了国家颁发的学历资格证书。民办学校在收费、人事和招生方面拥有更大的自主权，公立学校则拥有良好的办学基础和社会生源，于是公立学校便想通过转制，借助民

办学校更大的自主权和运行机制来扩大自身的竞争优势。①

3. 我国公立学校转制中存在的问题

改革初期的政策范围限定在薄弱学校，这一时期的薄弱学校也的确出现了学校面貌的根本改变，但随后的公立学校转制中不断出现各种问题。政府对待转制学校的态度变得模糊，这使得公立学校转制现象成了无人问津的"真空"地带。再加上政府没有为公立学校转制制定详细的可操作性规范，转制后的公立学校缺乏行之有效的管理与监督，使得一些不规范的公立转制学校挤占了民办学校的发展空间，并出现转制学校变相营利现象，直接导致了国有资产的流失。

（1）转制学校的定义

目前，转制学校的类型非常复杂，包括国有民办学校、民办学校和官办学校。大多数公立转制学校可以称为国有民办学校，同时享有民间办学的政策、权利和办学自主权。

（2）转制学校的资质

公立学校转制并非适用于所有学校，所以哪些学校适合转制？这是一个必须考虑的问题。目前，许多基础薄弱的学校和新建的学校被改造成新学校。然而，好学校和义务学校的转换引起了相当大的争议。

（3）转制学校的规范化管理

目前，公立学校改造不规范，各地实施的政策不同，甚至在同一个地方，各个学校的做法也不一样；上级行政部门对学校的监督程度由校长本人的社会影响力决定。在公立学校转制过程中，由于没有严格的审批程序，出现过转制后就多收学费的情况，甚至出现过不转制就收学费的"翻转卡"学校。一般来说，公立学校转制管理处于一种自发、松散甚至失控的状态。

（4）转制费用

有些转制学校不按教育成本收费，有些地方采取"一刀切"的做法，既没有体现转制学校和纯私立学校的区别，也没有体现转制学校之间的区别。一些地方把学校改造作为营利的手段。例如，一些重点学校实行"一校两制"政策，或作为民办学校的配套学校，变相收费，即所

---

① 梁鹏. 我国公立学校"转制"初探［J］. 继续教育研究，2008（1）：157－158.

谓"假改制实收费"。①

（5）转制招生

招生的主要问题是如何确定部分转学和附近免费入学之间的关系。公立中小学的转制原则上不应影响学区内儿童就近免费入学的权利，但这必然会影响转制实践的顺利进行。因此，事实上，除了少数转制学校招收一定数量的学生，大多数转制学校是全员招生，这就需要实现教育行政部门和转制学校之间的协调。②

我国的公立学校转制并未真正实现教育财政选择的目的。我国的公立学校转制有模仿美国特许学校的初衷，旨在对公立学校财政改革进行探索，扩大转制学校的办学自主权。但在实际运行中，政府仅仅放开了转制学校的收费权，在诸如人事雇用、财政资源配置、教学资源分配、课程开设等方面，政府给予学校的自主权十分有限，政府与转制学校的关系仍然是行政隶属关系。转制学校占尽了政府教育拨款和自助收费的便宜，是典型的伪民营化教育模式，教育消费者仍然没有摆脱只有交钱才有更多选择的弱势地位。

公立学校转制是我国学校经营体制的一次重大变革，顺应了市场经济体制改革的潮流，但由于政府尚未建立起公立学校转制的具体规范和制度，转制后的学校出现的各种问题还没有得到很好的解决，所以公立学校转制的发展前景是机遇和挑战并存。

总之，办学体制改革不可能一蹴而就，它需要经过一个长期的过程。我国经济体制改革的深入发展使得办学体制也出现了相应的变化，转制学校是进是退，都是发展，都是深化教育改革的举措。而接下来，怎样充分调动公民的积极性？如何丰富、优化、合理布局教育资源？如何满足社会对优质教育的多层次需求？采取何种措施兼顾教育公平？这些都是有待进行深入研究的问题。

第三节　教育财政选择政策的国际借鉴

国外教育财政选择实践形式有许多，比如教育券、家庭学校、学费

---

① 曾天山. 义务教育体制改革的回顾与思考 [J]. 教育研究, 1998 (2): 22 – 27.
② 张巍. 转制学校的特征及改进建议 [D]. 硕士学位论文, 上海师范大学, 2004.

税收抵扣和交通补贴等。本节以教育券为例，通过对国际教育券政策实践的比较总结国际经验，旨在为我国实现多元的教育财政选择提供宝贵的思路。

一　美国教育券政策经验借鉴

（一）美国现代教育券思想流派

当前，美国的教育券思想主要有四大流派：一是注重教育券效用流派，以米尔顿·弗里德曼的教育凭证计划为代表；二是注重教育券公平作用流派，以克里斯多夫·詹克斯提出的补偿性教育券模型为代表；三是收入关联模式教育券流派，以加利福尼亚大学约翰·库恩和斯蒂芬·苏格曼教授完善教育券制度性建设为代表；四是后义务教育阶段教育券流派，以莱文等人为代表。[①]

1. 注重教育券效用流派

1955 年，弗里德曼在《政府在教育中的作用》一文中首次提出教育券思想。1979 年，他在《自由选择：个人声明》一书中进一步完善教育券理论。1995 年，他在《华盛顿邮报》上刊发《公立学校：使其私有化》，再一次阐述其教育券思想。他的主要观点为：①政府权力过度集中，教育体制外的人员如家长、学生要服从于教育体制内的特权，只能执行国家教育系统上层决定，这是 20 世纪 60 年代美国学校整体出现教育质量下滑、教育效率低和教育不公平等问题的主要原因；②公立学校垄断着教育，它们并没有关注学生和家长的诉求，而是把主要精力集中于经济收益，忽视了整体教育质量的提高；③面对上述情况，政府应逐步下放权力，通过发行教育凭证，家长可以直接收到以教育券形式发放的教育经费，以此购买自己满意且符合国家规定的学校教育服务，学校就会争取更多的学生，以得到更多的学券来兑现教育经费，从而促进了学校间的竞争，家长从中获得了更大的教育选择自由，最终达到教育质量整体提高的效果。[②]

---

① 赵映平，顾金龙.关于"教育券"在我国实施的思考 [J].内蒙古师范大学学报（教育科学版），2006（10）：17 - 19.

② 赵萱.国际比较视阈中的教育券政策研究 [J].现代教育管理，2015（8）：40 - 44.

2. 注重教育券公平作用流派

这一流派主要有两种观点。第一种观点是皮科尔与怀斯曼的弗里德曼模型修正版，他们主张将教育券与学生家长的收入联系在一起，也就是实行阶梯式学券计划，这样可使穷人获得更大的教育利益，从而有利于教育公平发展，促进社会各阶层和谐。第二种观点为克里斯多夫·詹克斯的补偿性教育券模型，他主张通过教育券制度的推行，打破固定僵化的公共教育体系，重新建立一个重视多元选择的新型学校制度；关注弱势群体，在发放等面值的教育券的同时给予低收入家庭或有特殊需要的家庭额外补贴，从而使处于弱势经济地位家庭的学龄儿童接受同等教育服务的机会增加。[①]

3. 收入关联模式教育券流派

这一流派的观点主要是约翰·库恩和斯蒂芬·苏格曼的完善教育券制度性建设。他们的主要观点为：①贫困学生获得教育券后可自行选择就读于公立学校或私立学校，教育券的首要目的不是追求市场效率，而是促进社会的公平与正义；②教育券的额度应足够用于支付学费，主张政府应依学生家庭状况的不同来设计不同的教育券种类，从而逐步实现教育经费的公平分配。[②]

4. 后义务教育阶段教育券流派

这一流派的观点主要是莱文的后义务教育。他的主要观点为：①政府通过发放教育券的方式支付学生就读于后义务教育阶段的大专院校、各类职业技术学校等的学杂费；②政府相关部门考核学校教育服务和教学质量，决定其是否有资格参与教育券计划；③形式多样的教育券资助项目，涵盖政府直接配套公共教育经费、各类奖学金和助学贷款等；④构建实时、高效的教育资源信息平台，及时向学校和家长发布教育券计划信息、学券兑付信息、择校信息等。[③]

（二）美国现行教育券模式归整

美国现行教育券按照资助对象的类型分为通用券、特殊教育券、弱

---

① 赵萱. 国际比较视阈中的教育券政策研究 [J]. 现代教育管理, 2015 (8): 40 – 44.
② 谢巍. 教育券制度的经济学分析 [D]. 硕士学位论文, 东北师范大学, 2006.
③ 刘冠华. 美国的"教育券"及其对中国教育改革的启示 [D]. 硕士学位论文, 曲阜师范大学, 2004.

势学生券、城镇券，按照经费来源分为私人教育券、公共教育券，如表
9－1所示。

表 9－1　美国现行教育券模式

分类依据	名称	类目	资助对象	起始时间
按资助对象的类型	通用券	俄亥俄州克利夫兰市奖学金和补助金	所有学生	1996～1997 学年至今
	城镇券	佛蒙特州城镇学费计划	没有公立学校的城镇学生	1869 年至今
		缅因州城镇学费计划		1873 年至今
	特殊教育券	佐治亚州特需奖学金计划	残疾学生	2007 年至今
		犹他州卡森·史密斯特需奖学金计划基金	残疾学生	2005～2006 学年至今
		俄亥俄州孤独症学生奖学金计划	3～21 岁的孤独症学生	2004 年春季至今
		佛罗里达州麦凯奖学金	残疾学生	1999 年至今
	弱势学生券	路易斯安那州卓越教育奖学金计划	F 级公立学校的学生	2009 年推行至今
		威斯康星州密尔沃基市家长择校计划	低收入家庭学生	1990～1991 学年至今
		俄亥俄州教育选择奖学金计划	F 级公立学校的学生	2006～2007 学年至今
		华盛顿特区机会奖学金计划	低收入家庭学生	2004～2005 学年开始，2009 年停止

续表

分类依据	名称	类目	资助对象	起始时间
按经费来源	私人教育券	儿童奖学基金教育券	低收入家庭学生 K–8 奖学金	1998 年纽约州开始
		教育选择慈善基金	为城区内低收入家庭 8 年级儿童提供资助，以便有机会去私立学校就读	1991 年开始
		税收抵免奖学金计划	适用于大学一、二年级学生及家庭	伴随 1997 年《减税法》开始
		个人税收抵减计划	适用于大学一、二年级学生及家庭	伴随 1997 年《减税法》开始
	公共教育券	大部分称为奖学金计划或者学费支付计划	适用于俄亥俄州克利夫兰市奖学金和补助金计划等的学生及家庭	伴随 1997 年《减税法》开始

资料来源：赵萱．国际比较视阈中的教育券政策研究［J］.现代教育管理，2015（8）：40–44。

（三）美国教育券政策经验借鉴

1. 把握好教育券政策目标

目前，我国已有十几个地方开展了教育券改革实践，但其推行教育改革的政策目的各不相同，有的是为了促进教育均衡发展，有的是为了解决教育财政问题，有的是为了提高学校教育质量。因此，在推行教育券政策时，一定要把握好教育券能解决哪些问题。从美国教育券政策的发展来看，各州在发放教育券时都倾向于为弱势群体儿童提供教育选择机会，最终实现教育公平的目标。同时，美国教育券政策在现实中目标的变化也充分说明了教育券政策在解决教育效率问题上存在的不足，这为我国实施教育券政策提供了有力的借鉴。

2. 建立推行教育券政策的完整制度和保障措施

教育券的实施，需要一系列附加的措施，以保证既定目标的实现。在美国，不论教育券发行规模的大小，推行机构一定会制定一套非常完整有效的措施。从报名申请到资格审查到录取方式再到确定能否获券，每一环节都有详细的规定和行为准则。[①] 而从我国实行教育券政策实践

---

① 李海生．教育券政策分析［D］.博士学位论文，华东师范大学，2007.

的地区来看，它们在推行教育券政策时并没有制定完备的配套措施。因此，今后我国推行教育券政策时，一定要充分考虑到执行这一政策需要的各种支持条件，制定出较为合理、完整的应对措施。教育券作为一项教育财政选择的工具，其作用是多方面的，要发挥教育券在提高学业成绩上的作用，预防或减少其负面效应的产生，就一定要制定出相应的配套措施。

3. 对教育券政策成效进行评估和跟踪研究

在美国推行教育券政策时，相关评估研究提供了更加完善的政策措施，使政策趋于系统化、科学化。这对我国实行教育券改革具有重大的借鉴意义。教育券能否实现预期的目标？怎样对教育券政策的成效进行评定？怎样才能改进和完善教育券政策？这些都需要研究数据作为支持。但从目前我国教育券政策实践来看，实施教育券的地方对教育券政策效果的评价缺乏必要的研究数据，它们对教育券政策效果的评价大都是建立在感性认识基础之上的。因此，今后我国在试行教育券政策时，要建立一种跟踪评估机制，用数据说话，以此来保证教育券政策的不断完善和发展。我们需要注意到简单复制美国学者的研究结论并不一定适合中国的实际。因此，我国在实行教育券政策时，必须建立符合我国实际的跟踪评估机制。同时我们应借鉴美国的经验和教训，尽可能提高评估方法的科学性和评估结论的有效性，不断发现和解决教育券政策中存在的问题，为完善和发展教育券政策提供数据支持。[①]

4. 发展适合自己需要的政策模式

美国推行教育券的模式并不统一，并且差异较大，各个州教育券政策设计各不相同。美国教育券这种多元化的特征也提醒我们，教育券政策并没有统一的模式，各地区应根据本区域的实际情况来确定适合自己情况的教育券政策，使制定的政策可以顺利实施。[②] 如果只是简单地照搬和套用美国的教育券政策，就会使我国的教育券改革陷入僵局、失去活力。因此，我国在进行教育券改革时一定要立足本国实际，形成具有中国特色的教育券制度。

---

① 李海生．教育券政策分析［D］.博士学位论文，华东师范大学，2007.
② 李海生．教育券政策分析［D］.博士学位论文，华东师范大学，2007.

二 哥伦比亚教育券政策经验借鉴

(一) 哥伦比亚非营利私立中学教育券计划目标与对象

哥伦比亚实行从小学到中学的九年义务基础教育,全国所有公民都可以享受免费的公共教育。1992 年,哥伦比亚政府对 6~11 年级实施了中学教育券计划。为了提高小学和初中的入学率,家长和学生获得的教育券可以用于私立学校,以解决哥伦比亚公立学校名额不足的问题。

(二) 哥伦比亚中学学券计划经费来源与使用

哥伦比亚中学代金券项目仅限于私立高中,这些学校是由市辖区挑选的。代金券的价值是基于中等收入和低收入家庭学生在私立学校的平均学费,并根据预计的全国通货膨胀率每年进行调整,具体见表 9-2。

表 9-2 哥伦比亚中学学券计划经费来源与使用

行政权属	资助单位:世界银行透过社会投资基金 (Social Investment Fund) 资助; 统筹单位:哥伦比亚教育部负责统筹学券计划; 管理单位:哥伦比亚教育信贷及培训局 (Colombian Institute of Education Credit and Training Board); 发放单位:哥伦比亚中央银行 (BCH)
学券面值	学券的价值根据中等收入和低收入家庭的学生就读的私立学校的平均学费而定。用以支付学生学费的学券通常有一个设定的上限,即每年的私立中学注册费用加上 10 个月的学费。这个学券面额的上限,按预测的智利国内的通货膨胀率每年调整一次,但不会考虑个别学校学费的实质变动
学券兑现	市政府支付、兑现学券面额价值的 20%,中央政府则支付兑现其余的 80%
营运费用	由哥伦比亚教育信贷及培训局收取中央政府承担的学券计划开支 3.5% 作为佣金。社会投资基金就学券计划的整体成本收取少于 0.2% 的费用。中央银行为参加计划的学校提供每年 3 次转账交接,每次收取 1000 哥元服务费
申请须知	哥伦比亚教育信贷及培训局办事处索取表格,或在报章广告中剪贴表格,申请家庭填妥表格并提交子女已于公立小学完成教育的证明
录取原则	每个市政区根据中央政府分配的年度教育公共经费划拨的最高额度,自行决定其中用于资助学券计划的经费数目。倘若申请学券项目的学生需求高于可用于分配的学券数目,须通过公众抽签随机抽取,选出最终的受惠人

续表

差额处理	如获取录，学生可选择免费的公立学校，也可以选择私立学校，用学券面额冲抵学费。倘若被录取的学校收取的学费高于学券面额，须自行承担差额。若被录取的学校收取的学费少于学券面额，学校将只获得实际收取的学费金额

资料来源：赵萱. 国际比较视阈中的教育券政策研究［J］. 现代教育管理，2015（8）：40－44。

（三）哥伦比亚教育券政策经验借鉴

通过对哥伦比亚教育券的研究，我们可以从以下三个方面来借鉴其经验。

1. 处理好政府与公立和私立学校的关系

哥伦比亚实施教育券政策的目的在于使处于弱势地位的低收入家庭子女同样享有接受私立中学教育的机会，在政策实施过程中没有涉及公共教育私营化，这在很大程度上减小了哥伦比亚教育券计划在实践中的阻力。通过对哥伦比亚发行教育券的分析，我们发现，当公立学校无法满足人们的教育需求时，可以通过教育券政策利用私立学校资源来弥补公立学校的不足。

2. 在政策目标上平衡公平和效率

在哥伦比亚教育券政策的实施中，教育券只针对私立学校，公立学校无权参与进来。这一政策的实施，必然引起公立学校的极大不满，严重影响了公立学校办学的积极性。为了解决这一难题，尽管公立学校注册率降低，但哥伦比亚政府并没有减少对公立学校的现有拨款。因此，公立学校并没有因教育券政策而出现竞争压力，所以也很难在教育质量上有所作为。[1] 所以，我国在进行教育券改革时，一定要处理好公平与效率的关系。

3. 教育券政策要有充足的经费作为保障

20 世纪 80 年代后，哥伦比亚国内经济发展出现问题，通货膨胀严重，直接导致其教育券贬值五成以上。它只能支付不足一半的学费，另外一半需要家长额外支付，这一结果极大地影响了该国教育券政策的执行效果。所以，我国在进行教育券改革时，一定要保证充足的经费，以

---

① 李海生. 教育券政策分析［D］.博士学位论文，华东师范大学，2007.

确保教育券作用的正常发挥。

第四节　推进我国教育财政选择的政策路径

教育选择是公民的合法权利，教育财政选择是家庭教育选择权实现的条件。尽管中西方教育选择的类型和情况大不相同，但教育财政选择的含义大体相同，都给予家长一定的教育选择权利。我国的长兴县教育券改革以及兴起于 20 世纪 90 年代的公立学校转制都是教育财政选择的某些类型，但最终都没有引起社会各界的呼应，归根结底是因为缺乏正式规范的政策路径。下面我们将分析推进我国教育财政选择的政策路径，为我国在供给侧结构性改革背景下更好地进行教育财政选择实践奠定基础。

一　教育财政政策的执行确保学校的多样性与质量的均衡性

目前，我国存在教学机构单一和分布不均衡的问题。多样化的学校和均衡的教学质量是家庭进行教育选择的前提条件。扩大家庭的教育选择权，首先要让家庭有较大的教育选择范围，也就是要提供多样化的有特色的学校，有了可供选择的学校，家庭和学生才能进行选择。除此之外，各学校的教学质量应该是基本均衡的。因为如果各学校的教学质量存在极大的不均衡，人人都想选择教学质量好的学校、远离教学质量差的学校，那么扩大教育选择反而有可能会进一步加剧教育分化和社会分层。长兴县教育券改革的最大局限就在于家庭只有选择薄弱学校才能获得教育券的资助。对于一个经济条件不太好的家庭，家长不太可能会为了数量极其有限的教育券而选择教学质量低下的学校。[①] 这种教育财政选择政策看似公平，却是家庭经济条件较差的家长和学生最为无奈的选择。因此在扩大教育选择之前，必须大力发展教育事业，促进各地区教育的均衡发展。只有使各学校的教育质量保持在均衡状态，公众的教育选择才能公平进行。

教育财政选择政策设计的目的在于通过家庭的教育选择来促进学

---

① 栗玉香. 教育财政学 ［M］. 北京：经济科学出版社，2009.

校之间的有效竞争，而不是以教育选择来达到学校的均衡发展。扩大家庭的教育选择权是政府、家庭和社会各界的共识，但是在家庭教育选择权的实现路径上，不同主体有不同的认识。有官员和学者主张通过家庭的教育选择来促进学校之间的均衡发展，实现学校选择与学校教育均衡的互动。反对者认为，政府在促进学校的教育质量均衡过程中应起到关键作用，家庭的教育选择并非促进学校教育均衡的手段，无法完成这一使命。在学校教育质量存在明显的非均衡的条件下，扩大家庭的教育选择只能是满足部分有权力和经济状况较好的家庭的教育选择权，对大多数家庭来说，这种教育选择权实际上是无意义的，而且还有可能导致教育的不均衡发展。① 所以反对者主张在通过家庭教育选择来促进学校的竞争以提高教学质量的同时，呼吁政府出台相应政策来实现学校的均衡发展。

二　提高公众对教育财政资金配置决策的自主程度

现实中，我国公众对教育财政配置的自主权被剥夺了。家庭有权决定教育财政资金的配置是教育财政选择的关键所在。在美国，家庭在教育财政资金配置决策上具有决定性的地位，这使他们可以自主决定教育财政资金在公立学校与私立学校之间、在各特许学校之间的配置。也就是说，美国家庭完全凭借自己手中的教育财政资金配置决策权来购买自己需要的教育服务，接受家庭选择的学校也必须按照家庭的要求提供使其满意的教育服务。这是一种较为理想的教育财政选择方式。

提高公众对教育财政资金配置决策的自主程度需要一个过程。对于我国而言，这一过程与我国的政治民主化进程直接相关，并且在这一过程中需要解决目前存在的多个问题。首先，公民在教育财政预算过程中的参与程度和参与地位较低。我国公众几乎无法参与政府教育财政预算，公众教育财政利益诉求的反馈渠道不通畅，公众对政府预算的参与机制与政府对公众利益诉求的回应机制有待健全，政府教育财政预算全过程的信息公开和透明度问题亟须解决。其次，公民缺乏对教育财政支出效

---

① 栗玉香. 教育财政学［M］. 北京：经济科学出版社，2009.

果的评价权与监督权。政府教育财政的支出应对公众负责，努力实现公民权益的最大化。如果这些问题能够得到有效解决，公众就能实现对教育财政资金配置的决策。

三　完善对低收入群体教育财政选择的救助体系

目前，我国教育的非公平性问题仍然没有解决，低收入群体没有得到应有的重视。新时代教育供给侧结构性改革的目标之一是为低收入群体提供公平的教育财政选择机会。理想的教育财政选择要求不同利益群体能够获得公平公正的选择机会，即弗里德曼强调的教育券计划。虽然低收入群体只是社会群体中的一小部分，但他们却对社会和谐稳定起着重大的作用。低收入群体的利益得到了关注，他们对社会的满意度就会大大提高，社会不和谐因素就会大大减少。所以在实践中，我们一定要重视低收入群体的利益诉求，不断完善低收入群体教育财政选择的救助体系，真正实现教育财政选择的公平公正。

当前，我国低收入群体教育财政选择的救助体系还处在起步阶段，存在较多的问题。现实中低收入群体不但没有公平选择学校的机会，而且还存在因经济较为困难而无法入学的问题。如果只给他们公平择校的权利而没有经济保障，他们同样会因上不起学而失去这一机会。所以低收入群体教育财政选择的救助体系不仅要保障低收入群体享有教育财政选择的基本权利，还要考虑到低收入群体子女在接受选择性教育过程中家庭对教育费用的负担能力，以及因上学对家庭生活形成的直接影响。[①]因此，我国低收入群体教育财政选择的救助体系的完善之路还很漫长，还需社会各方共同努力。

总之，要想实现我国教育财政选择的良好发展，就必须通过以上措施来解决当前我国在教育供给侧方面的矛盾。不断制定和完善教育财政选择政策，教育财政选择政策必须充分考虑学校和家庭各方面因素，既要保证效率也要兼顾公平。只有制定出合理的教育财政选择政策，家庭的教育财政选择权利才能够真正实现，家庭及子女的教育需求也才能得到真正的满足，社会也才能更加和谐稳定。

---

① 栗玉香. 教育财政学 [M]. 北京：经济科学出版社，2009.

小　结

在新时代新阶段，加快推进教育供给侧结构性改革，全面深化教育领域综合改革，促进教育治理体系和治理能力现代化，破解长期制约教育高质量发展的体制机制障碍，激发教育事业发展活力，建设高质量教育体系，推动教育高质量发展。本章着重阐述了教育财政选择的相关内涵和我国教育财政选择政策。对于新时代我国教育财政政策的选择，要契合我国教育发展的特点与经济发展的特点。在路径的选择上要保证学校的多样性与教育质量的均衡性，提高公众对教育财政资金配置决策的自主程度，对低收入群体教育财政选择的救助体系要进行相应的完善。教育财政选择是我国教育财政政策制定的重要一环，指引着我国教育财政政策的发展方向。

第十章 办好人民满意的教育：我国 教育财政政策路径选择

教育的发展离不开财政的支持，如何支持、谁来支持、支持多少，将是本章着重解决的问题。政府切实履行在教育财政中的责任是实现教育公平的必由之路，也是新时代教育财政政策现代化的必然要求。完善教育财政政策首先要重构政府公平理念，然后从观念重塑、权责划分、机制创新、政策改进与法制建设五个方面入手，不断完善教育公共财政体系，以促进教育公平而有质量的发展。《国家中长期教育改革和发展规划纲要（2010—2020年）》提出，在财政资金安排中优先保障教育投入，在公共资源配置中优先满足教育和人力资源开发的需要，才能以教育的优先发展支撑经济社会又好又快发展。在我国教育改革与发展的进程中，党和国家高度重视教育事业的可持续发展，出台了一系列政策规范，调整和平衡教育在促进公平和提升质量中的作用。因此，新时代教育走向现代化在很大程度上取决于制定什么样的教育财政政策，在教育财政政策的引导与推动下，加快我国教育高质量发展，最终实现中国式教育现代化。

第一节 我国教育财政政策的制定

教育财政政策的制定是一个动态的过程，是为了解决教育财政方面的问题而提出的一系列可接受的方案或计划，一般包括确定政策目标、设计备选方案、评估和选择方案、政策合法化等步骤，每个步骤又包含一些不同的具体环节。[①] 教育财政政策的制定涉及人民群众最关心、最现实的切身利益。当前，我国教育发展面临种种问题，包括教育发展不均衡、教育经费短缺以及教育财政效率低下等，这些都是我国经济社会发展亟须解决的现实问题。

---

① 宁本涛. 教育财政政策［M］. 上海：上海教育出版社，2010.

一　教育财政政策的制定程序

我国教育财政政策的制定是指在与我国教育财政的特点和政策环境融合后制定以下教育财政决策路径，包括政策目标的确定、备选方案的设计、备选方案的筛选以及政策方案的最终抉择与合法化。

（一）政策目标的确定

政策目标的确定是政策制定的首要步骤。政策制定者根据社会存在的问题与人民的实际需求确定政策实施想要达到的具体效果，以此确定相应的政策目标。通过对政策目标进行细化分解，明确政策制定的总体方向，并提供多个备选方案加以筛选。只有制定符合政策目标的执行方案，才能保障后续政策施行的效果。

（二）备选方案的设计

在政策目标确定后，政策制定者提出实现政策目标的解决方案，以寻求解决政策问题的方法与途径。一般来说，为了保证政策施行的可靠性，按照决策原理，政策制定者通常至少要提出两个相关政策的备选方案，用于上级从中遴选研判，最终拍板定案。备选方案的设计要具有一定的超前性，通过设想、分析、初选、评定等一系列动态流程进行设计，尽可能全面丰富地提出不同前提下的多种方案。

（三）备选方案的筛选

经过对备选方案的设计，对备选方案进行下一轮的筛选工作。根据政策设定的目标，对每一个备选方案进行评价与评估，挑选出多个具有执行价值的方案，并对备选方案的可行性与风险性进行全面的判断，使筛选出的备选方案符合政治价值标准、成本小及效益高标准与伦理道德标准。

（四）政策方案的最终抉择与合法化

在经过备选方案的筛选之后，对备选方案进行最后的评判。这一阶段主要是对经过筛选的多个备选方案进行论证，挑选出最符合政策目标的方案，保证最佳方案具有较高的可行性与较低的风险性，确定最终的政策方案。需要注意的是，最终方案的抉择必须由权力机关按照一定的法定程序予以审议和批准，只有经过正常法定程序，政策方案才能取得合法性与强制力，才能有效地交付执行机关去贯彻落实。[①]

二　公共政策制定的原则

第一，稳定性原则。公共政策的制定与执行必须保持一贯的稳定性，保障政策制定的目标与基本思想在政策执行中贯穿整个过程，不能前后矛盾、朝令夕改。

第二，信息准确全面原则。无论是在政策制定还是在政策执行过程中，必须保证信息的全面性和准确性，只有信息全面准确才能保证政策的科学性。

第三，系统性原则。政策制定是一个多层次、多主体参与的复杂过程，政策制定必须注重整体的系统性，处理好系统内部各主体、各层次之间的关系，分析政策环境，对政策制定进行统筹规划。

第四，可行性原则。政策制定必须考虑可行性，判断社会环境是否适合政策的实施，政策成本是否支撑政策执行，同时要对大众是否接受进行调查。

第五，动态性原则。公共政策的制定与执行是一个动态过程，个别政策的制定耗时较长，在此过程中社会环境是变化的，政策的制定要适应社会的变化，进行实时更新。[②]

第二节　与政府责任相匹配的教育财政政策

教育财政政策是教育政策在财政方面的具体化呈现。我国教育财政政策在从计划经济体制向市场经济体制转型的过程中问题日渐突出，促使人们对政府责任与教育财政政策的决策机制进行深入思考。

一　教育财政政策执行中的政府职能

教育是具有不完全的非排他性和不完全的非竞争性的产品，教育政策是政府及其他组织用来调动或约束社会力量以达到政策制定者目的的

---

① 钱来琪. 独龙江乡整乡帮扶政策实施研究 [D]. 硕士学位论文，中央民族大学，2013.

② 李强. 中德中等职业教育发展的公共管理比较研究 [D]. 硕士学位论文，电子科技大学，2009.

策略。从狭义上讲，教育政策是指一个国家在一定时期内为实现一定教育任务而规定的调整国家与教育之间、社会各领域与教育之间、教育内部各种关系的行动依据和准则。[①]

就政府职能作用而言，政府首先应该提供社会需要而市场不愿提供的公共产品，教育是其中最具代表性的一种公共产品。第一种是由政府来提供教育，可以通过教育的直接成本进行教育的生产，比如公立学校的设立。第二种是由私立学校来提供教育服务，但政府需要对私立学校的收费、治理等问题进行严格把关与监督。第三种是由公立学校与私立学校分别提供教育服务，对受教育者适当收费，由政府进行财政补贴。

确定政府在教育服务中的职责是制定科学合理的教育财政政策的基础，是构建教育财政体制的前提。只有确定各级政府的教育财政投入、支出与配置过程中所承担的职责，对教育经费进行有效的筹集，并合理分配在各级各类教育事业中，才能保障教育事业的健康发展。

二　我国政府的教育事权与支出责任

财权和事权是相对稳定的概念。财权是指各级政府依法享有的筹集收入的权力，事权是指一级政府在公共产品或服务中应承担的任务和职责。事权、财权和人事权是政府权力的基本类型。通过研究事权和财权在中央与地方各级政府之间如何分配，探讨在促进高质量教育发展的过程中政府职能的到位、缺位与越位情况，从政府职能的角度来分析教育财政政策，从而为科学界定各级政府在教育财政政策发展中的职能边界奠定基础。

（一）我国政府教育事权与财权配置现状分析

党的十八届三中全会对全面深化改革做出了重要部署，提出"财政是国家治理的基础和重要支柱，科学的财税体制是优化资源配置、维护市场统一、促进社会公平、实现国家长治久安的制度保障。必须完善立法、明确事权、改革税制、稳定税负、透明预算、提高效率，建立现代财政制度，发挥中央和地方两个积极性。要改进预算管理制度，完善税

---

① 张菀洺.中国公共教育在构建和谐社会中的制度安排 [J].天津社会科学，2009（6）：82－87.

收制度，建立事权和支出责任相适应的制度"。① 因此，建立与完善事权
和支出责任相适应的财政制度，明确各级政府间的事权关系，是我国财
政体制改革的方向与目标。

自 2016 年 8 月 24 日国务院印发《关于推进中央与地方财政事权和
支出责任划分改革的指导意见》以来，各地进一步推进对财权、事权的
划分。近年来，我国实行教育优先的发展战略，颁布实施了有关教育发
展的多项法律，主要包括《教育法》《义务教育法》《职业教育法》《高
等教育法》《民办教育促进法》等多部法律，对教育事权与财权有了一
定法律上的划分。例如，2006 年修订的《义务教育法》，对各级政府的
支出责任做出了明确的规定，极大地解决了我国义务教育经费来源问题。
但由于我国教育事权几乎都有中央财政的介入，中央财政在面对教育财
政的事权和财权方面要考虑多方面因素，对出台的每一项教育财政政策
都要进行资金支持。在充分考虑我国各地经济社会发展不平衡、基本公
共服务成本和财力差异较大的国情下，中央承担的支出责任要有所区别，
体现向困难地区倾斜，并逐步规范、适当简化基本公共服务领域共同财
政事权和支出责任的分担方式，逐步建立起权责清晰、财力协调、标准
合理、保障有力的基本公共服务制度体系和保障机制。

（二）我国政府在教育事权和支出责任划分中存在的问题

第一，教育支出仍以地方为主。虽然在政策执行时中央政府是政策
主体，但由于我国体制是以基层政府作为教育的支出主体，这导致在政
策执行中，基层政府可能无法保障教育财政政策实行的公平性。

第二，尽管相关法律对教育事权与支出责任有明确划分，但中央政
府教育事权庞杂，对教育的专项转移支付项目庞杂，易造成事权混杂、
职责不清晰。

第三，政府与市场的界限模糊。若政府制定教育财政政策的价值取
向不同，则由此制定的教育财政政策制度安排也不同，导致政策制定者
与政策决策者的价值判断与基本思想影响教育财政政策，影响教育财政
公平与效率的平衡，混淆政府与市场的边界。

---

① 本刊评论员. 吹响全面深化改革进军号 迈向民族伟大复兴新征程 [J]. 中国财政，2013
（23）：1.

第三节　我国教育财政政策制定路径

新时代的教育要有新的质量观，教育财政政策作为党和国家教育方针路线的具体体现，对教育事业的改革发展起着根本的保证作用。改革开放40多年来，我国的教育事业发生了深刻变革。由于改革开放以来涉及教育政策的文本数量众多，研究者在研究抽样上确定三个基本原则，即公开性、权威性和全面性。所谓公开性是指样本是由国家相关部门以公开出版的方式对社会发布的教育政策；权威性即研究样本的发文单位为国家机关；全面性是指选择的样本能够反映一定时期我国教育政策的全貌。

一　政策工具

教育政策学是当前国际教育科学研究和政策分析学科相结合的一门综合学科，也是一门边缘性交叉学科。追溯公共政策的历史我们发现，公共政策的产生是以公共利益的存在为前提条件的。随着公共利益的概念被公众重视，社会契约思想开始萌芽。托斯顿·胡森（Torsten Husen）在斯德哥尔摩大学举行首次国际性的教育决策者与教育政策研究者共同参与的教育政策分析会议，十多个国家的教育部部长和几十位学者就"教育研究与教育政策是什么关系"这个话题从不同的角度进行了研讨，此次会议或为国际教育政策研究史上的重要事件。教育政策研究逐渐引起了广泛的关注，并取得了长足的进步。

政策工具的研究兴起于西方20世纪80年代，是公共政策与公共管理研究的新领域。21世纪初，有关政策工具的研究传入我国，引起学界广泛关注。一些知名学者如陈振明、顾建光等在财政金融学界较早地使用了这一概念，同时在其他领域如环境保护、教育、房地产等也有政策工具的应用案例。随着对政策工具的深入研究，专家学者认识到在政策执行过程中，对政策工具的选择在一定程度上对政策执行的有效性与政策目标的达成有极大影响。

由于缺乏统一的分类标准，政策工具的分类出现了多种不同的研究成果，研究者基于不同领域对政策工具进行了不同划分。基于政府介入程度视角，加拿大学者豪利特和拉米什把政策工具分为三类，即自愿性工具、混合型工具和强制性工具。麦克唐纳尔和埃尔莫尔把政策工具分为命令、激励、能力建设、系统变革和劝告告知。从政府如何引导目标群体行为方式的角度，施耐德与英格拉姆将政策工具归为权威、激励、能力、象征、劝导和学习。陈振明根据受新公共管理运动影响后西方政府改革与治理中运用的管理技术的特征，把政策工具分为工商管理工具、市场化工具和社会化工具三种主要类别。

　　以麦克唐纳尔和埃尔莫尔的政策工具分类为出发点，本节辨别了五个政策工具（见表10-1）。命令工具是政府部门最为常用的政策工具之一，通常通过支配个体或机构的行为方式从而达成政策目标。激励工具是通过切实的回报或惩罚来诱导个体积极地采取与政策相关的活动。能力建设工具是政府通过给个体或机构提供必要的信息、技术或其他资源来实现政策目标。系统变革工具是通过权威力量的转移改变政治权力的分配，或通过在个体或机构中进行权利转换来改变组织结构以提高效率。劝告告知工具则是从改变人们观念与偏好入手，进而鼓励个体或机构采取与政策目标一致的行为。

表 10 - 1　政策工具分析框架

政策工具	具体分类	预期结果	主要形式	关键词
命令	要求、标准、评估、监管	政策群体服从	法令、规章制度等	必须、禁止、遵守、落实等
激励	经费、奖励、惩罚	价值的生产、短期回报	货币、用于交换货币的服务、获取与使用货币的指南等	投入、待遇等
能力建设	引导支持、制度建设、政策倾斜	技术、能力增长、长期回报	培训、晋升等	教育、培养、培训等
系统变革	体制改革、权力重组	责任转变	组织结构、责任主体变革等	改革、变革、整改、管理等
劝告告知	鼓励、号召	转变观念、激励	发布信息、政策吸引等	鼓励、宣传、便利条件等

二 改革开放以来我国教育财政政策的制定评价

依法治教是确保教育投资稳定增加的根本保证。只有把国家、社会和个人在教育投资方面的责任和义务以法律形式予以明确和约束，才能有效地筹措和合理地配置教育资源。中国现行的教育法律体系框架是以《教育法》为基本法。它被纵向地分为五个层次，即基本法、单行法、行政法规、地方性规范和政府法规；被横向地分为六个教育法律，即《学位条例》《义务教育法》《教师法》《职业教育法》《高等教育法》《民办教育促进法》。该法律体系具有一定的整体性和系统性。五个层次和六个法律是纵横交错的。此外，还有100多项相关法律法规予以填充，形成覆盖面广、层次多样的立体法律网络，并有较为完整的结构、基本全面的内容、相对清晰的层次、比较明确的功能。作为中国特色社会主义法律体系的重要组成部分，中国现行的教育法制是中国教育法制理论与实践不断发展和完善的结果。

改革开放以来，中国教育法制的形成和发展大致经历了以下几个阶段。一是1978～1980年的储备阶段。党的十一届三中全会以后，国家全面恢复和整顿了"文革"期间被破坏的教育秩序，撤销了1971年《全国教育工作会议纪要》，修正了新的学校工作条例。探索和提出新的制度性法规草案为教育法律制度奠定了基础。二是1980～1995年的初始阶段。1980年颁布的《学位条例》具有重要的象征意义，这是新中国成立以来第一部由国家最高权力机关制定的教育法，为中国教育法制建设和发展拉开了帷幕。随后颁布的《义务教育法》和《教师法》推动了教育法制建设的进程。三是1995～2000年的教育法制建设全面系统化阶段。在此期间，我国颁布了教育法的基本法，即《中华人民共和国教育法》。随后，《职业教育法》《高等教育法》等教育法律陆续颁布。四是自2000年以来的教育法制建设发展和体系形成阶段。《民办教育促进法》《中外合作办学条例》等法律法规的颁布，标志着我国教育法制建设体系的基本形成。

通过政策文本分析发现，我国教育财政政策的制定存在一些问题，具体如下。

1. 命令工具使用较多，法规管制政策工具应用频繁

命令工具使用较多，说明我国的教育依然依靠政府权力和权威的推

动，政府介入教育财政改革的程度较高。改革开放以来，我国对教育事业的改革普遍通过直接行政手段来推动，利用政府的权威向下级政府部门与学校施压，命令工具的使用频率较高。

2. 系统变革、劝告告知与能力建设工具选择不足，政策难以满足发展需求

系统变革、劝告告知与能力建设工具选择不足，同时系统变革工具选择较少，说明政府在进行权力转换来改变组织结构方面制定的政策较为保守，没有进行权威力量的转移与重新分配，导致管理体制的变革缺乏活力，难以形成体系化的政策效益。劝告告知工具使用较少，造成新政策宣传工作不到位，民众对教育财政新政策不熟悉，影响政策参与度。能力建设工具选择不足，说明在教育财政政策文本中政府在提升教师能力方面的政策仍不完善，难以满足教育发展需求。

3. 政策工具应用呈现综合化的特点，但缺乏系统组合配置

我国教育财政在改革开放40多年来各个时期的政策中都使用了多种政策工具，因此教育财政政策交叉使用了多种政策工具，其中命令工具使用最多，其次是激励工具、能力建设工具与劝告告知工具。但是其他四种政策工具与命令工具的使用频率相比相对较少，这也说明我国对教育财政政策工具的选择与使用缺乏科学合理的组合配置。

三　新时代我国教育财政政策的制定

教育系统组织变革涉及"确保在教育中以及通过教育实现平等和包容"。这是人类教育的一个重要任务和目标，是从人类确立由国家管理教育以来一直追求的教育理想，真正确保每个人享有教育基本权利，实现教育的公平，构建多元文化思想并存的和谐世界。在当下我国的教育体系中，国家加强了对中小学校外培训机构的管理，发布了与"双减"相关的多项政策和法规。特别是发布了《基础教育课程教学改革深化行动方案》，更是具体明确地指明了基础教育课程教学改革的方向和目标，这必将对我国建立适应未来的教育系统产生巨大的影响。《基础教育课程教学改革深化行动方案》开篇的指导思想写明"以习近平新时代中国特色社会主义思想为指导，坚持为党育人、为国育才，全面贯彻党的教育方针，落实立德树人根本任务，发展素质教育，促进教育公平。深化课程

教学改革，加强机制创新，指导、发动各地和学校深化育人关键环节和重点领域改革，更新教育理念，转变育人方式，坚决扭转片面应试教育倾向，切实提高育人水平，促进学生德智体美劳全面发展"。教育财政政策是教育事业发展的基础，作为教育研究的重要组成部分，旨在为推进新时代教育改革发展提供坚强有力的财政政策支撑。教育财政政策必须站在党和国家事业全局的高度，深刻认识和准确把握新时代教育财政工作面临的新形势新挑战，不断增强进行教育财政政策改革与发展的使命感、责任感和紧迫感。

1. 降低命令工具使用频率，增强法规管制政策工具实施效果

目前，我国教育政策从初始单调地使用政策工具向全面使用多种政策工具转变，充分应用命令工具进行宏观引导是必要的，但随着教育改革的不断深化，法规管制工具使用过多，难以调动教育自主发展的积极性。因此，政府应适度减少命令工具的使用，推动我国教育财政政策工具综合化发展，提升政策工具之间的综合程度。由于命令工具有自身的优缺点，只有合理利用法规管制工具，优化政策工具使用效率，才能有效促进教育健康发展。

2. 根据实际政策问题的性质选择政策工具，考虑政策的长期效益

在选择政策工具时，应充分考虑教育发展的政策目标，对政策工具的成本与工具使用的效率进行综合分析评价，选择合适的政策工具能够使政策实施效益达到最大化。改革开放40多年来，我国教育管理制度变革趋于平稳，政策的发展缺乏创新性。如在制定教育教师培养方面的政策时，发现现有课程设置、教师评价模式、专业发展等已不能满足教育发展需求，可以适当考虑采用系统变革工具来转变原有的培养模式，以推进培养模式的创新与发展。根据不同的问题选择针对性的政策工具，充分考虑政策的长期效益，推动创新型政策改革。

3. 提高政策工具使用的丰富性与多样性，完善可供选择的新工具

在政策执行过程中，各种政策工具都具有各自的特色。命令工具可通过调动下级的工作积极性提高使用效率，采用职能拓展和报酬型政策工具相结合的方式可充分发挥命令工具的优势。而激励与劝告告知工具可以通过舆论宣传推动政策执行，提高公众的参与度。随着信息化时代的到来，运用大数据和人工智能等多种政策新工具，提高政策的信度与

效度。新时代我国教育发展呈现新特点，教育财政政策是推进新时代教育改革发展的坚强有力支撑，根据新时代要求及时调整政策工具的使用方式，利用多个政策工具之间的互补性减少政策执行过程中产生的问题与冲突，弥补单一政策工具的不足，系统发挥政策工具间的协调性，促使政策效益最大化。

教育财政政策制定的指导思想显示，促进教育公平，加强机制创新，指导、发动各地和学校深化育人关键环节和重点领域改革。这些指导思想是把"在教育中实现公平和包容"与我国具体的教育实践相结合，为国家建立满足国民基本教育需要、实现教育公平和包容的教育系统奠定了思想理论基础。教育的公平不仅要体现在"每个人有学上"，更要体现在"每个人上好学"，这才是真正实现了教育公平。"有学上"是每一个人生来就具有的受教育权。我国发布的《基础教育课程教学改革深化行动方案》已经为此做了很好的布局，制定了切实可行的方案。我国教育的多元思想交流不仅体现在学术研讨中，在实际的教育管理和实践中也逐渐形成了多种投资主体、多种管理模式、多种教学方式、常规教育体制与非常规教育体制并存的教育系统。

第四节　新时代我国教育财政政策路径选择

《国家中长期教育改革和发展规划纲要（2010—2020 年）》明确提出，经济社会发展规划优先安排教育发展，在财政资金安排中优先保障教育投入，在公共资源配置中优先满足教育和人力资源开发的需要，才能以教育的优先发展支撑经济社会又好又快发展。新时代推进教育领域供给侧结构性改革，要充分发挥政府的作用，强化政策扶持，扩大教育财政投入。本节从观念重塑、权责划分、机制创新、政策改进与法制建设五个方面分析实现公共教育财政政策公平有效的路径，提出在制定教育财政政策过程中要注重政府、社会与学校等多方协调，鼓励更多的社会力量参与到教育事业发展中，促进公平而有质量的教育的发展。[①]

---

① 周海涛，朱玉成. 教育领域供给侧改革的几个关系［J］. 教育研究，2016，37（12）：30–34.

一　观念重塑：重构教育公平理念，强化政府财政责任

中国特色社会主义进入新时代，我国政策制定坚持以教育公平为核心，且在推进教育财政公平方面取得了巨大成就。回顾改革开放 40 多年来我国推进教育财政公平的历程，随着我国教育公平理念的演变，其财政保障制度也在不断调整。

1. 追求教育公平理念是教育发展和社会进步的必然要求

教育公平理念是教育财政政策的价值取向，是维护国家安定团结、建设和谐社会的需要。为了实现高质量教育财政的公平，政府必须强有力地投入大量财力，为教育提供经费保障。将教育公平理念作为教育财政政策的价值取向是教育的公益性尤其是基础教育的公益性所决定的。缩小社会贫富差距、改变社会角色的最好途径就是教育，通过公平的教育可以促进社会阶层的合理流动，不使代际差别延续，进而减少社会矛盾，从而维护国家安定团结、建设和谐社会。因此，必须坚持教育公平作为教育财政政策的指导思想和价值取向。

同时，教育财政政策必须以公平作为科学的价值取向。传统教育观中，政府强调对少量优秀人才进行培育，对教育公平理念的重视不足，个人发展权利与公平意愿得不到重视与实现。作为维护和促进教育公平的主体部门——政府，其首要任务就是保证教育的公益性和公平性。政府理念也是政治理念的一个重要组成部分，而政府理念越来越成为影响当代教育公平的重要因素。政府必须把公平、责任、服务、公开作为本身行政的价值导向。政府理念作为一种心理积淀和文化传统，有着自身的独立性与历史的惯性，计划经济时代形成的政治理念还在很大程度上困扰着我们，成为影响教育公平的重要因素。政府理念对当代教育公平的影响也是显而易见的。[①] 政府作为教育财政政策的决策者，应树立正确的教育公平理念，明确教育财政政策决策部门的基本思想，促使教育公平作为整个社会追求的最终价值取向。

2. 强化政府责任是保障教育财政制度的重要基础

在不同阶段，政府的财政支出重点不同，总体来看，政府财政支出

---

① 曹峰旗，傅晓宇. 从政府视角看中国教育的公平现状 [J]. 理论月刊，2007（1）：96 - 98.

是将社会、经济、政治多方面结合，用以调节社会功能。其中，教育财政在政府支出中所承担的责任越来越大，各个阶段教育的财政支出对社会发展所实现的目标有所差别，但都是政府支出中的重要构成。从义务教育阶段到高等教育阶段，教育财政支出比例随着国家发展目标的变化不断调整。教育的高质量发展推动社会平等公平的实现，对社会稳定和民主价值观具有促进作用。在政策实践中，我国教育财政经费拨付环节比较繁多，而由此导致的挤占与挪用资金、设租寻租以及贪污腐败等现象也屡见不鲜。受此影响，教育财政的效率也受到了相应的损失。而西方国家在探索中建立的教育经费拨款委员会制度、多样化竞争的教育经费拨款机制已经有了比较成熟的模式，我们可借鉴它们的经验，结合我国教育现状进行探索和实践。

为了推动教育高质量发展，强化政府责任，必须做到以下几点。一是重新确立教育财政支出标准，将切实达到教育高质量发展所需的教育财政支出标准作为最低目标，政府承担起最低教育支出以保障教育健康发展。二是调整中央和地方分担的比例，为了实现公平而有质量的教育，改善中央和地方教育财政分配不均的问题。三是明确政府承担教育经费的责任，针对各级各类教育明确中央与地方政府具体承担的比例，避免省级与市县级责任比例的模糊，大幅增加教育投入，以强化政府教育财政筹资责任。

二　权责划分：推动政府事权和财权合理配置，划分政府职能边界

在教育财政政策管理体制中，中央政府要强化自己的宏观调控职能，合理配置教育资源。例如，义务教育是具有较强正外部性的公共产品，省级以上政府就应该承担较多的财政投入责任。

1. 推动我国政府事权和财权的合理配置，合理划分教育财政责任

教育是具有公共产品和私人产品特性的特殊产品，由于社会对教育的需求与家庭对教育的需求有所不同，只有将教育进行合理的配置才能防止教育在资源、质量与类别方面不同需求的冲突。教育作为具有特性的准公共产品，通过引入政府力量才能得到最有效的教育资源配置。政府力量的介入，能够有效避免教育市场的失灵，满足教育资源的稀缺性与需求无限性。政府通过采用多种多样的手段，干预并分配教育财政资

源。在此过程中，需要规范"政府支出的控制权"，在政府对社会公共资源进行干预的前提下，为实现教育资源的合理配置，需要通过政府职能的扩充带来教育财政投入的增加，增加教育财政支出预算。

健全教育财政资金配置机制还要从其供给端解决好经费的筹集和配置问题，优化供给机制，确保经费配置的合理、充分、有效。政府在制定教育政策规划时，需要先进行教育财政资金的需求预测，计算所需要的资金与财政能够提供的资金之间的差距，实行相适应的财政供给侧措施。我国政府事权和财权的合理配置，可通过以下三种路径实现。一是对财权配置进行调整，但事权安排基本不变。由于政府教育事权安排涉及面较广，若要进行大规模的调整会带来较高成本，调整难度极大。因此，改革我国政府的教育事权与财权配置，成本最低的方法是在事权安排基本不变的情况下适当调整财权安排。① 二是对事权配置进行调整，但财权安排基本不变。第一种思路带来的问题是如果政府只进行财权调整，变动效果比较有限，因此，需要对事权配置进行调整。三是对事权与财权进行适应性调整的全面改革。从实际效益分析，需要对政府的教育事权与财权进行整体的改革，使政府教育财政事权和财权合理配置。

2. 重塑中央财政和地方财政对教育的分权模式

各级各类教育财政的承担范围既包括了中央财政，又包括了地方财政。中央财政和地方财政针对教育财政责任的划分，并不是单单依据学校的隶属关系，具体还要根据教育事务的不同特征来分别承担。通过划分职责，中央财政与地方财政都应该肩负起对教育的转移支付以及对学生的资助重任。

我国教育财政体制遵循"统一领导、分级管理"的原则，在国家总体教育政策的指导下，专门负责本学区教育发展规划和教育财政资金利用规划，监督学校办学，政府将从直接介入学校办学逐渐变成服务办学，避免教育财政资金使用规划的"一刀切"。长期以来，我国教育财政支出经费责任主体单一，资金来源不稳定。其中，对于中央与地方政府的投入比例并没有明确具体的规定。越是基层的政府，承担的公共支出责

---

① 宋立. 我国公共服务供给中各级政府事权财权配置改革研究（主报告）[J]. 经济研究参考，2005（25）：2-30.

任越多。重塑中央财政和地方财政对教育的分权模式，有助于真正提高专项资金的使用效率，因地制宜地发挥地方教育管理和资源分配的优势，更加灵活地根据教育财政政策对教育资源进行管理。

三 机制创新：探寻教育财政投入新标准，完善经费保障制度

在20世纪80年代，教育经济学者提出公共教育支出应占国内生产总值4%的政策目标，之后我国在2012年实现这一目标，财政性教育经费占国内生产总值的比例达到4.28%。这一政策目标的实现，体现了我国对促进教育发展有极大的决心。另外，随着教育投入力度的不断加大，社会对加大教育投入的认识也在不断深化。当前我国发展进入新时代，要进一步调整与完善教育财政政策的相关制度，重视教育经费的使用效率与支出结构。通过建立系统的投入与产出数据系统，采用适合我国国情的科学测算方法，才能在准确预测教育经费需求的基础上，实现财政对教育的充足保障。[①]

1. 新时代探寻教育财政投入的新标准，依法稳定增加教育财政性经费投入

2017年我国印发了《关于深化教育体制机制改革的意见》（以下简称《意见》），这无疑是当前和未来党和学校教育改革发展的重要指导意见，也是制定教育财政政策的重要工作指南。在《意见》中，"4%"的表述是"确保财政教育经费支出占国内生产总值的比重普遍不低于4%"。保持财政教育经费持续稳定增长，首先要保证"两个百分点增长"和"三个百分点增长"。依法提高"两个比"和"三个比"是各级政府的法律义务。在《意见》的投入机制部分，还要求"保证一般公共预算教育支出只增不减，保证按生源人数计算的一般公共预算教育支出只增不减"。从公费生均经费"基准额度"的确立和近十年来"基准额度"的不断完善来看，依法稳步增加教育财政投入是明确而现实的。探索新时代教育财政投入的新标准，要真正实现从"以收定支"到"有充分保障"的观念转化，使每个学生都能获得一定的教育投入，通过教育

---

① 姚继军，张新平."后4%时代"公共财政如何更好地保障教育的改革与发展 [J].教育与经济，2014（4）：9－13.

投入产出的表现来确定教育投入的标准。由于我国实行"以县为本"的教育财政管理体制，教育财政受基层政府财政的制约，需要重新建立教育人均经费充足的核算方法和标准，保证省级以上的教育财政投入基层。为了建立更加合理的教育财政资金会计准则，有必要根据各级政府地方教育发展的需求和特点，建立和完善教育财政资金需求的核算方法，切实解决教育财政政策执行不到位、教育资金短缺的问题。

2. 完善经费保障的预算制度，提高教育资源配置的有效使用率

目前，我国尚未形成明确的教育成本核算制度，而且参照教育经费的相关统计数据，以教育支出作为成本核算的主要依据，应当进行严格而科学的成本核算。高等教育成本核算是确定高校收费标准最根本的依据。但是当前，我国高校并没有成本核算制度，只有教育经费的相关统计，如果仅仅将教育支出作为统计教育成本的主要依据，由此得出的结果无疑与实际不符。同时，高等教育学杂费的收取金额不宜过快增长，而是应综合考虑我国实际的经济发展水平和居民支付能力，稳步推进、逐步提高，将收费金额限定在受教育者可以承担的范围之内。政府和学校在加大教育资助资金投入的同时，还必须建立科学合理的资助体系，注重资助结构的均衡性，将资助的增量优先供给受资助不足的学校和地区。我国教育资源投入仅仅满足了少数地区的教育需求，而对于其他大多数地区的教育需求，我国教育经费投入仍然不足。因此，为了进一步解决我国教育资源短缺、教育财政投入不足的难题，要完善经费保障的预算制度，切实保障公共教育财政支出，实现教育高质量发展的目标。

四　政策改进：完善教育财政拨款机制，建立合理的政策激励制度

基于我国国情与教育现状，当前我国教育财政投入不均衡问题比较突出，尤其是城乡间义务教育资金投入存在巨大的差异。因此，为了缩小县际、城乡间、群体间义务教育发展的差距，在构建义务教育转移支付体系时，应注重公平原则，促进义务教育财政均衡发展。而对于高等教育来说，中央财力和地方财力的差异使教育部直属高校与地方高校的经费差异明显，高等教育获得的财政拨款也不同。因此，需要通过财政转移支付制度来解决，健全教育转移支付保障机制与政策，促进资金分配更加公平高效。

1. 制定教育财政资助政策，完善教育财政拨款机制

通过制定教育财政资助政策，加大对学生资助的力度，保证相对均衡的学生资助水平。逐步缩小不同地域、不同类型学校间的学生受资助水平的差距，保障资助政策执行的有效性和针对性，切实提高资助的效率与公平性，并对边远地区的贫困生资助政策适当倾斜，扩大对贫困生的资助范围，加大资助力度。应依法明确各级政府的教育投入责任及制约措施，在法律上保证和形成财政性教育投入不断增加的有效机制，通过必要的行政手段和立法，明确制定出我国教育的最低保障线，调节中央和地方对教育的投资比例，建立向低收入群体倾斜的教育财政制度，推进全体国民教育的共同发展。另外，我们也应当在新时代背景下根据各级各类教育发展的需要，制定和完善其他相应的法律法规体系与制度。

根据个人需要由个人支付的原则，给予公立学校适当的制度灵活性，以满足学生的教育需求。同时，建立公立学校经费标准与民办学校财政补贴标准机制，完善民办教育财政激励制度，对民办学校招生收费进行合理监管，鼓励更多公益性、普惠性、创新型民办学校发展。教育财政政策的目标和方法也应相应调整。教育财政体系设计应将技术从外围转移到中心，鼓励数字化学习活动本身，对符合公共财政负担原则的非传统教学活动应考虑付费。[①]

2. 完善教育发展的良性竞争机制，构建合理的奖励机制

为了完善教育发展的良性竞争机制，需要考虑多方面因素，包括：①通过不断提升教学水平，有效提升教育效果，构建合理的教师薪酬与培训奖励机制、稳定的教师队伍；②教育设施完善性，通过不断完善教育设施使受教育者享受到更加完备的教育资源，为实现教育公平提供可能；③加强教育技术更新，创新发展教育技术，推进教育的高质量与科学化发展，兼顾教育效率与公平。根据教育发展的多方面良性竞争机制，明确具体的专项因素所带来的教育质量的提高，评估教育财政投入的有效性，并构建科学合理的奖励机制，促进各级政府承担更多的教育财政平衡责任。无论各级各类教育的学校大小、重点与否，资源利用率高、效率好的学校应该得到更多的资源。各级政府的经费拨款应

---

① 张雨馨. 迎接教育财政 3.0 时代 ［N］. 中国财经报，2018 – 03 – 05（003）.

该与各级各类高等学校的绩效挂钩。

五　法制建设：建立健全法律制度，构建有效的政策评估模式

公共教育财政制度是财政公共性与教育公共性的统一。不断完善我国的公共教育财政体制，健全高质量的公共财政保障体系。教育财政政策的实施要求建立与之相适应的教育财政制度，推进教育财政政策的法治化和规范化。

1. 完善和严格执行教育财政法规，建立成熟的教育财政法律制度

加快推进法律制度建设，必须保障教育财政政策的规范化管理。中央政府要对全国部分薄弱地区的教育发展实行规范的财政转移支付制度，完善现有法律法规，设立与教育财政资金下放相关的法律制度，重点重申各级政府在教育财政政策推进中所应承担的职责，明确规划各级政府的经费负担比例，并将转移支付资金的投入、使用与管理都落实到具体责任人，实行领导人责任制与奖惩机制，使我国教育财政政策逐渐规范化，使我国逐步走上"依法治教"的道路。[①] 对一些经济欠发达的省份和学校，国家应该提供相应的专项转移支付制度，加强立法建设。

目前，我国现行的教育法典和财政法规对教育财政的一些重要问题没有做出规定，或者规定不够具体。我国应修改现行教育财政方面的法律法规，尽快制定"教育投资法"等相关法律法规，完善我国教育财政法律法规体系，以法律形式对各级政府在教育的负担、财政分配等方面的责任加以保证，以促进教育财政决策的民主化和法治化。

2. 实行听证和监督机制，确保教育资源配置最大限度地发挥作用

教育财政政策促进教育资源的均衡配置，而法律有效保障财政政策的实施。因此，要在已有法律法规的基础上，增强各级政府部门在教育财政政策制定与执行过程中的责任感，并建立一套教育财政政策执行状况的监督测评体系，对财政部门、教育部门的教育财政政策执行情况进行监督评价，同时各级人大及其常务委员会严格审查教育财政资金预算，将教育财政相关法律法规以及政策落到实处。

---

① 何晶. 城乡义务教育资源均衡配置的财政政策选择 [D]. 硕士学位论文，中国海洋大学，2014.

教育经费的监督审计应以国家审计为主，兼行社会审计机制。需要加强对教育经费使用过程的管理，将对学校的审计渗透到学校的日常管理中，建立规范有序的审计程序，对于审计过程中发现的问题及时改正，严肃处理。例如，对于义务教育"两免一补"政策实施过程中的经费运用，必须建立有效的审计程序，确保经费的专款专用，真正将经费落实到具体贫困学生的住宿问题上。建立和完善义务教育学校"基尼系数"监测制度，推进义务教育均衡发展。在此基础上，我国还要继续探索科学合理地促进教育财政公平进程的指数，建立教育财政公平效果监测体系，促进教育财政公平。对教育财政资金的投入方向、使用及效果实施严格的监督管理，是教育财政效率的重要保证，是教育财政效率政策有效执行与落实的保障。上级政府部门需要对下级政府部门教育财政经费的预算编制及执行情况进行监督，并进行经常性的反馈和改进。此外，社会监督和审计也是教育财政监督管理中的重要组成部分，将教育财政经费的使用公开化、透明化。对教育财政政策进行评估是保障教育财政经费高效分配的有效手段。由于对资金拨付、管理等过程的监督不力，我国教育财政政策在执行过程中存在多种问题，应建立教育财政政策执行的效果评估机制，向公众公开执行效果。

目前，我国通过构建更加完善且独立的监督系统，可以有效防止腐败滋生，将教育行政机构与监督机构分离。因此，首先，发挥各级人大和审计部门对教育财政支出的监督职能，在人大的领导之下，通过审计保证公共教育财政支出，发挥人大的公信力，保障教育财政投入的技术性。其次，健全内部监督体制，对专项教育资金严格实行专款专用，各级教育需要对教育财政支出资金的分配和使用进行监督检查。最后，严格处理违规使用、挪用、挤占教育支出经费的行为，要追究当事人和相关负责人的责任。

小　结

党的二十大报告第五部分着重强调，"实施科教兴国战略，强化现代化建设人才支撑"，更加突出了教育在科教兴国中的基础性、战略性地位，体现了党对教育发展战略的新突破。新时代新征程赋予中国共产党和中国人民新使命，要发展高质量教育，关键在于强化教育财政政策的支撑，解决好教育的财政投入问题，使各方面都能达到一种相对平衡的状态。因此，应当以教育公平理念为指导，提高教育财政资金投入的充足率，完善教育财政政策法律制度，实现教育公共资源在地域、城乡和社会各个阶层间配置的均衡。在推动教育财政政策良性发展的前提下，加快教育现代化的步伐，以实现教育均衡发展，从而实现公平而高质量的教育，建设高质量教育体系，真正办好人民满意的教育，为全面推进中华民族伟大复兴做出应有贡献。

参考文献

一 著作类

［1］埃尔查南·科恩，特雷·G. 盖斯克. 教育经济学（第三版）［M］. 范元伟译. 上海：格致出版社，上海人民出版社，2009.

［2］艾伦·R. 奥登，劳伦斯·O. 匹克斯. 学校理财——政策透视［M］. 杨君昌等译. 上海：上海财经大学出版社，2003.

［3］包秋. 世界教育发展趋势与中国教育改革［M］. 北京：人民教育出版社，1998.

［4］苊景州. 教育投资经济分析［M］. 北京：中国人民大学出版社，1996.

［5］陈彬. 教育财政学［M］. 武汉：武汉工业大学出版社，1992.

［6］茌怀义. 教育问题研究［M］. 台北：空中大学出版社，1993.

［7］弗雷德里克·泰勒. 科学管理原理［M］. 马风才译. 北京：机械工业出版社，2013.

［8］高鸿业. 西方经济学（第二版）［M］. 北京：中国人民大学出版社，2000.

［9］国家教育委员会财务司. 中国教育经费统计资料（1994）［M］. 北京：中国统计出版社，1995.

［10］胡少明. 教育均衡论［M］. 北京：人民出版社，2016.

［11］黄忠敬. 教育政策导论［M］. 北京：北京大学出版社，2011.

［12］靳希斌. 教育经济学（第四版）［M］. 北京：人民教育出版社，2009.

［13］李岚清. 李岚清教育访谈录［M］. 北京：人民教育出版社，2004.

［14］李祥云. 我国财政体制变迁中的义务教育财政制度改革［M］. 北京：北京大学出版社，2008.

［15］理查德·马斯格雷夫，佩吉·马斯格雷夫. 财政理论与实践（第五版）［M］. 邓子基，邓力平译校. 北京：中国财政经济出版社，2003.

[16] 栗玉香. 教育财政学 [M]. 北京：经济科学出版社，2009.

[17] 廖楚晖. 教育财政学 [M]. 北京：北京大学出版社，2006.

[18] 林莉，周鹏飞，吴爱萍. 中国高等教育效率损失的系统研究 [M]. 北京：中国财政经济出版社，2012.

[19] 林荣日. 教育经济学 [M]. 上海：复旦大学出版社，2001.

[20] 林文达. 教育财政学 [M]. 台湾：台湾三民书局，1986.

[21] 米尔顿·弗里德曼. 资本主义与自由 [M]. 张瑞玉译. 北京：商务印书馆，1986.

[22] 米切尔·黑尧. 现代国家的政策过程 [M]. 赵成根译. 北京：中国青年出版社，2004.

[23] 宁本涛. 教育财政政策 [M]. 上海：上海教育出版社，2010.

[24] 曲恒昌，曾晓东. 西方教育经济学研究 [M]. 北京：北京师范大学出版社，2000.

[25] 上海师范大学教育系. 马克思恩格斯论教育 [M]. 北京：人民教育出版社，1979.

[26] 孙霄兵. 推进教育优先发展政策与制度建设研究 [M]. 北京：教育科学出版社，2010.

[27] 王春福. 有限理性利益人与公共政策 [M]. 北京：中国社会科学出版社，2008.

[28] 王宁. 教育政策：主体性价值分析理论与应用 [M]. 北京：中国社会科学出版社，2015.

[29] 王善迈等. 公共财政框架下公共教育财政制度研究 [M]. 北京：经济科学出版社，2012.

[30] 吴胜泽. 中国政府间转移支付制度效率研究 [M]. 北京：经济科学出版社，2012.

[31] 吴遵民. 教育政策学入门 [M]. 上海：上海教育出版社，2010.

[32] 辛斐斐. 全覆盖战略下职业教育财政政策研究 [M]. 北京：人民出版社，2015.

[33] 杨会良. 改革开放以来中国教育财政发展研究 [M]. 保定：河北大学出版社，2012.

[34] 俞可平. 治理与善治 [M]. 北京：社会科学文献出版社，2000.

[35] 曾满超，丁小浩 . 效率、公平与充足：中国义务教育财政改革 [M].北京：北京大学出版社，2010.

[36] 张菀洺 . 教育公平：政府责任与财政制度 [M].北京：社会科学文献出版社，2013.

[37] 郑燕祥 . 学校效能与校本管理：一种发展的机制 [M].陈国萍译 . 上海：上海教育出版社，2002.

[38] 中共中央文献研究室 . 邓小平论教育 [M].北京：人民教育出版社，1995.

[39] 中国财政年鉴 2000 [M].北京：中国统计出版社，2000.

[40] 中国财政年鉴 2007 [M].北京：中国统计出版社，2007.

[41] 中华人民共和国教育部，办公厅，直属机关党委 . 邓小平理论指引下的中国教育二十年 [M].福州：福建教育出版社，1998.

[42] 中央教育科学研究所 . 中华人民共和国教育大事记 1949—1983 [M].北京：教育科学出版社，1984.

二　论文类

[1] 卜紫洲，侯一麟，王有强 . 中国县级教育财政充足度考察——基于 Evidence-based 方法的实证研究 [J].清华大学教育研究，2011，32 (5)：35 - 41 + 67.

[2] 曹寄奴 . 教育优先发展的基本内涵及其内在特征 [J].法制与社会，2011 (8) ：222 + 254.

[3] 曹寄奴 . 教育优先发展的问题缘起及其历史渊源 [J].改革与开放，2012 (24)：155 - 156.

[4] 曹寄奴 . 教育优先发展的战略抉择和推进轨迹 [J].丽水学院学报，2011，33 (3)：75 - 80.

[5] 陈姣姣 . 我国发行"教育券"的必要性和可行性研究 [D].硕士学位论文，四川师范大学，2007.

[6] 陈凌琦，钱晓芳 . 高等教育大众化阶段教育质量问题的相关分析 [J].才智，2017 (23)：125 + 127.

[7] 陈涛，张珍辉 . 教育政策价值取向的核心——教育公平 [J].时代金融，2013 (2)：110 - 111.

［8］程细平，黄畅.公平优先，兼顾效率：和谐社会教育政策的价值追求［J］.湖南师范大学教育科学学报，2007（4）：9－12.

［9］程耀忠.供给侧改革视角下教育产品提供方式变革思考［J］.经济问题，2017（4）：86－90.

［10］褚宏启.教育公平与教育效率：教育改革与发展的双重目标［J］.教育研究，2008（6）：7－13.

［11］代士林.我国教育财政存在的问题及建议［J］.行政事业资产与财务，2012（18）：76－77.

［12］邓云洲.效率与公平：源于教育经济学的讨论［J］.广州大学学报（综合版），2000（5）：1－5.

［13］丁建福，成刚.义务教育财政效率评价：方法及比较［J］.北京师范大学学报（社会科学版），2010（2）：109－117.

［14］杜安国.中国高等职业教育财政研究［D］.博士学位论文，财政部财政科学研究所，2010.

［15］杜玲玲.义务教育财政效率：内涵、度量与影响因素［J］.教育学术月刊，2015（3）：67－74.

［16］杜屏.以充足性为基础的教育财政公平——美国义务教育财政政策改进对我国的启示［J］.中国教育政策评论，2008（1）：315－326.

［17］杜育红，金绍梅.追求效率，兼顾公平 美国基础教育财政体制改革的新趋势［J］.比较教育研究，2003（1）：41－46.

［18］杜育红.中国义务教育转移支付制度研究［J］.北京师范大学学报（人文社会科学版），2000（1）：23－30.

［19］方超，黄斌.挤入还是挤出：公共教育财政投入对家庭教育支出的影响［J］.教育研究，2022，43（2）：150－159.

［20］付俊贤，王炳社.对依法治教的思考［J］.渭南师范学院学报，2015，30（16）：14－18.

［21］高兆明.从价值论看效率与公平——再论效率与公平［J］.哲学研究，1996（10）：33－38.

［22］谷成.财政均等化的理论分歧与现实选择［J］.社会科学辑刊，2007（6）：121－125.

［23］郭雅娴.中国教育资源配置效率研究［D］.博士学位论文，吉林大

学，2008.

[24] 何晶．城乡义务教育资源均衡配置的财政政策选择 [D].硕士学位论文，中国海洋大学，2014.

[25] 贺武华．英国"教育行动区"计划改造薄弱学校的实践与启示 [J].教育科学，2006（3）：78－81.

[26] 黄斌，钟宇平．教育财政充足的探讨及其在中国的适用性 [J].北京大学教育评论，2008（1）：139－153.

[27] 黄蓉生．关于高等教育质量基本问题的思考 [J].中国高教研究，2012（4）：5－9.

[28] 蒋洪，马国贤，赵海利．公共高等教育利益归宿的分布及成因 [J].财经研究，2002（3）：8－16.

[29] 蒋云芳．20 世纪 80 年代以来美国联邦政府以促进公平为核心的基础教育改革研究 [D].博士学位论文，西南大学，2012.

[30] 柯文静．近年来教育与经济发展的关系研究评述 [C].第三届全国农林院校教育科学类研究生学术论坛，2011.

[31] 赖俊明．北京市义务教育区域均衡发展的财政制度改革研究 [J].现代教育论丛，2011（3）：18－22.

[32] 雷万鹏，钟宇平．教育发展中的政府作用：财政学思考 [J].教育学报，2002（1）：49－52.

[33] 李德显，赵迪，徐雁等．公共教育支出视角下普通高中义务教育可行性分析 [J].辽宁师范大学学报（社会科学版），2015，38（1）：70－81.

[34] 李海生．教育券政策分析 [D].博士学位论文，华东师范大学，2007.

[35] 李海燕，刘晖．教育指标体系：国际比较与启示 [J].广州大学学报（社会科学版），2007（8）：50－55.

[36] 李娟．我国普通高中教育财政体制问题研究 [D].硕士学位论文，东北师范大学，2010.

[37] 李绍飞．公办转制学校的发展历程研究 [D].硕士学位论文，中央民族大学，2013.

[38] 李文利，曾满超．美国基础教育"新"财政 [J].教育研究，2002（5）：84－89.

［39］栗玉香，冯国有．结果公平：美国联邦政府教育财政政策取向与策略
［J］．华中师范大学学报（人文社会科学版），2015（1）：161－167．

［40］栗玉香，冯国有．我国教育财政效率的问题、影响因素、对策选择
［J］．国家教育行政学院学报，2009（11）：44－48．

［41］栗玉香．公共教育财政支出决策权配置格局的理性思考［J］．清华
大学教育研究，2005（3）：67－72＋93．

［42］栗玉香．关注校际间差异，推进义务教育财政均衡［J］．上海教育
科研，2009（10）：10－12．

［43］栗玉香．教育财政效率的内涵、测度指标及影响因素［J］．教育研
究，2010，31（3）：15－22．

［44］廉枫．城市家庭对子女的教育选择与影响因素分析［D］．硕士学位
论文，山东大学，2006．

［45］梁鹏．我国公立学校"转制"初探［J］．继续教育研究，2008（1）：
157－158．

［46］梁文艳．基础教育财政充足：美国经验能否用于中国［J］．外国中
小学教育，2008（10）：1－5．

［47］林梦莲．新常态下教育资源配置的公平与效率研究［J］．理论观
察，2015（9）：138－139．

［48］刘芳，雷鸣强．教育凭证制度在我国的预演——长兴县发放教育券
的制度经济学分析［J］．全球教育展望，2003，32（7）：20－25．

［49］刘复兴．教育券制度的政治学分析——以浙江长兴县的教育券改革
为例［J］．教育发展研究，2003（9）：35－38．

［50］刘冠华．美国的"教育券"及其对中国教育改革的启示［D］．硕士
学位论文，曲阜师范大学，2004．

［51］刘可可．论教育投资的财政政策选择［J］．教育科学研究，2001
（10）：5－7．

［52］刘世清．论新中国成立以来我国教育政策的伦理取向及其演变机制
［J］．中国教育政策评论，2008（12）：110－124．

［53］刘旭东．美国联邦政府高等教育财政资助发展研究［D］．博士学位
论文，河北大学，2013．

［54］雒宏军．教育资源闲置是更大的浪费［N］．中国教育报，2007－04－

17.

[55] 孟庆瑜. 当前我国农村义务教育面临的突出问题和对策建议 [J].
教育理论与实践, 2008 (13): 41 - 43.

[56] 祁型雨. 教育政策价值取向的几个基本理论问题探讨 [J]. 沈阳师
范大学学报 (社会科学版), 2006 (3): 9 - 13.

[57] 曲恒昌. 西方教育选择理论与我国的中小学入学政策 [J]. 比较教
育研究, 2001 (12): 42 - 46.

[58] 曲绍卫, 汪英晖. 高校大学生资助政策成效、问题及精准资助建议
[J]. 当代教育科学, 2017 (7): 89 - 92.

[59] 曲绍卫, 周哲宇, 李朝晖. 义务教育财政资助经费的波动特征及政
策导向 [J]. 教育与经济, 2022, 38 (5): 74 - 80.

[60] 屈学斌. 坚持依法治教 推进教育公平 [J]. 山西教育 (管理), 2015
(1): 18 - 19.

[61] 任文隆, 李国俊. 美国高等教育财政绩效拨款政策研究——基于
PBF2.0 的视角 [J]. 清华大学教育研究, 2015 (4): 24 - 29.

[62] 单大圣. 中国教育公平的进展、问题与建议 [J]. 延安大学学报
(社会科学版), 2014, 36 (3): 118 - 123.

[63] 商丽浩, 陈小云. 我国教育财政政策的变迁——基于 1987—2019 年
《教育部工作要点》 的分析 [J]. 现代教育论丛, 2021 (6): 53 -
61 + 95.

[64] 沈卫华. 兼顾公平与效率: 英国基础教育拨款政策的调整 [J]. 教
育科学, 2007 (4): 93 - 96.

[65] 史峰, 李鹤飞. 对依法治教的几点思考 [J]. 人民论坛, 2012 (11):
86 - 87.

[66] 宋立. 我国公共服务供给中各级政府事权财权配置改革研究 (主报
告) [J]. 经济研究参考, 2005 (25): 2 - 30.

[67] 苏晓宁. 农户教育选择问题的模型研究和实证分析 [D]. 硕士学位
论文, 甘肃农业大学, 2009.

[68] 檀慧玲, 刘艳. 国家义务教育质量监测: 实现有质量的教育公平的
有效途径 [J]. 中国教育学刊, 2016 (1): 50 - 53.

[69] 汤传虎. 我国教育财政政策实施现状与问题分析 [J]. 当代教育论

坛（宏观教育研究），2008（9）：55－56.

[70] 唐秀琼．桂林市0－3岁婴幼儿家长的教育选择研究［D].硕士学位论文，广西师范大学，2011.

[71] 陶红，杨东平．我国农村义务教育财政政策公平性研究［J].教育发展研究，2007（5）：74－77.

[72] 陶夏．"后罗德里格兹时代"基础教育财政公平的实践演化——基于美国的判例解析［J].教育经济评论，2017（5）：30－42.

[73] 陶夏．美国义务教育财政诉讼对教育公平的促进作用研究［D].硕士学位论文，华中师范大学，2016.

[74] 田发．财政均等化：模式选择与真实度量［J].财经科学，2011（3）：58－66.

[75] 田志磊，杨龙见，袁连生．职责同构、公共教育属性与政府支出偏向——再议中国式分权和地方教育支出［J].北京大学教育评论，2015（4）：123－142.

[76] 汪栋，殷宗贤．高等教育财政支出如何挤入城乡居民消费？——基于城镇化发展的中介效应分析［J].教育与经济，2022，38（5）：81－88.

[77] 王凤秋．关于我国公立学校转制问题的思考［J].中小学管理，2005（10）：17－19.

[78] 王广飞．在高校学生资助政策中体现教育公平［J].盐城师范学院学报（人文社会科学版），2011，31（5）：114－119.

[79] 王军红，周志刚．教育质量的内涵及特征［J].河北大学学报（哲学社会科学版），2012，37（5）：70－73.

[80] 王军红．职业教育质量生成及其机制研究［D].博士学位论文，天津大学，2013.

[81] 王鹏晖，管永昊．教育财政支出均等化的实证研究——基于生均教育财政支出的泰尔指数分析［J].河南财政税务高等专科学校学报，2014（5）：4－9.

[82] 王莹．试论中国公共教育支出体制的构建［J].财贸经济，2001（11）：37－41.

[83] 王雍君．中国的财政均等化与转移支付体制改革［J].中央财经大

学学报, 2006 (9): 1 - 5.

[84] 王增伟. 关于教育券制度在我国的实施 [J]. 中国职业技术教育, 2008 (11): 47 - 48.

[85] 魏宏聚. 1986—2006, 我国 20 年义务教育经费政策变迁特征审视 [J]. 教育理论与实践, 2007 (5): 37 - 40.

[86] 魏建国. 美国《高等教育法》修订与高等教育财政改革 [J]. 北京大学教育评论, 2008 (4): 14 - 27.

[87] 吴黛舒. 影响教育价值取向的因素分析 [J]. 齐鲁学刊, 2002 (1): 96 - 99.

[88] 吴玲, 刘玉安. 我国基础教育资源配置问题研究 [J]. 中国行政管理, 2012 (2): 64 - 67.

[89] 吴莹. 从"教育效率优先"到"更加注重教育公平" [J]. 教育探索, 2010 (11): 22 - 24.

[90] 吴跃东. 习近平教育公平思想研究 [J]. 上海师范大学学报 (哲学社会科学版), 2018, 47 (1): 56 - 62.

[91] 武毅英, 童顺平. 高等教育供给侧改革的动因、链条与思路 [J]. 江苏高教, 2017 (4): 1 - 6.

[92] 夏雪. 教育财政公平的度量——基于伯尔尼和斯蒂弗尔框架的分析 [J]. 教育发展研究, 2010, 30 (9): 49 - 52 + 62.

[93] 肖文军. 中央与地方关系视角下的地方政府财权与事权的平衡 [D]. 硕士学位论文, 广东财经大学, 2014.

[94] 谢巍. 教育券制度的经济学分析 [D]. 硕士学位论文, 东北师范大学, 2006.

[95] 徐静. 我国实施教育券制度的可行性研究 [D]. 硕士学位论文, 陕西师范大学, 2005.

[96] 徐娟. 我国弱势高校的发生机制研究 [D]. 博士学位论文, 华中科技大学, 2013.

[97] 许立新. 从美国特许学校看我国公立学校转制 [J]. 现代中小学教育, 2002 (8): 4 - 6.

[98] 许丽英, 袁桂林. 教育效率——一个需要重新审视的概念 [J]. 教育理论与实践, 2007 (1): 18 - 20.

［99］ 宣小红，史保杰，薛莉．教育学研究的热点与重点——对 2016 年度人大复印报刊资料《教育学》转载论文的分析与展望［J］．教育研究，2017，38（2）：26 – 39.

［100］ 闫福甜．战后美国义务教育财政改革及启示［D］．硕士学位论文，陕西师范大学，2006.

［101］ 杨会良，袁树军，陈宓．改革开放以来中国高等教育财政体制的演变、特征与发展对策［J］．河北大学学报（哲学社会科学版），2010，35（3）：76 – 82.

［102］ 杨克瑞．教育交易费用及其度量［C］．中国教育经济学年会会议，2007.

［103］ 杨晓波．试析美国公立高等教育的政府财政政策［J］．外国教育研究，2006（11）：40 – 44.

［104］ 姚凤民．论我国教育均衡发展——对财政政策的思考［J］．科教文汇（上半月），2006（9）：138 – 139.

［105］ 易梦春．我国高等教育普及化进程及其影响因素——基于时间序列趋势外推模型的预测［J］．中国高教研究，2016（3）：47 – 55.

［106］ 于爽．A 县小学教育财政充足度的考察［D］．硕士学位论文，南京师范大学，2015.

［107］ 余祥蓉．我国高等教育财政公平问题研究［D］．硕士学位论文，东北师范大学，2013.

［108］ 曾天山．教育优先发展是实现现代化的根本大计［J］．教育研究，2008（11）：45 – 50.

［109］ 曾天山．义务教育体制改革的回顾与思考［J］．教育研究，1998（2）：22 – 27.

［110］ 张巍．转制学校的特征及改进建议［D］．硕士学位论文，上海师范大学，2004.

［111］ 赵成根．论公共政策的稳定性和政策秩序［J］．中国行政管理，1998（1）：39 – 40.

［112］ 赵航．教育公平内涵综述［J］．当代教育实践与教学研究，2016（1）：202.

［113］ 赵宏斌，孙百才．我国教育财政决策机制的路径分析［J］．教育

理论与实践，2006（7）：14－17.

[114] 赵侃．推进城乡义务教育均等化的财政政策优化研究［D］．硕士学位论文，湘潭大学，2015.

[115] 赵萱．国际比较视阈中的教育券政策研究［J］．现代教育管理，2015（8）：40－44.

[116] 赵映平，顾金龙．关于"教育券"在我国实施的思考［J］．内蒙古师范大学学报（教育科学版），2006（10）：17－19.

[117] 郑春光．试析美国学校财政政策与教育质量提高［J］．教育发展研究，2006（20）：80－85.

[118] 郑机．基础教育阶段择校现象的理性思考［D］．硕士学位论文，福建师范大学，2009.

[119] 郑磊，杜玲玲，董俊燕．公共财政转型中的中国高等教育财政——制度变迁、研究进展与改革方向［J］．教育学术月刊，2014（3）：32－39.

[120] 钟宇平，雷万鹏．公平视野下中国基础教育财政政策［J］．教育与经济，2002（1）：1－7.

[121] 周海涛，朱玉成．教育领域供给侧改革的几个关系［J］．教育研究，2016，37（12）：30－34.

[122] 周济．坚持教育优先发展切实促进教育公平［J］．教育前沿，2006（6）：4－6.

[123] 朱德全，李鹏，宋乃庆．中国义务教育均衡发展报告［J］．华东师范大学学报（教育科学版），2017，35（1）：63－77＋121.

[124] 朱浩源．我国公共教育支出受益归宿分析与不平等测度［D］．硕士学位论文，天津财经大学，2014.

[125] 宗晓华，陈静漪．"新常态"下中国教育财政投入的可持续性与制度转型［J］．复旦教育论坛，2015，13（6）：5－11.

三　外文类

[1] Alex Bell, Raj Chetty, Xavier Jaravel, Neviana Petkova, John Van Reenen. Who Becomes an Inventor in America? The Importance of Exposure to Innovation［J］. The Quarterly Journal of Economics, 2019, 134

(2): 647 –713.

[2] Allan Odden, Lawrence Picus. School Finance: A Policy Perspective [M]. New York: McGraw-Hill, 2004.

[3] Allan Odden. The New School Finance: Providing Adequacy and Improving Equity [J]. Journal of Education Finance, 25 (SPRING 2000), 2001, p. 474.

[4] Andrew Reschovsky, Jennifer Imazeki. The Development of School Finance Formulas to Guarantee the Provision of Adequate Education to Low-Income Students [A]. In Development in School Finance [M]. Washington: U. S. Department of Education, National Centre for Education Statistics, 1997, pp. 121 –148.

[5] Andrew Reschovslcy, Jennifer Imazeki. Achieving Educational Adequacy through School Finance Reform [J]. Journal of Education Finance, 2000, 26 (4): 373 –396.

[6] Boadway Robin, Frank R. Flatters. Equalization in a Federal State: an Economic Analysis [Z]. Ottawa: Economic Council of Canada, 1982.

[7] Carl J. Friedrich. Man and His Government: An Empirical Theory of Politics [M]. New York: McGraw-Hill, 1963.

[8] Chantal Collin, Daniel Thompson. Federal Investments in Post-Secondary Education and Training [M]. Ottawa-Ontario: Library of Parliament, 2010.

[9] Ellwood P. Cubberley. School Funds and Their Apportionment [D]. Columbia University, 1905.

[10] Graham F. John. International Fiscal Relationships: Fiscal Adjustment in a Federal Country [R]. Canadian Tax Foundation Tax Papers, 1964, (40).

[11] James W. Guthrie, et al. A Proposed Cost-Based Block School Finance [R]. Management Analysis & Planning Associates, L. Grant Model for Wyoming L. C, 1991.

[12] James W. Guthrie, Walter I. Garms, Lawrence C. Pierce. School Finance and Education Policy: Enhancing Educational Efficiency, Equality, and Choice [M]. Englewood Cliffs, N. J.: Prentice Hall, 1988.

[13] J. Augenblick, J. Myers. Calculating the Cost of an Adequate Education in Colorado Using the Professional Judgment and Successful School Districts Approaches [R]. Prepared for the Colorado School Finance Project, 2003.

[14] Mengying Wang, Chunhai Tao. Research on the Efficiency of Local Government Health Expenditure in China and Its Spatial Spillover Effect [J]. Sustainability, 2019, 11 (9): 2469.

[15] NakHyeok Choi, Milena I. Neshkova. Inequality and Competition in State Redistributive Systems: Evidence from Welfare and Health [J]. The American Review of Public Administration, 2019, 49 (5): 554 – 571.

[16] Regents 2001 – 02 Proposal on State Aid to School Districts [R]. p. 27, December 2000.

[17] Richard M. Bird, Michael Smart. Intergovernmental Fiscal Transfers: International Lessons for Developing Countries [J]. World Development, 2002, 30 (6): 899 – 913.

[18] Scott D. Anthony. The Economic Goals of Federal Finance [Z]. Public Finance, 1964.

[19] Susan M. Drake. Creating Integrated Curriculum: Proven Ways to Increase Student Learning [M]. Thousand Oaks, CA: Corwin Press, 1998.

[20] T. Downes, L. Stiefel. Measuring Equity and Adequacy in School Finance [A]. In H. F. Ladd, E. B. Fiske. Handbook of Research on Education Finance and Policy [M]. New York: Routiedge, 2008, pp. 222 – 237.

跋

往事如烟随境去，今朝有梦待君圆。伴随着《中国教育财政政策研究》一书的付梓，这项国家社科基金后期资助项目的研究终于画上一个圆满的句号。凝视着这本饱含了无数心血与心力的书稿，可谓百感交集、感喟万端。回望整个历程，从项目的申报立项、资料收集、调研分析、研究撰写、修改完善，到申请结项，以至最终成稿，每一步都充满了挑战与收获。而这其中，既夹杂着职业生涯由北国到江南的空间转换，更要面对疫情的考验，一路走来，内心的纠结与释然，恰如"此情可待成追忆，只是当时已惘然"般迷离，心情明丽，间或怅然，都难以排遣时空变换带给人内心深切的体验。这其中，无论是人生年轮的增长，抑或工作场景的变迁，变是主题，唯一不变的是对学术的追求依然执着。从年届不惑，到知天命、尽人事，岁月更迭，矢志不渝，谨以拙作向过往的青春和芳华致敬。而这一切，也都源自对中国教育事业深沉的热爱与对教育财政政策改革高度的关切。

砻琢已曾经敏手，研磨终见透坚心。教育，作为国之大计、党之大计，是强国建设、民族复兴之基。而教育财政政策，作为支撑教育事业发展的基石，其合理性与有效性直接影响着教育资源的配置效率、教育公平和教育质量的提升。因此，深入研究中国教育财政政策，不仅是对当前教育现状的积极回应，更是对未来教育发展的前瞻期待。研究的过程，就像发扬工匠精神，要经历"砻琢"和"研磨"，通过不断地雕刻和磨砺，才能打造出精品。虽非"敏手"，但不懈的努力也透视出对于学术追求的"坚心"。在研究中，力求做到理论与实践相结合，既深入剖析了中国教育财政政策的历史演变与现状特征，又广泛借鉴了国内外先进经验与成功案例，力求为读者呈现一个全面、深入、客观的研究视角。我们发现，尽管近年来中国教育财政政策在促进教育公平、提高教育质量等方面取得了显著成效，但仍面临着资源配置不均、经费保障机制不健全、绩效评价体系不完善等突出问题。针对这些问题，我们提出了一系列具有针对性的政策建议，旨在为推动中国教育财政政策的进一步优化与完善贡献绵薄之力。同时，我们也深刻感受到了教育财政研究的复杂性与挑战性，它不仅仅是一个经济问题，更是一个涉及社会、政治、文化等多个领域的综合性问题。因此，我们更加坚信，只有不断加强跨学科研究与合作，才能更好地应对教育财政领域的新挑战、新机遇。

不忘春风桃李，致敬岁月芳华。一项重要工作的顺利完成，得益于许多幕后英雄默默艰辛的付出。首先，应该感谢北京师范大学的杜育红教授，我与杜老师相识多年，无论为人为学，他都是我学习的榜样楷模、良师益友。听闻我的学术著作即将出版，欣然为之作序，这是对我极大的鼓励和鞭策。还应感谢我的同事和我的研究生，没有他们的付出、支持和帮助，本书不可能顺利完成和出版。其中，王悦欣教授从课题的设计思想、逻辑框架与审核编校等都给予了切中肯綮的指导建议和具体的帮助；我的博士生杨雅旭、张伟达为本书的出版做了大量工作，从材料搜集、协商研讨、框架梳理、初撰核校、文字订正等方面不辞辛苦、不厌其烦，以高度负责、追求完美的精神和态度让笔者深为感佩，对他们卓越的工作和巨大的付出致以诚挚的谢忱！同时，我也深深感谢社会科学文献出版社陈凤玲老师，是她的热情帮助和精心指导，使本书得以顺利出版。还要向全国哲学社会科学办公室和不知名的评审专家适时的指导表示衷心感谢。在本书的撰写过程中，我们参阅学习了大量的相关著作论文、借鉴汲取了国内外专家学者的研究成果，他们精湛独到的理论、观点和方法，给予我们许多有益的启示，在此谨向他们致以由衷的谢忱。由于笔者水平有限，书中仍有不尽如人意或不妥之处，恳请学界同仁批评指正。

最后，刚刚庆祝第 40 个教师节，有感而发，以一首七言诗作结。

感怀

三秩芳华万兜鍪，鹤发童颜何言愁？

方寸杏坛揽日月，咫尺泮池写春秋。

心怀绮梦筑伟业，汗洒桃李满神州。

浩荡人生冰心在，春泥护花亦风流。

作者

2024 年 9 月 10 日于南京青秀城